高职高专"十三五"规划教材

报关业务基础与技巧

主　编　李富　华阳
副主编　杨慧　邹荷　沈颖贤

南京大学出版社

图书在版编目(CIP)数据

报关业务基础与技巧 / 李富,华阳主编. —— 南京：南京大学出版社,2016.8

高职高专"十三五"规划教材.国际贸易系列

ISBN 978-7-305-17328-8

Ⅰ.①报… Ⅱ.①李… ②华… Ⅲ.①进出口贸易—海关手续—中国—高等职业教育—教材 Ⅳ.①F752.5

中国版本图书馆 CIP 数据核字(2016)第 171266 号

出版发行	南京大学出版社		
社　　址	南京市汉口路22号	邮　编	210093
出 版 人	金鑫荣		

丛 书 名　高职高专"十三五"规划教材·国际贸易系列
书　　名　报关业务基础与技巧
作　　者　李富　华阳
责任编辑　杨　建　尤　佳　　　　编辑热线　025-83592123
照　　排　南京南琳图文制作有限公司
印　　刷　盐城市华光印刷厂
开　　本　787×1092 1/16　印张 19.75　字数 481 千
版　　次　2016 年 8 月第 1 版　2016 年 8 月第 1 次印刷
ISBN　978-7-305-17328-8
定　　价　42.00 元

网址：http://www.njupco.com
官方微博：http://weibo.com/njupco
官方微信号：njupress
销售咨询热线：(025) 83594756

* 版权所有,侵权必究
* 凡购买南大版图书,如有印装质量问题,请与所购图书销售部门联系调换

序

报关是国际贸易业务中非常重要的环节,对报关业务的熟练程度和对报关知识的掌握程度直接关系到企业的通关效率和企业的生存。2012年以来为简化报关手续,提高报通关效率,海关总署对报关业务进行了多次改革,先后出现无纸化通关、通关区域一体化、加工贸易保证金制度、报关单位管理、报关单格式、进出境快件申报、提前申报等多种形式的改革,市场现有的报关书籍大多基于纸质申报,难以适应报关业务改革的新趋势。

《报关业务基础与技巧》以报关业务的改革作为时代背景,兼顾基础与实战,采用项目化的方式,重新诠释了报关业务的内涵。与以往教材相比,本教材的创新体现在三个方面:

第一,针对所有不同类型贸易方式的报关单填制,都有针对性的实践,教材专门有独立的项目单元进行实例演练,解释每种贸易方式报关单填制的要点和方法;

第二,所有项目的编写都基于无纸化通关和通关一体化,并结合最新的海关管理改革,体现时代发展趋势,并有适当超前性;

第三,每个项目导引案例在项目结束都有具体的操作解释,涉及报关单填制的,具体报关单填制方法对应着报关单填制项目中的具体任务,以此案例为背景展开。

最为难得的是,教材的编写聘请邹荷女士和沈颖贤女士两位企业人士全程参与其中,审核每一项目和每一个知识点,确保教材内容编写的正确性、实用性和新颖性。具体编写中,华阳负责项目二、项目三的编写,盖琦琪负责项目五、项目六的编写,杨慧负责相关项目的修订,其余项目及全文统稿由李富负责。

诚然我们做出了努力,但编写中也许会出现一些忽略的地方和不当之处,敬请读者谅解!本书适合在校大专、中职等各级学生作为教材使用,也适合企业人士查找资料和自学使用,更欢迎各位有识之士提出宝贵建议,我们虚心接受!谢谢!

编者
2016年5月

目 录

项目一 报关与海关管理基础 ··· 1
    任务一　报关单位的注册 ··· 1
    任务二　报关单位的管理 ··· 12
    任务三　贸易管制 ··· 16
    项目任务操作 ··· 30
    思考与练习 ··· 31

项目二 一般进出口货物报关 ··· 36
    任务一　一般进出口货物 ··· 37
    任务二　进出口申报 ··· 40
    任务三　配合查验 ··· 54
    任务四　缴纳税费 ··· 58
    任务五　办结海关手续 ··· 59
    项目任务操作 ··· 63
    思考与练习 ··· 66

项目三 保税加工货物通关程序 ······································· 68
    任务一　认知保税加工货物 ······································· 69
    任务二　保税加工货物报关程序 ··································· 79
    任务三　保税加工特殊作业 ······································· 90
    项目任务操作 ··· 103
    思考与练习 ··· 104

项目四 特殊监管区货物报关 ··· 110
    任务一　保税仓库货物报关程序 ··································· 110
    任务二　出口监管仓库货物报关程序 ······························· 113
    任务三　出口加工区货物报关程序 ································· 117
    任务四　保税区进出货物的报关程序 ······························· 121
    任务五　自由贸易区货物报关程序 ································· 127
    项目任务操作 ··· 130
    思考与练习 ··· 132

项目五 减免税货物报关 ··· 136
    任务一　认知减免税货物 ··· 136
    任务二　减免税货物的报关程序 ··································· 142

项目任务操作 149
　　思考与练习 151
项目六　暂准进出境货物报关 153
　　任务一　认知暂准进出境货物 154
　　任务二　使用ATA单证册的暂准进出境货物的报关 156
　　任务三　不使用ATA单证册的进出境展览品的报关 163
　　任务四　集装箱箱体的报关 166
　　任务五　其他暂准进出境货物 166
　　项目任务操作 168
　　思考与练习 169
项目七　其他常见货物报关 171
　　任务一　进出境货样、广告品报关、快件报关 171
　　任务二　无代价抵偿货物的报关 173
　　任务三　转关运输及退运 176
　　项目任务操作 179
　　思考与练习 181
项目八　报关单填制案例 182
　　任务一　报关单填制总规则要点 182
　　任务二　一般进出口货物报关单填制 200
　　任务三　保税加工货物报关单填制 205
　　任务四　保税仓库货物报关单填制 210
　　任务五　出口监管货物仓库报关单填制 217
　　任务六　出口加工区深加工结转报关单填制 221
　　任务七　保税区货物报关单填制 227
　　任务八　减免税进口设备报关单填制 230
　　任务九　暂准进出境货物报关单填制 235
　　任务十　转关运输与退运货物报关单填制 239
　　任务十一　无代价抵偿货物报关单填制 244
　　思考与练习 250
项目九　原产地确定及进出口税费 253
　　任务一　进口货物原产地认定标准 253
　　任务二　进出口关税计算 256
　　任务三　进口环节税计算 261
　　任务四　其他税费计算 265
　　项目任务操作 266
　　思考与练习 266

项目十　商品归类程序及运用……………………………………………………… 272
　　任务一　协调制度简介………………………………………………………… 272
　　任务二　归类总规则及应用…………………………………………………… 274
　　项目任务操作…………………………………………………………………… 283
　　思考与练习……………………………………………………………………… 284
知识链接　最新报关申报形式改革……………………………………………… 285
　　改革一　提前申报报关………………………………………………………… 285
　　改革二　通关无纸化报关……………………………………………………… 290
　　改革三　区域通关一体化报关………………………………………………… 291
附录一……………………………………………………………………………… 294
附录二……………………………………………………………………………… 295
附录三……………………………………………………………………………… 300
附录四……………………………………………………………………………… 303
后　记……………………………………………………………………………… 308

项目一　报关与海关管理基础

知识目标

1. 熟悉报关的概念、报关单位的概念；
2. 熟悉报关单位注册登记制度；
3. 熟悉海关的信用管理和报关差错管理。

能力目标

1. 能判断货物与物品的区别；
2. 能根据业务情况办理报关单位的注册登记；
3. 能判定企业的信用等级和报关差错的原因。

项目引入 1

深圳某企业从香港进口一批原产于马来西亚的不锈钢餐刀和其他不锈钢制品（属于法检商品，列入《自动进口许可管理目录》），运载该批货物的运输工具 2015 年 5 月 26 日从深圳口岸申报进境，收货人委托报关公司报关员李想于 2015 年 6 月 1 日向深圳海关传送报关单电子数据，海关当天受理。后来，该公司发现该批货物有多处申报差错，必须要撤销原电子数据报关单，故向海关申请并经海关审核同意于 2015 年 6 月 2 号撤销原电子数据报关单，遂于 6 月 20 日重新向海关申报，海关当天受理申报并发出现场交单通知，李想 6 月 21 日向海关提交了相应的纸质单证。该批货物申报时，除进口货物报关单以外还应向海关提交哪些随附单证？

任务一　报关单位的注册

一、报关的概念

报关是指进出口货物收发货人、进出境运输工具负责人、进出境物品所有人或者他们的代理人向海关办理货物、物品或运输工具进出境手续及相关海关事务的过程，包括向海关申报、交验单据证件，并接受海关的监管和检查等。报关是履行海关进出境手续的必要环节。

专业知识链接

根据《海关法》，海关的监管对象有三类：进出境运输工具、进出境货物和进出境物品。进出境物品是指进出境旅客个人携带的行李物品（包括自用与馈赠亲友）和通过邮寄方式进出境的收、发件人自用的生活用品，超出此范围的即为货物。

进出境物品以"自用合理数量"为原则，在进出境时采用"红绿通道"制度，如果没有国家禁止、限制或需要申报的商品，且是在自用合理数量范围内从绿色通道通过，否则请走红色通道，填写货物进出境申报单。

小应用

海关对烟草制品、酒精饮料有较严格的限制：

香港、澳门地区居民及因私往来香港、澳门地区的内地居民，可携带免税香烟200支（雪茄50支，烟丝250克）；免税12度以上酒精饮料限1瓶（0.75升以下）；

其他旅客，可携带免税香烟400支（雪茄100支，烟丝500克）；免税12度以上酒精饮料限2瓶（1.5升以下）。

二、报关单位的概念

报关单位是指依法在海关注册登记的报关企业和进出口货物收发货人。

（一）进出口货物收发货人

1. 进出口收发货人的概念

进出口收发货人是指依法直接进口或者出口货物的中华人民共和国境内的法人、其他组织或个人。

2. 进出口收发货人的类别

在外经贸主管部门办理备案登记的对外贸易经营者。

未取得外贸主管部门的备案登记但须从事非贸易性进出口活动的单位，在进出口货物时，也视其为收发货人，如机关、学校、科研院所，临时接受捐赠、礼品、国际援助的单位，船舶代理公司代理企业，国外新闻机构驻中国的常驻代表机构等。

3. 进出口收发货人的报关范围

进出口货物收发货人经向海关注册登记后，只能为本单位进出境货物报关。因办理的是本单位的报关，所以也叫自理报关单位。同时，进出口收发货人也可委托报关企业代理报关手续。

专业知识链接

自理报关：进出口收发货人自己为自己报关。

代理报关：报关企业接收进出口收发货人的委托，代理进出口收发货人办理报关手续，如果报关企业以进出口收发货人的名义办理报关,则称为直接代理报关;相应的报关企业以自己的名义报关,则称为间接报关,目前间接报关在我国只存在于快件报关中。

我国是《万国邮政公约》缔约国,邮递物品出口填写"报税单"(小包邮件填写绿色标签),向邮包送达国家海关递送。

表 1-1　进境个人邮递物品申报单

邮件号：　　　　收件人：　　　　身份证号：　　　　收件地址：

项号	品名和规格	重量/件数	申报价格（人民币）	完税价格	税号	税率（%）	税额
1							
2							
3							
4							
5							
6							
7							

海关提示:海关将根据中华人民共和国海关总署 2010 年 43 号和 2012 年 15 号公告相关规定确定物品的完税价格和税率。

本人保证：　年　月　日向海关申报的上述物品为个人自用,并就申报的真实性和合法性向你关负法律责任。

收件人或其代理人：　　　　身份证号：　　　　联系电话：　　　　日期：

审核意见:□放行　□查验　□退单　□呈科领导审批 审核关员：	查验结果:□相符　□不符　□请收件人补交清单　□实际结果如下 品名： 规格/型号：
审批意见:□同意　□呈处领导审批 科领导：	价格： 数量： 其他： 处理建议:□改单　□退运或报关　查验关员：
审批意见： 处领导：	在实施查验的过程中,本人一直在场,海关未给物品造成任何损坏或破坏。本人对海关查验结果无异议。 收件人或其代理人：　　　　日期：

(二)报关企业

1. 报关企业的概念

报关企业是指按照海关规定准予注册登记,接受进出口货物收发货人的委托,以进出口货物收发货人的名义或者以自己的名义,向海关办理代理报关业务,从事报关服务的境内企业法人。

2. 报关企业的分类

(1)经营国际货物运输代理、国际运输工具代理业务,兼营进出口货物代理报关业务的国际货物运输代理公司(即在实际的业务中所说的货代公司或国际物流公司)。

(2) 主营代理报关业务的报关公司或报关行。

动一动脑筋

> 通过 UPS、FedEx 寄送一批物品到美国纽约港,请问谁去报关,向谁去报关,属于什么报关方式?

三、报关单位的注册登记

报关单位实行注册登记管理,向海关注册登记是成为报关单位的法定要求。区域通关一体化改革后,进出口货物收发货人应当到所在地海关申请注册登记,区域内报关企业应当到所在地海关申请注册登记许可,办理海关注册登记相关手续。

进出口货物收发货人在海关办理注册登记后可以在中华人民共和国关境内口岸或者海关监管业务集中的地点办理本企业的报关业务。

(一) 报关企业注册条件

(1) 申请报关企业注册登记许可应当具备的条件:

① 具备境内企业法人资格;
② 法定代表人无走私记录;
③ 无因走私违法行为被海关撤销注册登记许可记录;
④ 有符合从事报关服务所必需的固定经营场所和设施;
⑤ 海关监管所需要的其他条件。

(2) 申请报关企业注册登记许可,除提交《报关单位注册登记申请书》(如表1-2所示)外,应当提交下列文件材料:

①《报关单位情况登记表》;
②"一照一码"营业执照复印件。

表1-2 报关单位注册登记申请书

中华人民共和国_____海关(办事处):

根据《中华人民共和国海关对报关单位注册登记管理规定》,特向贵关(办)申请□报关企业 □进出口货物收发货人报关注册登记,现提交以下文件资料及复印件:
□报关注册登记许可证明文件(限报关企业提交)
□《对外贸易经营者备案登记表》(法律、行政法规或者在商务部规定不需要备案登记的除外)
□《中华人民共和国外商投资企业批准证书》
□《国际货运代理企业备案表》
□法人营业执照副本(营业执照副本)
□组织机构代码证书
□章程
□税务登记证副本
□银行开户许可证明
□营业场所所有权证明、租赁证明或无偿使用证明(限报关企业提交)

（续表）

□《报关单位情况登记表》 □《报关单位管理人员情况登记表》 □《报关员情况登记表》 □其他与报关注册登记有关的说明文件 以上提供的资料保证无讹，特请贵关准予办理报关注册登记手续。 法定代表人（负责人）（签印）　　　　　　　　　　　　申请单位（公章） 　　　　　　　　　　　　　　　　　　　　　　　　　　年　月　日
海关审核意见
经办人员初审意见： 　　以上证件与正本核对无误，建议同意办理□报关企业□进出口货物收发货人报关注册登记手续。海关注册编码： 　　　　　　　　　　　　　　　　　　　　　　　　　　年　月　日
主管科长审核意见： 　　　　　　　　　　　　　　　　　　　　　　　　　　年　月　日
主管关（处）领导/办事处主任审批意见： 　　　　　　　　　　　　　　　　　　　　　　　　　　年　月　日

专业知识链接

一照一码就是通过"一窗受理、并联审批、信息共享、结果互认"，将由三个部门（工商、质检、税务）分别核发不同证照，改为通过"一窗受理、互联互通、信息共享"，由工商部门直接核发加载法人和其他组织统一社会信用代码的营业执照，并将办理时限由8天缩短至3天以内。

三证合一是指把工商营业执照、组织机构代码证和税务登记证这"三证合一"。根据相关文件规定，"三证合一"等级制度改革过渡期为2015年10月1日至2017年12月31日。在此期间，原发的营业执照、组织机构代码证和税务登记证可继续使用；2018年1月1日后，原发的营业执照、组织机构代码证和税务登记证不再有效。

"三证合一"、"一照一码"的适用范围从企业扩大到农民专业合作社、外国（地区）企业常驻代表机构。

③ 报关服务营业场所所有权证明或者使用权证明；
④ 其他与申请注册登记许可相关的材料。

申请人应当到所在地海关提出申请并递交申请注册登记许可材料，按照相关规定提交复印件的，应当同时向海关交验原件。

（3）经注册地海关核对，申请材料齐全、符合法定形式的，核发《中华人民共和国海关报关企业注册登记证书》,《中华人民共和国海关报关企业注册登记证书》有效期为2年。

（4）报关企业注册登记后可在取得注册登记许可的通关一体化关区内报关,如果在通关一体化关区外从事报关服务的,应当依法设立分支机构,并且向分支机构所在地海关备案。

（二）进出口收发货人注册条件

进出口货物收发货人申请办理注册登记,应当提交下列文件材料,另有规定的除外：

（1）《报关单位情况登记表》（如表1-3所示）；

（2）"一照一码"营业执照复印件；

（3）《对外贸易经营者备案登记表》（如表1-4所示）复印件或者外商投资企业（台港澳侨投资企业）批准证书复印件；

（4）其他与注册登记有关的文件材料。

申请人按照相关规定提交复印件的,应当同时向海关交验原件。

经注册地海关核对,申请材料齐全、符合法定形式的,核发《中华人民共和国海关报关单位注册登记证书》。除海关另有规定外,进出口货物收发货人《中华人民共和国海关报关单位注册登记证书》长期有效。

表1-3 报关单位情况登记表

海关注册编码		组织机构代码		注册海关	
中文名称					
工商注册地址				邮政编码	
营业执照注册号		工商登记日期		进出口企业代码	
行政区划		经济区划		经济类型	
经营类别		组织机构类型		行业种类	
法定代表人（负责人）		法定代表人（负责人）身份证件类型		法定代表人（负责人）身份证件号码	
海关业务联系人		移动电话		固定电话	
上级单位名称		上级单位组织机构代码		与上级单位关系	
序号	出资者名称		出资国别	出资金额（万）	出资金额币制
1					
2					
3					

本单位承诺,我单位对向海关所提交的申请材料以及本表所填报的注册登记信息内容的真实性负责并承担法律责任。

（单位公章）
年 月 日

表1-4 对外贸易经营者备案登记表

对外贸易经营者备案登记表

备案登记表编号：   进出口企业代码：

经营者中文名称			
经营者英文名称			
组织机构代码		经营者类型（由备案登记机关填写）	
住所			
经营场所（中文）			
经营场所（英文）			
联系电话		联系传真	
邮政编码		电子邮箱	
工商登记注册日期		工商登记注册号	

依法办理工商登记的企业还须填写以下内容

企业法定代表人姓名		有效证件号	
注册资金		（折美元）	

依法办理工商登记的外国（地区）企业或个体工商户（独资经营者）还须填写以下内容：

企业法定代表人/个体工商负责人姓名		有效证件号	
企业资产/个人资产		（折美元）	

备注：

填表前请认真阅读背面的条款，并由企业法定代表人或个体工商负责人签字、签章。

备案登记机关

签章

年　月　日

表1-5 进出口货物收发货人报关注册登记证书

中华人民共和国海关 进出口货物收发货人报关注册登记证书 海关注册登记编码： 注册登记日期： 年 月 日 中华人民共和国无锡海关 （签章）	企业名称	
	企业地址	
	法定代表人 （负责人）	
	注册资本	
	经营范围	
	主要投资者名称	出资额及比例
	备注：本证书有效期至 年 月 日，报关单位应在有效期届满前三十日至海关办理换证手续，逾期自动失效。	

（三）临时注册登记手续

1. 适用单位

下列单位未取得对外贸易经营者备案登记表，按照国家有关规定需要从事非贸易性进出口活动的，应当办理临时注册登记手续：

(1) 境外企业、新闻、经贸机构、文化团体等依法在中国境内设立的常驻代表机构；
(2) 少量货样进出境的单位；
(3) 国家机关、学校、科研院所等组织机构；
(4) 临时接受捐赠、礼品、国际援助的单位；
(5) 其他可以从事非贸易性进出口活动的单位。

临时注册登记单位在向海关申报前，应当向所在地海关办理备案手续。特殊情况下可以向拟进出境口岸或者海关监管业务集中地海关办理备案手续。

2. 所需资料

办理临时注册登记，应当提交下列文件材料：
(1) 本单位出具的委派证明或者授权证明；

(2) 非贸易性活动证明材料。

临时注册登记的,海关可以出具临时注册登记证明,如表1-6所示,但是不予核发注册登记证书。临时注册登记有效期最长为1年,有效期届满后应当重新办理临时注册登记手续。已经办理报关注册登记的进出口货物收发货人,海关不予办理临时注册登记手续。

表1-6 临时注册登记证明

临时注册登记证明
（单位名称）：
经审核,申请人提交的临时注册登记申请符合《中华人民共和国海关报关单位注册登记管理规定》,给予办理注册登记,海关注册编码为：　　　　（组织机构代码为：　　　　）。
本临时注册登记有效期为1年,超过有效期自动失效。届时仍需办理进出口业务的,应当重新办理临时注册登记。
海关 （注册登记印章） 年　月　日

四、报关人员管理

（一）报关单位所属报关人员备案

报关单位所属报关人员从事报关业务的,报关单位应当到海关办理备案手续。报关单位可以在办理企业注册登记手续的同时办理所属报关人员备案。报关单位所属报关人员备案申请时应提交的材料：

(1)《企业注册登记业务申请书》；
(2)《报关单位情况登记表》(所属报关人员),如表1-7所示；
(3) 拟备案报关人员有效身份证件原件(交海关验核)。

（二）报关单位所属报关人员备案变更

报关单位所属报关人员备案内容发生变更的,报关单位应当在变更事实发生之日起30日内,到注册地海关办理变更手续,并提交以下文件：

(1)《企业注册登记业务申请书》；
(2)《报关单位情况登记表》(所属报关人员)；
(3)《报关人员备案证明》,如表1-8所示；
(4) 变更证明文件。

（三）报关单位所属报关人员备案注销

报关单位所属报关人员离职或其他原因需要注销备案的,到注册地海关办理备案注销手续。报关单位所属报关人员备案注销应提交的材料包括：

(1)《企业注册登记业务申请书》；
(2)《报关单位情况登记表》(所属报关人员)；
(3)《报关人员备案证明》。

报关人员备案、变更或注销具体办理流程如下：

申请人通过预录入机构从电子口岸通关系统(QP系统)代理录入申请信息,或通过互联网登陆海关企业管理关企合作平台自行录入申请信息,申请信息提交成功后,方可到所在地海关企管业务窗口递交纸质申请资料。申请人应将申请材料按上述顺序排列提交,按规定提交复印件的,应当加盖公章同时向海关交验原件。所在地海关受理申请后,对申请材料齐全、有效的,应当在3个工作日内完成备案、变更或注销。

表1-7 报关单位情况登记表
(所属报关人员)

所属报关单位海关注册编码				
序号	姓名	身份证件类型	身份证件号码	业务种类
1				□备案 □变更 □注销
2				□备案 □变更 □注销
3				□备案 □变更 □注销
4				□备案 □变更 □注销
5				□备案 □变更 □注销
我单位承诺对本表所填报备案信息内容的真实性和所属报关人员的报关行为负责并承担相应的法律责任。				
				(单位公章) 年 月 日

表1-8 报关人员备案证明

报关人员备案证明

(报关单位名称):

你单位(海关注册编码:_____)所属报关人员_____((身份证件类型)号码:_____)已完成海关备案,备案编号:_____,备案日期:_____。

　　　　　　　　　　　　　　　　　　　　　　　　　　海关
　　　　　　　　　　　　　　　　　　　　　　　(注册登记印章)
　　　　　　　　　　　　　　　　　　　　　　　　　年 月 日

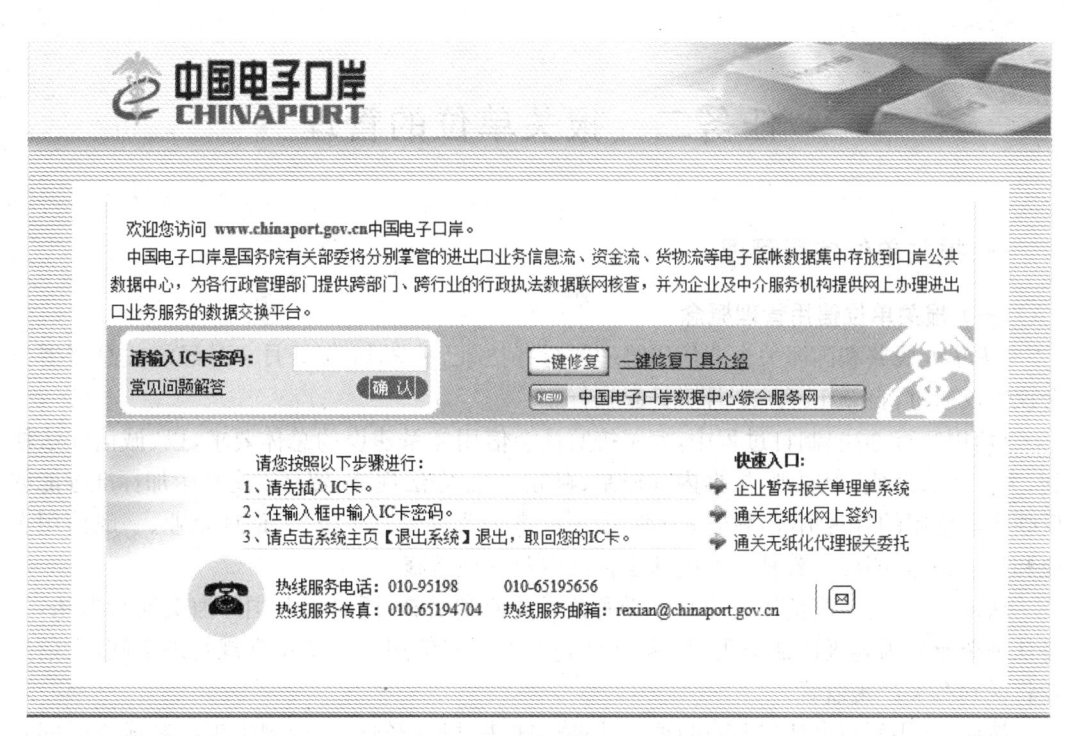

图 1-1　中国电子口岸登录界面

图 1-2　中国电子口岸通关系统界面

任务二　报关单位的管理

一、报关单位信用管理

（一）报关单位信用管理概念

《中华人民共和国海关企业信用管理暂行办法》已于2014年9月4日经海关总署署务会议审议通过，自2014年12月1日起施行。

《信用暂行办法》制订过程中，海关按照社会信用体系建设的总体要求，以"诚信守法便利、失信违法惩戒"为原则，根据内部控制、财务状况、守法规范、贸易安全和附加标准等能够反映企业信用的客观情况，科学、公平、公正地将企业分为三个类型，认证企业、一般信用企业和失信企业，明确了各种企业的认定标准以及管理措施：

认证企业（海关高信用企业）：享受海关通关便利措施；同时借鉴国际海关通行做法，又将认证企业分为高级认证企业和一般认证企业。一般信用企业适用常规管理措施，失信企业将受到海关严密监管。

按照《信用暂行办法》规定，只要企业诚信守法、规范经营，不论规模大小和成立时间长短，都有资格申请成为高信用企业。对诚信守法企业，充分体现了维护社会公平正义的要求，具体表现在：

（1）海关总署不再对高信用企业的认定进行核准，放权给各直属海关或者隶属海关；

（2）最大限度地减少海关对企业信用认定的核准环节，除了认证企业（即AEO企业）需要企业向海关申请认定外，其他企业信用等级调整都由海关按照客观、量化标准进行动态调整，无需向海关申请；

（3）大幅缩短信用认定办理时限。例如，海关应当自收到企业书面认证申请之日起90日内做出认证结论。特殊情形下，海关认证时限可以延长30日，办理时间较原先企业《分类办法》减少约3个月。

企业向海关申请成为认证企业的，海关按照《海关认证企业标准》对企业实施认证。海关或者申请企业可以委托具有法定资质的社会中介机构对企业进行认证；中介机构认证结果经海关认可的，可以作为认定企业信用状况的参考依据。

（二）企业信用状况的认定具体标准

1. 失信企业

企业有下列情形之一的，海关认定为失信企业：

（1）有走私犯罪或者走私行为的；

（2）非报关企业1年内违反海关监管规定行为次数超过上年度报关单、进出境备案清单等相关单证总票数千分之一，且被海关行政处罚金额超过10万元的违规行为2次以上的，或者被海关行政处罚金额累计超过100万元的；

报关企业1年内违反海关监管规定行为次数超过上年度报关单、进出境备案清单总票数万分之五的，或者被海关行政处罚金额累计超过10万元的；

（3）拖欠应缴税款、应缴罚没款项的；

(4) 上一季度报关差错率高于同期全国平均报关差错率1倍以上的；
(5) 经过实地查看，确认企业登记的信息失实且无法与企业取得联系的；
(6) 被海关依法暂停从事报关业务的；
(7) 涉嫌走私、违反海关监管规定拒不配合海关进行调查的；
(8) 假借海关或者其他企业名义获取不当利益的；
(9) 弄虚作假、伪造企业信用信息的；
(10) 其他海关认定为失信企业的情形。

2. 一般信用企业

企业有下列情形之一的，海关认定为一般信用企业：
(1) 首次注册登记的企业；
(2) 认证企业不再符合《中华人民共和国海关企业信用管理暂行办法》(以下简称本办法)第九条规定条件，且未发生本办法第十条所列情形的；
(3) 适用失信企业管理满1年，且未再发生本办法第十条规定情形的。

3. 终止认证

企业有下列情形之一的，海关应当终止认证：
(1) 发生涉嫌走私或者违反海关监管规定的行为被海关立案侦查或者调查的；
(2) 主动撤回认证申请的；
(3) 其他应当终止认证的情形。

（三）海关对企业信用状况的认定结果实施动态调整

海关对高级认证企业应当每3年重新认证一次，对一般认证企业不定期重新认证。认证企业未通过重新认证适用一般信用企业管理的，1年内不得再次申请成为认证企业；高级认证企业未通过重新认证但符合一般认证企业标准的，适用一般认证企业管理。

表1-9 适用认证企业管理申请书

企业名称	
海关注册编码	
申请认证企业类型	□高级认证　□一般认证
经营类别	□报关企业　□非报关企业
联系人	联系电话

　　_____海关：
　　根据《中华人民共和国海关企业信用管理暂行办法》有关规定，本单位按照《海关认证企业标准》进行自我评估，认为符合□一般认证企业□高级认证企业标准，现向你关申请适用认证企业管理。
　　本单位知悉并同意遵守《中华人民共和国海关企业信用管理暂行办法》及海关相关规定，保证所提交的申请材料真实、齐全、有效，并存有相关文件、资料备查，做好接受海关实地认证的准备。
　　附：按照《海关认证企业标准》进行自我评估的报告

申请单位（盖章）

年　月　日

适用失信企业管理满1年,且未再发生本办法第十条规定情形的,海关应当将其调整为一般信用企业管理。失信企业被调整为一般信用企业满1年的,可以向海关申请成为认证企业。

(四) 海关对认证企业管理原则和措施

(1) 一般认证企业适用下列管理原则和措施:

① 较低进出口货物查验率;

② 简化进出口货物单证审核;

③ 优先办理进出口货物通关手续;

④ 海关总署规定的其他管理原则和措施。

(2) 高级认证企业除适用一般认证企业管理原则和措施外,还适用下列管理措施:

① 在确定进出口货物的商品归类、海关估价、原产地或者办结其他海关手续前先行办理验放手续;

② 海关为企业设立协调员;

③ 对从事加工贸易的企业,不实行银行保证金台账制度;

④ AEO互认国家或者地区海关提供的通关便利措施。

(3) 失信企业适用海关下列管理原则和措施:

① 较高进出口货物查验率;

② 进出口货物单证重点审核;

③ 加工贸易等环节实施重点监管;

④ 海关总署规定的其他管理原则和措施。

(4) 高级认证企业适用的管理措施优于一般认证企业。

因报关企业和经营企业信用状况认定结果不一致导致适用的管理措施相抵触的,海关按照就低原则实施管理。

认证企业涉嫌走私被立案侦查或者调查的,海关暂停适用相应管理措施,按照一般信用企业进行管理。

(5) 企业名称或者海关注册编码发生变更的,海关对企业信用状况的认定结果和管理措施继续适用。

企业有下列情形之一的,按照以下原则做出调整:

(1) 企业发生存续分立,分立后的存续企业承继分立前企业的主要权利义务的,适用海关对分立前企业的信用状况认定结果和管理措施,其余的分立企业视为首次注册企业;

(2) 企业发生解散分立,分立企业视为首次注册企业;

(3) 企业发生吸收合并,合并企业适用海关对合并后存续企业的信用状况认定结果和管理措施;

(4) 企业发生新设合并,合并企业视为首次注册企业。

二、报关差错管理

根据《中华人民共和国海关报关单位注册登记管理规定》(海关总署令第221号),自2014年12月1日起,报关单位在办理海关业务过程中,出现《报关差错项目表》(详见附件)所列情况的,海关按报关差错予以记录。报关单位可以通过海关企业进出口信用管理系统的关企合作平台查询本单位的报关差错。

报关单位对报关差错记录有异议的,应当自报关差错记录之日起 15 个工作日内以书面方式向海关申请复核,逾期不予受理。在本关区内发生差错记录的,报关单位应当向申报的通关业务现场申请复核;非本关区发生的报关差错记录,报关单位应当向差错记录发生地海关企业管理部门申请复核。

报关单位提出报关差错记录复核申请,报关单位向注册地海关提交申请材料;应提交下列材料,并加盖公章:

(1)《报关单位差错记录异议复核申请书》,如表 1-10 所示;
(2) 书面情况说明及相关证明材料。

海关自收到报关单位书面申请之日起 15 日内进行复核,告知复核结果,对记录错误的予以更正。

表 1-10 报关单位差错记录异议复核申请书

报关单位差错记录异议复核申请书
编号:_____关_____年号
_____海关:
本报关单位(海关编码:)在办理海关手续过程中,报关单号( )于_____年_____月_____日被海关记录报关差错,报关差错项目编号为:(_____)。本单位对此差错记录存有异议,特提出差错记录异议复核,请予以受理。
联系人: 联系电话:
报关单位签章
报关单位申请日期: 年 月 日   海关受理日期: 年 月 日
报关单位差错记录异议复核申请受理回执
编号:_____关_____年号
_____报关单位(海关编码_____):
请于 15 个工作日后凭本回执领取《报关单位差错记录异议申请答复意见书》。
(海关印章) 年 月 日

任务三 贸易管制

项目引入 2

2011年3月的一天，广州一家进出口贸易公司以一般贸易方式向黄埔海关申报进口3台六成新的"旧履带式凿地机"，生产年份分别是2002年或2003年，型号分别是"加藤HD823MR"、"日立ZX210H"和"日立ZX210K"。经海关现场查验发现，该批申报进口的"旧履带式凿地机"除工作头为破碎锤外，其余部分均与挖掘机相同，存在企业通过改装进口"旧挖掘机"的嫌疑。海关随即将有关情况提交国家商务主管部门进行鉴定。不久，国家商务主管部门反馈的鉴定结果也证实了海关的怀疑：该批货物已具备了挖掘机的主要特征。

1. 企业为什么要将"旧挖掘机"改装成"旧履带式凿地机"？
2. 我国对外贸易管制中，进口"旧挖掘机"有哪些管理措施？

一、对外贸易管制的概念

对外贸易管制是指一国政府为了国家的宏观经济利益、国内外政策需要以及履行所缔结或加入国际条约的义务，确立实行各种制度、设立相应管理机构和规范对外贸易活动的总称。

我国对外贸易管制制度是一种综合管理制度，主要由海关监管制度、关税制度、对外贸易经营者管理制度、进出口许可制度、出入境检验检疫制度、进出口货物收付汇管理制度以及贸易救济制度等构成。其中最重要的制度是进出口许可管理制度。

我国货物进出许可制度管理范围，包括：
(1) 禁止进出口货物管理；
(2) 限制进出口货物管理；
(3) 自由进出口中部分实行自动许可管理的货物；

对外贸易管制的法律渊源不包括：地方性法规、地方性规章、各民族自治区政府的地方条例和单行条例。我国目前所签订生效的各类国际条约，虽然不属于我国国内法的范畴，但就其效力而言可视为我国的法律渊源之一。

二、我国货物禁止进出口许可管理制度

（一）禁止进口

禁止进口货物管理规定，禁止进口货物主要包括：
(1) 列入《禁止进口货物目录》和《禁止进口固体废物目录》的商品。
① 保护我国生态环境和生态资源，以及为履行我国所缔结或参加的与保护世界自然生态环境相关的国际条约协定公布的，例如：破坏臭氧层物质的四氯化碳，犀牛角、麝香、虎骨（世界濒危物种）。
② 涉及生产安全、人身安全和环境保护的旧机电产品类，如：旧压力容器类，电器、医疗

设备类,汽车、工程及车船机械类。

③ 对环境有污染的固体废物类,如:废动植物产品、矿渣矿灰及残渣、废药物、杂项化学品废物、废橡胶和皮革、废特种纸、废纺织原料及制品、废玻璃、金属和金属化合物废物、废电池、废弃机电产品和设备及其未经分拣处理的零部件、拆散、破碎、砸碎件等,废石膏、石棉,其他未列名固体废物等。

④ 保护人的健康,维护环境安全,履行危险化学品《鹿特丹公约》和有机污染物《斯德哥尔摩公约》,例如:长纤维青石棉(属于须淘汰的落后产品)、二噁英等。

(2) 国家有关法律法规明令禁止进口的商品。

① 来自动植物疫情流行的国家和地区的有关动植物及其产品和其他建议物;

② 动植物病源(包括菌种、毒种等)害虫及其他有害生物、动物尸体、土壤;

③ 带有违反"一个中国"原则内容的货物及其包装;

④ 以氟氯烃物质为制冷剂、发泡剂的家用电器产品和以氟氯烃物质为制冷工质的家用电器用压缩机;

⑤ 滴滴涕、氯丹等;

⑥ 莱克多巴胺和盐酸莱卡多巴胺。

(3) 其他。

① 以 CFC-12 为制冷工质的汽车及以 CFC-12 为制冷工质的汽车空调压缩机(含汽车空调器);

② 旧服装;

③ Ⅷ因子制剂等血液制品;

④ 氯酸钾、硝酸铵;

⑤ 100 瓦及以上普通照明白炽灯。

(二) **禁止出口**

禁止出口货物管理,主要包括:

(1) 列入《禁止出口货物目录》的商品。

① 保护我国自然生态环境和生态资源,以及为履行我国所缔结或参加的与保护世界自然生态环境相关的国际条约协定公布的,如:四氯化碳(破坏臭氧层),犀牛角、虎骨、麝香(世界濒危物种),有防风固沙作用的发菜和麻黄草等植物。

② 保护我国的森林资源,例如禁止出口木炭。

③ 保护人的健康,维护环境安全,履行危险化学品《鹿特丹公约》和有机污染物《斯德哥尔摩公约》,例如:长纤维青石棉、二噁英等。

④ 天然砂:硅砂、石英砂及其他天然砂(对港、澳、台出口天然砂实行出口许可证管理)。

⑤ 森林凋落物和泥炭(无论是否经化学处理),如:腐叶、腐根、树皮、树根等森林凋落物,沼泽、湿地中,地上植物枯死、腐烂堆积而成的有机矿体。

(2) 国家有关法律法规明令禁止进口的商品。

① 未定名的或者新发现并有重要价值的野生植物;

② 原料血浆;

③ 商业性出口的野生红豆杉及其部分产品;

④ 劳改产品;

⑤ 以氟氯烃物质为制冷剂、发泡剂的家用电器产品和以氟氯烃物质为制冷工质的家用电器用压缩机；

⑥ 滴滴涕、氯丹等；

⑦ 莱克多巴胺和盐酸莱克多巴胺。

三、进出口许可证管理制度

商务部会同海关总署制定"许可证管理商品目录"，并以签发"进出口许可证"的形式对目录商品进行行政许可管理，分为进口许可证管理和出口许可证管理。

（一）进出口许可证的签证机构

商务部是进出口许可证管理部门，许可证局及商务部驻各地特派员办事处、各省、直辖市、自治区及计划单列市的商务厅（局）、外经贸委（厅、局）为发证机构。原则上先申证后进出口。

1. 实施进口许可证管理的货物

2015年实行进口许可证管理的货物共2种：重点旧机电产品和消耗臭氧层物质，其中对重点旧机电产品实施进口许可证管理，对消耗臭氧层物质实施进口配额许可证管理，由商务部发证机构实行分级发证。

（1）许可证局负责签发重点旧机电产品的进口许可证。

（2）所在地省级商务发证机构负责签发消耗臭氧层物质的进口许可证。

（3）在京中央企业的进口许可证由许可证局签发。

申领消耗臭氧层物质的进口许可证，首先应向国家消耗臭氧层进出口管理机构（由国务院环境保护主管部门、国务院商务主管部门和海关总署联合设立）申请消耗臭氧层物质进出口审批单，消耗臭氧层物质进出口审批单实行一单一批制，审批有效期为90日，不得超期或跨年度使用；进出口单位持审批单向商务部门申领进出口许可证。

2. 实施出口许可证管理的货物

2015年实行出口许可证管理的48种货物，分别实行出口配额许可证、出口配额招标和出口许可证管理。

专业知识链接

出口配额许可证管理：企业自主申请后，商务部等有关部门在进行配额分配时，充分考虑申请企业或地区最近三年的出口实绩、配额使用率、经营能力、生产规模、国内资源状况等，既减少了管理者主观随意性，又防止了企业申领配额的盲目性。

出口配额招标管理：对于实行配额管理的出口商品，可以实行招标。出口企业通过自主投标竞价，有偿取得和使用国家确定的出口商品配额。商务部统一管理出口商品配额招标工作，负责确定并公布招标商品种类及招标商品的配额总量。出口商品配额招标遵循"效益、公正、公开、公平竞争"的原则。中标配额当年有效。企业获得配额后应在配额有效期内到指定的发证机构申领出口许可证。

（1）实行出口配额许可证管理的货物是：小麦、玉米、大米、小麦粉、玉米粉、大米粉、棉花、锯材、活牛（对港澳）、活猪（对港澳）、活鸡（对港澳）、煤炭、原油、成品油、锑及锑制品、锡及锡制品、白银、铟及铟制品、磷矿石。

（2）实行出口配额招标的货物是：蔺草及蔺草制品、滑石块（粉）、镁砂、甘草及甘草制品。

（3）实行出口许可证管理的货物是：活牛（对港澳以外市场）、活猪（对港澳以外市场）、活鸡（对港澳以外市场）、冰鲜牛肉、冻牛肉、冰鲜猪肉、冻猪肉、冰鲜鸡肉、冻鸡肉、矾土、稀土、焦炭、石蜡、钨及钨制品、碳化硅、消耗臭氧层物质、铂金（以加工贸易方式出口）、部分金属及制品、钼、钼制品、天然砂（含标准砂）、柠檬酸、青霉素工业盐、维生素C、硫酸二钠、氟石、摩托车（含全地形车）及其发动机和车架、汽车（包括成套散件）及其底盘。

实行出口配额招标的货物，无论何种贸易方式，各授权发证机构均凭商务部下发的中标企业名单及其中标数量和招标办公室出具的《申领配额招标货物出口许可证证明书》签发出口许可证。

（二）进出口许可证的申领程序（以江苏省为例）

申请在进出口前，采用书面申请或网上申请形式。

1. 书面申请程序

（1）办理代码登记：初次申请企业在省发证机构办理代码登记，内资企业需提供《中华人民共和国进出口企业资格证书》（正本复印件）；外商投资企业需提供批准证书及营业执照（均为复印件）。

（2）企业书面或网上向省发证机构提交办证资料：企业将下列资料递交省发证机构（南京市中华路50号裙楼二楼），发证机构受理企业申请时间为每个工作日8:30～17:30（不间断发证）。

① 《中华人民共和国出口许可证申请表》；
② 出口合同（正本复印件）；
③ 属委托代理出口的，需提供出口代理协议；
④ 配额商品应提交相关配额机关出具的配额证明文件。

（3）省发证机构审核、签发，企业领取证书：

① 自进出口许可证事务中心受理企业完备的申领资料次日起3个工作日后全天领证（8:30～17:30）。

② 领取人凭本单位介绍信及本人身份证领取许可证。

2. 网上申请形式

（1）办理代码登记：初次申请企业在省发证机构办理代码登记，内资企业需提供《中华人民共和国进出口企业资格证书》（正本及复印件）；外商投资企业需提供批准证书及营业执照（均为复印件）。

（2）电子钥匙申请：网上申请进口许可证的企业，还需办理电子钥匙，申请电子钥匙，该钥匙可用于申领出口许可证、进口许可证和自动进口许可证。需提供以下材料：

表1-11 中华人民共和国进口许可证

中华人民共和国进口许可证 IMPORT LICENCE OF THE PEOPLE'S REPUBLIC OF CHINA NO.	
进口商: Importer	进口许可证号: Import licence No.
收货人: Consignee	进口许可证有效截止日期: Import licence expiry date
贸易方式: Terms of trade	出口国(地区): Country/Region of exportation
外汇来源: Terms of foreign exchange	原产地国(地区): Country/Region of origin
报关口岸: Place of clearance	商品用途: Use of goods
商品名称: Description of goods	
商品编码: Code of goods	

规格、型号 Specification	单位 Unit	数量 Quantity	单价 Unit pirce	总值 Amount	总值折美元 Amount in USD
总计 Total					

备注 Supplementary details	发证机关签章 Issuing authority's stamp & signature
	发证日期: Licence date

表1-12 中华人民共和国出口许可证

中华人民共和国出口许可证 ESPORT LICENCE OF THE PEOPLE'S REPUBLIC OF CHINA　NO.	
出口商： Exporter	出口许可证号： Export licence　No.
发货人： Consignor	出口许可证有效截止日期： Export licence expiry date
贸易方式： Terms of trade	进口国(地区)： Country/Region of purchase
合同号： Contract No.	支付方式： Payment conditions
报关口岸： Place of clearance	运输方式： Mode of transport
商品名称： Description of goods	
商品编码： Code of goods	

规格、等级 Specification	单位 Unit	数量 Quantity	单价 Unit pirce	总值 Amount	总值折美元 Amount in USD
总计 Total					

备注 Supplementary details	发证机关签章 Issuing authority's stamp & signature
	发证日期： Licence date

①《进出口许可证电子钥匙申请表》；
② 进出口企业资格证书复印件；
③ 申请人身份证复印件；
④ 组织机构代码证复印件；
⑤ 企业法人营业执照复印件。

批准后的企业名单将在江苏省商务厅网站"结果查询"栏目予以公布，请自行查询，随后向北京国富安电子商务安全认证有限公司支付"电子钥匙"费用，并将汇款单传真给国富安公司。

（3）网上申报：申请企业在网上填写申请单并提交电子数据，同时将相关的资料寄至省发证机构（所需资料同"书面申领"）。

（4）省发证机构审核、签发，企业领取证书：

① 企业看到网上申请通过审核后，在审核通过后的第二个工作日起全天领证（8：30～17：30）。

② 领取人凭本单位介绍信及本人身份证领取许可证，加盖公章的《出口许可证申请表》、《货物出口合同》、收货人从事货物进出口资质证书、备案文件或外商投资企业批准证书（限初次申领者提交），同时应提交打印有许可证号、加盖企业公章的申请单。

（三）进出口许可证报关规范

（1）进口许可证有效期12个月，当年有效，跨年度使用不得超过次年的3月31日。出口许可证有效期最长不得超过6个月，当年有效，不得超过当年12月31日。

（2）进出口许可证一经签发，不得擅自更改。如需更改，经营者应当在许可证有效期内需提出变更申请，由原发证机构重新换发许可证。

（3）进出口许可证实行"一证一关"（原则上）、"一批一证"（进出口许可证在有效期内一次报关使用）。为保证进出口许可证联网核销的实施，对不实行"一批一证"管理的货物，发证机构在签发进出口许可证时必须在许可证"备注"栏内填注"非一批一证"。"非一批一证"的进出口许可证可在同一口岸多次报关，但不得超过12次，由海关在许可证背面"海关验放签注栏"内逐批签注核减进出口数量。12次报关后，进出口许可证即使尚存余额，海关也停止接受报关。

实行"非一批一证"管理的货物为：
① 外商投资企业出口货物；
② 加工贸易方式出口货物；
③ 补偿贸易项下出口货物；
④ 小麦、玉米、大米、小麦粉、玉米粉、大米粉、活牛、活猪、活鸡、牛肉、猪肉、鸡肉、原油、成品油、煤炭、汽车（包括成套散件）及其底盘、摩托车（含全地形车）及其发动机和车架。

（4）进出口许可证如果是大宗、散装货物，溢短装数量不得超过5%；原油、成品油不得超过3%。"非一批一证"，逐批据实核减并签注许可证"海关验放签注栏"，最后一批时，允许溢短装为最后证余量的5%（注：此为许可证的幅度，非合同幅度或信用证幅度），原油、成品油为3%。

（5）消耗臭氧层物质的货样广告品凭出口许可证出口。

（6）为维护正常发的经营秩序，对部分出口货物实行指定发证机构发证或指定口岸报关出口。

① 锑及锑制品指定黄埔海关、北海海关、天津海关为报关口岸。

② 甘草的报关口岸限定为天津海关、上海海关、大连海关；甘草制品的报关口岸限定为天津海关和上海海关。

③ 稀土的报关口岸限定为天津海关、上海海关、青岛海关、黄埔海关、呼和浩特海关、南昌海关、宁波海关、南京海关和厦门海关。

(7) 消耗臭氧层物质的进出口许可证实行"一批一证"制。

四、自动进口许可证管理

(一) 自动进口许可证管理概念

除国家禁止、限制进出口货物外的其他货物，均属于自由进出口范围，进口属于自由进口的货物，不受限制。基于监测货物进口情况的需要，国务院外经贸主管部门和国务院有关经济管理部门可以按照国务院规定的职责划分，对部分属于自由进口的货物实行自动进口许可管理。自动进口许可证只要申请，就能给予许可，一般处于统计和监督的需要，具有自动登记性质。但属于《自动进口许可管理货物目录》内的货物进口时，必须申请自动进口许可证。

商务部是我国自动进口许可制度的管理部门，实行《自动进口许可管理的货物目录》，包括具体货物名称、海关商品编码，由商务部会同海关总署等有关部门确定和调整。该目录由商务部以公告形式发布。

(二) 自动进口许可证发证机构

商务部授权配额许可证事务局、商务部驻各地特派员办事处、各省、自治区、直辖市、计划单列市商务(外经贸)主管部门和地方机电产品进出口机构(以下简称发证机构)负责自动进口许可货物管理和《自动进口许可证》的签发工作。

以下列方式进口自动许可货物的，可以免于交验《自动进口许可证》：

(1) 加工贸易项下进口并复出口的(原油、成品油除外)；

(2) 外商投资企业作为投资进口或者投资额内生产自用的(旧机电产品除外)；

(3) 货样广告品、实验品进口，每批次价值不超过5 000元人民币的；

(4) 暂时进口的海关监管货物；

(5) 加工贸易项下进口的不作价设备监管期满后留在原企业使用的；

(6) 进入中华人民共和国保税区、出口加工区等海关特殊监管区域及进入保税仓库、保税物流中心的属自动进口许可管理的货物，不需申领自动进口许可证；如从保税区、出口加工区等海关特殊监管区域及保税仓库、保税物流中心进口自动进口许可管理货物，仍应当领取《自动进口许可证》。

(7) 海关对散装货物溢短装数量在货物总量正负5%以内的予以免证验放。对原油、成品油、化肥、钢材四种大宗货物的散装货物溢短装数量在货物总量正负3%以内予以免证验放。

(8) 国家法律法规规定其他免领《自动进口许可证》的。

(三) 自动进口许可证报关规范

《自动进口许可证》项下货物原则上实行"一批一证"管理，对部分货物也可实行"非一批一证"管理;"一批一证"指同一份《自动进口许可证》不得分批次累计报关使用。同一进口合同项下,收货人可以申请并领取多份《自动进口许可证》。

"非一批一证"指:同一份《自动进口许可证》在有效期内可以分批次累计报关使用,但累计使用不得超过 6 次。海关在《自动进口许可证》原件"海关验放签注栏"内批注后,海关留存复印件,最后一次使用后,海关留存正本。

对"非一批一证"进口实行自动进口许可管理的大宗散装商品,每批货物进口时,按其实际进口数量核扣自动进口许可证额度数量;最后一批货物进口时,其溢装数量按该自动进口许可证实际剩余数量并在规定的允许溢装上限内计算。

(四)自动进口许可证申请流程

1. 自动进口许可证申请方式

进口属于自动进口许可管理的货物,收货人在办理海关报关手续前,应向所在地或相应的发证机构提交自动进口许可证申请。凡申请进口法律法规规定应当招标采购的货物,收货人应当依法招标。

收货人可以直接向发证机构书面申请《自动进口许可证》,也可以通过网上申请。

书面申请:收货人可以到发证机构领取或者从相关网站下载《自动进口许可证申请表》(可复印)等有关材料,按要求如实填写,并采用送递、邮寄或者其他适当方式,与本办法规定的其他材料一并递交发证机构。

网上申请:收货人应当先到发证机构申领用于企业身份认证的电子钥匙。申请时,登录相关网站,进入相关申领系统,按要求如实在线填写《自动进口许可证申请表》等资料,领证时向发证机构提交有关材料。

2. 申请时应提交的材料

收货人申请自动进口许可证,应当提交以下材料:

(1) 收货人从事货物进出口的资格证书、备案登记文件或者外商投资企业批准证书(以上证书、文件仅限公历年度内初次申领者提交);

(2) 自动进口许可证申请表;

(3) 货物进口合同;

(4) 属于委托代理进口的,应当提交委托代理进口协议(正本);

(5) 对进口货物用途或者最终用户法律法规有特定规定的,应当提交进口货物用途或者最终用户符合国家规定的证明材料;

(6) 针对不同商品在《目录》中列明的应当提交的材料;

(7) 商务部规定的其他应当提交的材料。

收货人应当对所提交材料的真实性负责,并保证其有关经营活动符合国家法律规定。

3. 发证机构发证

许可申请内容正确且形式完备的,发证机构收到后应当予以签发《自动进口许可证》,最多不超过 10 个工作日。海关凭加盖自动进口许可证专用章的《自动进口许可证》办理验放手续。银行凭《自动进口许可证》办理售汇和付汇手续。

表1－13　中华人民共和国自动进口许可证

中华人民共和国自动进口许可证 AUTOMATICIMPORT LICENCE OF THE PEOPLE'S REPUBLIC OF CHINA　NO.	
进口商： Importer	进口许可证号： Import licence　No.
进口用户： Consignee	自动进口许可证有效截止日期： Import licence expiry date
贸易方式： Terms of trade	出口国（地区）： Country/Region of exportation
外汇来源： Terms of foreign exchange	原产地国（地区）： Country/Region of origin
报关口岸： Place of clearance	商品用途： Use of goods
商品名称：　　　　　商品编码： Description of goods　　　Code of goods	商品状态： Stations of goods

规格、型号 Specification	单位 Unit	数量 Quantity	单价 Unit pirce	总值 Amount	总值折美元 Amount in USD
总计 Total					

备注 Supplementary details	发证机关签章 Issuing authority's stamp & signature
	发证日期： Licence date

五、两用物项和技术进出口许可证管理

（一）两用物项和技术进出口许可证管理概念

两用物项和技术是指《中华人民共和国核出口管制条例》、《中华人民共和国核两用品及相关技术出口管制条例》、《中华人民共和国导弹及相关物项和技术出口管制条例》、《中华人民共和国生物两用品及相关设备和技术出口管制条例》、《中华人民共和国监控化学品管理条例》、《中华人民共和国易制毒化学品管理条例》及《有关化学品及相关设备和技术出口管制办法》所规定的相关物项及技术。

为便于对上述物项和技术的进出口管制，商务部和海关总署依据上述法规颁布了《两用物项和技术进出口许可证管理办法》并联合发布《两用物项和技术进出口许可证管理目录》，规定对列入目录的物项及技术的进出口统一实行两用物项和技术进出口许可证管理。商务部统一管理、指导全国各发证机构的两用物项和技术进出口许可证发证工作。

（二）两用物项和技术进出口许可证颁发部门

商务部配额许可证事务局和受商务部委托的省级商务主管部门为两用物项和技术进出口许可证发证机构。两用物项和技术进出口前，进出口经营者应当向发证机关申领"中华人民共和国两用物项和技术进口许可证"或"中华人民共和国两用物项和技术出口许可证"（以下统称两用物项和技术进出口许可证），以向海关办理进出口通关手续。

其中，监控化学品进出口：所有企业向配额许可证事务局申请。

核、核两用品、生物两用品、有关化学品、导弹相关物项、易制毒化学品和计算机出口：在京中央管理企业向配额许可证事务局申请，其他企业向省级商务部门申请。

易制毒化学品进口：在京中央管理企业向配额许可证事务局申请，其他企业向省级商务部门申请。

放射性同位素进口：所有企业向配额许可证事务局申请。

（三）两用物项许可证办理程序

（1）网上申请方式：企业应先申领用于企业身份认证的电子钥匙（详见商务部配额许可证事务局网站办事指南中电子钥匙申请流程）。申请时，登录配额许可证事务局网站，进入相关申领系统，在线填写申请表，经过初审、复审通过后，申领者可在企业端打印《两用物项和技术进出口许可证申领表》并加盖经营者公章，持相关申请材料到商务部行政事务服务中心领取两用物项和技术进口许可证或两用物项和技术出口许可证。其中：申请放射性同位素进口的经营者在网上申请前需先将申请材料递交商务部行政事务服务中心。

（2）书面申请方式：进出口经营者将相关申请材料递交商务部行政事务服务中心。

发证机构收到相关行政主管部门批准文件（含电子文本、数据）和相关材料并经审核无误后，3个工作日签发两用物项和技术进口或出口许可证。

（四）注意事项

（1）一份许可证只能对应一个商品编码和一个国别、原产地。

（2）申请"非一批一证"的许可证可以报关使用12次。预计报关超过12次时，应分证申请。

（3）放射性同位素进口《两用物项和技术进口许可证申请表》第16项填写核素名称及活度，第17项单位是"克"，第18项填写净重，第20项总值为同位素价值，第23项备注栏填

写毛重,密封源需在备注栏注明枚数,非密封源需在备注栏注明"限进口××次"字样。如放射性同位素的净重、毛重、价值在合同中未列明的,需由合同卖方提供相关文件,并加盖进口商公章。

(4)《两用物项和技术进口许可证》有效期1年,最多用到次年3月31日

六、出入境检验检疫管理

出入境检验检疫管理是指为了维护社会公共利益和对外贸易有关各方的合法权益,保证进出口商品质量,保护农、林、牧、渔业生产和人体健康,促进对外贸易健康发展,由国家出入境检验检疫部门依据我国有关法律和行政法规以及我国政府所缔结或者参加的国际条约协定,对出入我国国境的货物及其包装物、物品及其包装物、交通运输工具、运输设备和进出境人员实施检验检疫监督管理的行政行为。

(一)入境货物通关单

入境货物通关单是我国出入境检验检疫管理制度中,对列入《法检目录》中属进境管理的商品在办理进口报关手续前,依照有关规定,口岸检验检疫机构接受报检后签发的单据,同时也是进口报关的专用单据,是海关验放该类货物的重要依据之一。

(1)适用范围。入境货物通关单主要适用于:

① 列入《法检目录》的商品;

② 外商投资财产价值鉴定(受国家委托,为防止外商瞒骗对华投资额而对其以实物投资形式进口的投资设备的价值进行的鉴定);

③ 进口可用作原料的废物;

④ 进口旧机电产品;

⑤ 进口货物发生短少、残损或其他质量问题需对外索赔时,其赔付的进境货物;

⑥ 进口捐赠的医疗器械;

⑦ 其他未列入《法检目录》,但国家有关法律、行政法规明确由出入境检验检疫机构负责检验检疫的入境货物或特殊物品等。

(2)报关规范。

① 向海关申报进口上述范围涉及的商品,报关单位应主动向海关提交有效的入境货物通关单。

② 入境货物通关单实行"一批一证"制度,证面内容不得更改。

(二)出境货物通关单

出境货物通关单是我国出入境检验检疫管理制度中,对列入《法检目录》中属出境管理的商品在办理出口报关手续前,依照有关规定,口岸检验检疫机构接受报检后签发的单据,同时也是出口报关的专用单据,是海关验放该类货物的重要依据之一。

(1)适用范围。出境货物通关单适用于:

① 列入《法检目录》的货物;

② 出口纺织品标识;

③ 对外经济技术援助物资及人道主义紧急救灾援助物资;

④ 其他未列入《法检目录》,但国家有关法律、行政法规明确由出入境检验检疫机构负责检验检疫的出境货物。

(2) 报关规范。

① 向海关申报出口上述范围的商品，报关单位应主动向海关提交有效的出境货物通关单及其他有关单据。

② 出境货物通关单实行"一批一证"制度，证面内容不得更改。

表 1-14 中华人民共和国出入境检验检疫入境货物通关单

编号：

1. 收货人		5. 标记及唛码
2. 发货人		
3. 合同/提(运)单号	4. 输出国家或地区	
6. 运输工具名称及号码	7. 目的地	8. 集装箱规格及数量
9. 货物名称及规格	10. HS 编码	11. 申报总值	12. 数/重量、包装数量及种类
13. 证明 上述货物业已报验/申报，请海关予以放行。 签字： 日期： 年 月 日			
14. 备注			

表1-15 中华人民共和国出入境检验检疫出境货物通关单

编号：

1. 发货人		5. 标记及号码
2. 收货人		
3. 合同/信用证号	4. 输往国家或地区	
6. 运输工具名称及号码	7. 发货日期	8. 集装箱规格及数量
9. 货物名称及规格	10. H.S.编码	11. 申报总值	12. 数/重量、包装数量及种类

上述货物业经检验检疫，请海关予以放行。
本通关单有效期至　　年　月　日
签字：　　　　　　日期：　年　月　日

13. 备注

附件:常见监管证件代码表

代码	监管证件名称	代码	监管证件名称
1*	进口许可证	B*	出境货物通关单
2	两用物项和技术进口许可证	D	出/入境货物通关单(毛坯钻石用)
3	两用物项和技术出口许可证	E*	濒危物种出口允许证明书
4*	出口许可证	F*	濒危物种进口允许证明书
6	旧机电产品禁止进口	G	两用物项和技术出口许可证(定向)
7*	自动进口许可证	I	精神药物进(出)口准许证
8	禁止出口商品	J	黄金及其制品进出口准许证或批件
9	禁止进口商品	K*	深加工结转申请表
A*	入境货物通关单	L	药品进出口准许证
M	密码产品和含有密码技术设备进口许可证	a	请审查预核签章
O*	自动进口许可证(新旧机电产品)	c	加工贸易内销征税联系单
P*	固体废物进口许可证	e	关税配额外优惠税率进口棉花配额证
Q	进口药品通关单	q	国别关税配额证明
R	进口兽药通关单	r	预归类标志
S	进出口农药登记证明	s	使用ITA税率的商品用途认定证明
T	银行调运外币现钞进出境许可证	t	关税配额证明
W	麻醉药品进出口准许证	v*	自动进口许可证(加工贸易)
X	有毒化学品环境刮泥放行通知单	x	出口许可证(加工贸易)
Y*	原产地证明	y	出口许可证(边境小额贸易)
Z	进口音像制品批准单或节目提取单		

注:加*号为出现频率较高,要重点记忆。

※项目任务操作

项目引入1解析

深圳某企业从香港进口一批原产于马来西亚的不锈钢餐刀和其他不锈钢制品(属于法检商品,列入《自动进口许可管理目录》),由于属于法检商品,需要申领入境货物通关单;并由于列入《自动进口许可管理目录》,需要申领自动进口许可证。

由于马来西亚属于亚太贸易协定国家,亚太贸易协定国家间签订有优惠贸易协定,他们之间的贸易享有关税优惠,因此进口时需要交验原产地证,以确定货物的原产国为马来西亚。具体的申报程序如下:

1. 自动进口许可证申请

深圳某企业首先去查看《自动进口许可管理目录》,查出进口的这批不锈钢餐刀和其他不锈钢制品属于自动进口许可管理的货物,深圳某企业在办理海关报关手续前,应向深圳商务局提交自动进口许可证申请。

(1) 采用书面申请:深圳某企业可以到商务局领取或者从相关网站下载《自动进口许可证申请表》(可复印)等有关材料,按要求如实填写,并向商务局提交如下材料。

① 收货人从事货物进出口的资格证书;② 备案登记文件或者外商投资企业批准证书(以上证书、文件仅限公历年度内初次申领者提交);③ 货物进口合同;

(2) 采用网上申请:收货人应当先到深圳商务局申领用于企业身份认证的电子钥匙。申请时,登录相关网站,进入相关申领系统,按要求如实在线填写《自动进口许可证申请表》等资料。领证时向深圳商务局提交收货人从事货物进出口的资格证书、备案登记文件或者外商投资企业批准证书(以上证书、文件仅限公历年度内初次申领者提交)以及货物进口合同等材料。

2. 入境货物通关单申领

报关员李想登陆海关总署网站的商品信息查询页面输入商品的 HS 编码,明确报关时需提供"入境货物通关单",使用电子申报软件录入报检信息并发送到深圳市吴淞出入境检验检验局,取得报检号,并打印报检单,向该局检务部门提交报检单及相关单据(盖公章),检务部门审单,受理报检并计费,该公司到收费处缴费。检务部门审单无误后,对货物外在包装进行检验检疫和处理,并签发"入境货物通关单"。

项目引入 2 解析

2009 年 1 月 1 日起,旧的轮胎式挖掘机、履带式挖掘机及其他挖掘机(分别对应商品编号:8429521100、8429521200 和 8429521900)新增纳入《重点旧机电产品进口目录》并实行"进口许可证"管理,商务部配额许可证事务局按照《进口二手挖掘机验收规范》的有关规定,仅对生产时间不超过 5 年的旧挖掘机签发"进口许可证"。

由于进口二手挖掘机在国内仍有较大市场需求,巨大利润诱使部分企业对进口旧挖掘机进行改装、更换工作头后以"凿地机"(或类似商品)名义向海关申报进口,以达到通过改变海关商品编号和名称的方式逃避"进口许可证"管理的目的,同时将拆卸下来的铲斗等零部件另行申报进口,在国内重新组装销售,严重扰乱了正常的旧挖掘机进口贸易秩序。

※ 思考与练习

一、单项选择题

1. 根据代理报关的( )不同,分为直接代理报关和间接代理报关。
   A. 目的　　　　B. 对象　　　　C. 行为性质　　　　D. 法律行为责任承担者
2. 通常所称的自理报关和代理报关主要是针对( )的报关而言的。
   A. 进出境运输工具　　　　B. 进出境物品
   C. 进出境货物　　　　　　D. 进出境人员
3. 按照相关法律规定,下列不列入报关范围的是( )。
   A. 进出境运输工具　　　　B. 进出境物品
   C. 进出口货物　　　　　　D. 进出境旅客

4. 在货物进出境过程中,关于报关和报检手续表述正确的是( )。
   A. 先报检,再报关   B. 先报关,再报检
   C. 报关和报检就同时进行   D. 报关和报检的办理手续不分先后顺序
5. 报关是指进出境运输工具的负责人、进出境物品的所有人、进出口货物的收发货人或其代理人向( )办理进出境手续的全过程。
   A. 边检   B. 海关   C. 出入境检验检疫局   D. 外经贸部门
6. ( )指进出境货物由报关人在设有海关的货物指运地或起运地办理海关手续的报关方式。
   A. 口岸报关   B. 属地报关
   C. "属地+口岸"报关   D. "属地+属地"报关
7. 下列关于自理报关和代理报关表述,错误的是( )。
   A. 进出口货物收发货人自行办理报关业务称为自理报关
   B. 报关企业必须向海关注册登记后方能从事代理报关业务
   C. 间接代理报关是指报关企业以委托人的名义办理报关业务的行为
   D. 直接代理报关中代理人代理行为的法律后果直接作用于被代理人
8. 下列哪一选项应不属于我国贸易管制的法律体系范围:( )。
   A. 由国家权力机关制定的法律规范
   B. 由国务院制定的行政法律规范
   C. 由省、自治区、直辖市制定的地方性行政法律规范
   D. 由有关部委制定的行政规章
9. 我国对外贸易管制是一种综合管理制度,下列哪一项应不在其构成范围内:( )。
   A. 海关监管制度   B. 关税制度
   C. 贸易救济制度   D. 进出口报关制度
10. 《货物进出口管理条例》规定,国家规定有数量限制的限制出口货物,实行下列何种管理:( )。
    A. 进口许可证   B. 自动进口许可   C. 配额管理   D. 配额招标
11. 下列对关税配额管理表述错误的是:( )。
    A. 关税配额对进口商品制定关税配额税率并规定该商品进口数量总额,超过总额不准进口
    B. 在关税配额限额内按照配额税率征税
    C. 在关税配额限额外按照配额外税率征税
    D. 与许可证实现限制的目的相比,关税配额是一种相对数量的限制
12. 国家对限制进口货物管理,下列表述不正确的是:( )。
    A. 按照其限制方式划分许可证管理和关税配额管理
    B. 国务院商务主管部门或国务院有关部门在各自的职责范围内签发各类许可证件
    C. 实行配额或者非配额限制的进口货物,采用配额许可证管理
    D. 关税配额内进口的货物,按照配额内税率缴纳关税
13. 对进口或者出口技术的限制管理,下列表述不正确的是:( )。
    A. 限制进口技术实行技术进口许可证管理

B. 限制进口技术实行技术进口合同登记管理

C. 限制出口技术实行技术出口许可证管理

D. 限制进口或者出口技术实行目录管理

14. 基于监测进出口情况的需要，国家对部分属于自由进口的货物实行：（　　）。

A. 自动进口许可管理　　　　B. 进口合同登记管理

C. 进口许可证管理　　　　　D. 自由进口管理

二、多项选择题

1. 报关是指（　　）向海关办理货物.物品或运输工具进出境手续及相关海关事务的过程。

A. 进出口货物收发货人　　　B. 进出境运输工具负责人

C. 进出境物品所有人　　　　D. 代理人

2. 下列关于代理报关的理解，正确的是（　　）。

A. 直接代理报关以委托人的名义办理报关手续

B. 间接代理报关以报关企业名义办理报关手续

C. 直接代理报关中法律后果直接作用于委托人

D. 间接代理报关中报关企业承担与进出口货物收发货人自己报关时所

3. 在海关注册登记的某进出口公司进口的货物，可以（　　）办理报关手续。

A. 由企业自己的报关人员

B. 委托在海关注册登记的国际货物运输代理企业

C. 委托某报关行

D. 委托某进出口货物收发货人

4. 我国对外贸易管制的法律渊源包括：（　　）。

A. 由国家最高权力机关制定并由国家主席颁布实施的规范性文件

B. 由国家最高行政机关制定并由国务院总理颁布实施的规范性文件

C. 由我国民族自治区政府制定的地方条例和单行条例

D. 我国加入或缔结的相关国际条约

5. 《中华人民共和国货物进出口管理条例》根据管理的不同需要，把进出口货物分为：（　　）。

A. 禁止进出口货物　　　　　B. 限制进出口货物

C. 自动许可管理的进出口货物　D. 自由进出口货物

6. 我国的对外贸易管制按管制对象有：（　　）。

A. 货物进出口贸易管制　　　B. 技术进出口贸易管制

C. 国际服务贸易管制　　　　D. 知识产权进出境贸易管制

7. 国际上对对外贸易管制通常的分类形式有：（　　）。

A. 按照管制目的分为进口贸易管制和出口贸易管制

B. 按照管制对象分为禁止进出口和限制进出口

C. 按照管制手段分为关税措施和非关税措施

D. 按照限制手段分为配额管理和许可证管理

8. 我国货物、技术进出口许可管理制度的管理范围包括：（　　）。

A. 禁止进出口货物和技术　　　　B. 限制进出口货物和技术
C. 自由进出口技术　　　　　　　D. 实行自动许可管理的自由进口货物

9. 下列哪些货物属我国政府禁止进口的范围：（　　）。
   A. 犀牛角和虎骨
   B. 右置方向盘的汽车
   C. 未列入《限制进口可用作原料的废物目录》和《自动进口许可管理类可用作原料的废物目录》的固体废物
   D. 列入《国家限制进口的可用作原料的废物目录》和《自动进口许可管理类可用作原料的废物目录》的固体废物

10. 列入国家公布禁止出口目录的商品有：（　　）。
    A. 犀牛角和虎骨　　　　　　B. 发菜和麻黄草
    C. 石英砂和天然砂　　　　　D. 汽车和汽车底盘

11. 国家限制进出口货物采取的主要手段是：（　　）。
    A. 进口关税配额管理　　　　B. 出口配额限制管理
    C. 进出口许可证管理　　　　D. 自由进出口管理

12. 下列（　　）同时被我国列入了禁止进口和禁止出口货物目录：（　　）。
    A. 莱克多巴胺、盐酸莱克多巴胺　　B. 滴滴涕、氯丹
    C. 野生红豆杉　　　　　　　　　　D. 原料血浆、Ⅷ因子制剂等血液制品

13. 我国对于限制出口货物限制管理的方式有：（　　）。
    A. 出口配额许可证管理　　　B. 出口配额招标配额管理
    C. 出口非配额管理　　　　　D. 出口配额关税管理

三、判断题

1. 报关不仅包括海关行政相对人向海关办理有关手续，还包括海关对进出境运输工具、货物、物品依法进行监督管理，核准其进出境的管理过程。（　　）

2. 《海关法》规定：进出境运输工具、货物、物品，必须通过设立海关的地点进境或出境。（　　）

3. 根据我国海关现行规定，进出口货物收发货人自行办理报关业务称为自理报关。（　　）

4. 目前，我国报关企业大多采取间接代理形式报关，直接代理报关仅适用于经营快件业务的营运人等国际货物运输代理企业。（　　）

5. 间接代理报关是指报关企业接受委托人的委托，以委托人的名义向海关办理报关业务的行为。（　　）

6. 口岸报关是指进出境货物由报关人在货物的进出境地海关办理海关手续的报关方式。（　　）

7. 纸质报关，即报关人按海关规定的格式以书面形式向海关申报，属于传统申报方式。（　　）

8. 报关质量直接影响通关速度。（　　）

9. 进出口货物收发货人是指依法直接进口或者出口货物的中华人民共和国关境内的法人、其他组织或者个人。（　　）

10. 对外贸易管制是政府一种强制性综合管理行为,它所涉及的法律、行政法规、部门规章是强制性的法律文件,不得随意改变。我国对外贸管制按管制对象可分为货物进出口贸易管制、技术进出口贸易管制和国际服务贸易管制。（　　）

11. 对外贸易管制已成为各国不可或缺的一项重要政府职能,也是一个国家对外经济和外交政策的具体体现。（　　）

12. 对外贸易管制能有效地保护本国国内市场和本国的经济利益,但在一定程度上也会发展世界各国经济交流,促进国际贸易的发展。（　　）

13. 对外贸易管制以对货物的进口管制为主。（　　）

14. 《对外贸易法》是海关法律体系的核心。（　　）

15. 未取得对外贸易经营者备案登记表的单位,按照国家有关规定,需要从事非贸易性进出口活动的,可以向海关申请办理临时注册登记手续。（　　）

16. 出口非配额限制是以经国家行政许可并签发许可证件的方式来实现出口限制的贸易管制措施。（　　）

17. 货物、技术进出口许可管理制度是我国进出口许可管理制度的主体,是国家对外贸易管制中极其重要的管理制度。（　　）

18. 对列入国家公布的禁止进口目录以及其他法律、法规明令禁止或停止进口的货物、技术,必须取得国家商务主管部门的许可才能经营进口。（　　）

19. 除了国家禁止的、限制的进出口货物以外的其他货物,均属于自动进出口许可管理的货物范围。（　　）

20. 无论是出口配额许可证管理还是出口配额招标管理,出口经营者都要取得出口配额证明,凭配额证明办理通关手续。（　　）

21. 自动进口许可管理是我国商务主管部门等基于检测需要,对自由进出口货物在进出口前对其登记的自动许可制度。报关前,只要向有关部门提交申请,则在登记后立即颁发自动进出口许可证。（　　）

22. 处于检测进口情况的需要,海关总署对于部分自由进口的货物实行自动进口许可证管理。（　　）

23. 我国对自由进出口的技术实行合同登记管理。相关公司在进出口前,必须向商务主管等部门进行合同备案登记,然后凭颁发的"技术进出口合同注册登记证"办理外汇、银行、税务等手续。（　　）

24. 我国对限制进口的技术实行目录管理,对列入《中国禁止进口、限制进口技术目录》和《两用物项和技术进出口许可证管理目录》的技术进口,申报前必须取得相关的技术进口许可证。（　　）

25. 在签订限制出口技术出口合同之前,技术出口公司必须首先向商务主管部门递交申请,经过审核后,主管部门颁发"技术出口许可意向书"。在签订合同后,技术出口公司凭"技术出口许可意向书"向海关办理申报出口手续。（　　）

四、实务操作题

江苏某公司要出口一批铝轮圈,委托李想所在的上海奔腾国际物流公司办理报关。出口产品有监管条件6,在不影响报关出口的情况下,需要报检吗？出口轮圈,不带轮胎,可以按照配件报关吗,做单据的时候要注明什么？

项目二　一般进出口货物报关

知识目标

1. 熟悉海关监管货物的类别,掌握一般进出口货物的含义、特点和范围;
2. 熟悉一般进出口货物的基本报关程序;
3. 掌握一般进出口货物的报关程序及基本规定。

能力目标

1. 能判断是否滞报,并熟练计算滞报金并加以应用;
2. 能根据业务情况核查报关材料是否齐全,报关数据是否准确无误;
3. 能办理一般进出口货物报关的基本手续。

项目引入

上海顺景贸易公司(129093＊＊＊＊)委托上海服装进出口公司(129091＊＊＊＊),进口羊毛连衣裙和男式羊毛衬衫一批,于2014年4月28日抵达上海吴淞,次日上海服装进出口公司委托上海奔腾国际物流公司(129098＊＊＊＊)向上海吴淞海关申报(关区代码2202)。羊毛连衣裙的法定计量单位为:条/千克,男式羊毛衬衫的法定计量单位为:件/千克。

报关材料包括:
1. 提单/装箱单。
2. 商业发票。
3. 合同。

李想接到这笔业务后,要根据以上材料完成该批服装的进口报关工作,具体工作任务:
1. 完成进口申报。帮客户进行代理报关时,要确定具体申报需要哪些材料。
2. 如果有海关查验通知,要配合海关查验。
3. 按规定办理缴纳税款的手续。
4. 海关放行后,要提取货物。

任务一 一般进出口货物

一、一般进出口货物的基本内容

(一) 一般进出口货物的含义

在货物进出境环节缴纳了应征的进出口税费,并办结了所有必要的海关手续,海关放行后不再进行监管的进出口货物。

一般进出口货物是从海关监管的角度来划分的,一般进出口货物海关放行后不再进行监管。这里的一般进出口货物是相对于保税货物、特定减免税货物、暂准进出口货物而言的,因为这些货物都需要经过前期和后续的监管阶段。

(二) 一般进出口货物的特征

1. 进出境时缴纳进出口税费

在进出境环节要缴纳进出口税费。进出境环节是指进口货物办结海关手续以前、出口货物已向海关申报但尚未装运离境时,处于海关监管之下的状态。在这一环节,进口货物的收货人、出口货物的发货人应当按照《海关法》和其他有关法律、法规的规定,向海关缴纳关税、海关代征税及其他费用。

2. 进出口时提交相关的许可证

货物进出口受国家法律、行政法规管制并需要申领进出口许可证件的,进出口货物收发货人或其代理人应当向海关提交相关的进出口许可证件。

3. 海关放行即办理结关手续

海关征收了全额税费,审核了相关的进出口许可证件以后,按规定签章放行。这时,进出口货物收发货人或其代理人才能办理提取进口货物或者装运出口货物的手续。对一般进出口货物来说,海关放行即意味着海关手续已经全部办结,海关不再监管,货物可以在关境内自由流通或运往境外。

(三) 一般进出口货物和一般贸易货物的区别

(1) 一般进出口货物是按照海关监管方式划分的进出口货物,是海关的一种监管制度的体现,是相对于保税货物、暂准进出口货物、特定减免税货物而言的。

(2) 一般贸易货物是按照国际贸易方式划分的进出口货物,也就是说一般贸易是属于国际贸易方式的其中一种贸易方式。

专业知识链接

国际贸易方式:是指营业地在不同国家或地区的当事人之间进行货物买卖所取得的具体交易方法和商品流通渠道。目前我国的国际贸易方式主要有:一般贸易(逐笔售定)、补偿贸易、进料加工、来料加工、易货贸易、寄售、招标、拍卖等。

※ 一般贸易方式进口的货物:可以是一般进出口货物,也可以保税货物或特定减免税货物等。

※ 一般进出口货物可以是以一般贸易方式进口,也可以是以别的贸易方式进口。只要进口的时候不需要经过前期阶段和后续阶段的就属于一般进出口货物。它们之间的区别主要就是他们划分的角度不同。

(四) 一般进出口货物的范围

一般进出口货物适用于除特定减免税货物以外的实际进出口货物。具体而言,它包括如下范围:

(1) 不享受特定减免税或不准予保税的一般贸易进口货物。
(2) 转为实际进口的原保税货物。
(3) 转为实际进口或者出口的原暂准进出境货物。
提示:第 2 和第 3 种情况是属于非一般进出口货物向一般进出口货物的转变。
(4) 易货贸易、补偿贸易的进出口货物。

专业知识链接

※ 易货贸易:买卖双方之间进行的货物或劳务等值或基本等值的直接交换。

※ 补偿贸易:交易的一方在对方提供信贷的基础上,进口设备或技术,用对方的进口设备及或技术所生产的直接产品或相关产品或其他产品或劳务所得的价款分期偿还进口价款的一种贸易做法。

(5) 不准予保税的寄售代销贸易货物。

专业知识链接

※寄售是一种委托代售的贸易方式,寄售人(是卖方或者是货主)先将准备销售的货物运往国外寄售地,委托当地代销人按照寄售协议中的条件和办法代为销售的方式。

(6) 承包工程项目实际进出口货物。
(7) 边境小额贸易进出口货物。
(8) 外国驻华商业机构进出口陈列用样品。
(9) 外国旅游者小批量订货出口的商品。
(10) 随展览品进出境的小卖品。
(11) 实际进出口货样广告品。
(12) 免费提供的进口的货物:
① 外商在经济贸易活动中赠送的进口货物;
② 外商在经济贸易活动中免费提供的试车材料等;
③ 我国在境外的企业、机构向国内单位赠送的进口货物。

> **动一动脑筋**
>
> 有以下五种货物：
> 1. 某加工贸易企业经批准从法国进口机器设备一套用于加工产品出口。
> 2. 某公司经批准以易货贸易方式进口货物一批在境内出售。
> 3. 昆山保税区批准出售橡胶一批给青岛汽车轮胎厂。
> 4. 某境外商人免费提供机器一套给境内某企业用以来料加工。
> 5. 我国在境外的企业、机构向国内单位赠送的进口货物属于特定减免税货物。
>
> 请思考：上述哪种货物使用一般进出口通关制度？为什么？

二、一般进出口货物的报关程序

(一) 报关程序的含义和分类

1. 含义

报关程序是指进出口货物的收、发货人，运输负责人，物品的所有人或其专业代理人按照海关的规定，办理货物、物品、运输工具进出境及相关海关事务的手续及步骤。

2. 进出境货物的分类

进出境货物根据海关对进出境货物的不同监管要求，可以分为：一般进出口货物、保税货物、特定减免货物、暂准进出境货物、其他进出境货物等。

(二) 报关程序的三个阶段

1. 前期阶段

前期阶段是指货物在进出关境之前，向海关办理备案手续的过程。并不是所有的货物都要经过这个阶段。主要适用于：保税货物、特定减免税货物、暂准进出境货物中的展览品以及其他进出境货物中的部分货物，例如出料加工货物。这些货物在进口之前要向海关办理备案。

2. 进出境阶段

根据海关对进出境货物的监管制度，报关单位在货物进出境时办理通关手续的过程，包括有 4 个环节：

(1) 从进出口货物收发货人来说，程序是：

　　申报──配合查验──缴纳税费──提取或装运货物

(2) 从海关的角度来说，程序是：

　　审单（决定是否受理申报）──查验──征税──放行

> **专业知识链接**
>
> ※ 放行：海关审核了相关的单据，查验了货物，征收了应征税款后，按规定，在报关单上签章后，货物的收发货人可提取货物或者装运货物。无纸化通关方式下，海关通过申报系统网上传来放行通知，收发货人将通知打印出来，凭此办理提货或装运货物。
>
> ※ 结关：进出口货物收发货人或者其代理人办结了进出境货物的所有手续，货物进入

了流通领域,不再受到海关监管的行为。

3. 后续阶段

根据海关对某些特定货物的监管要求,其报关单位在货物进出境并完成相应的处理过程后,向海关办理核销、销案、申请解除监管手续的过程。具体如表2-1所示:

表2-1 报关程序三阶段

报关程序 货物类别	前期阶段 (货物在进境前办理)	进出境阶段 (货物在进出境时办理的4个环节)	后续阶段 (进出关境后需要办理才能接结关的手续)
一般进出口货物	不需要办理	申报(接受申报) ↓ 配合查验(查验) ↓ 缴纳税费(征税) ↓ 提取货物(放行)	不需要办理
保税进出口货物	备案、申请登记手册		保税货物核销申请
特定减免税货物	特定减免税申请和申领免税证明		解除海关监管申请
暂准进出境货物	展览品备案申请		暂准进出境货物销案申请
其他进出境货物	出料加工货物的备案		办理销案手续

任务二 进出口申报

一般进出口货物报关的程序不需要经过前期阶段,也不需要经过后续阶段。只需要经过进出境阶段,包括四个环节:进出口申报——配合查验——缴纳税费——提取或装运货物。

进出口申报是指报关单位在规定的期限、地点,采用电子数据报关单和纸质报关单形式,向海关报告实际进出口货物的情况,并接受海关审核的行为。在进出口申报阶段,报关工作主要包括确定申报地点、明确申报期限、准备申报单证、申报前看货取样、电子数据申报、提交纸质报关单及随附单据、判断申报日期及有无滞报(如果有滞报还要计算滞报金),必要时还要修改申报内容或撤销申报。

一、确定报关方式

(一)自理报关

进出口货物收发货人自行办理报关业务称为自理报关。根据我国海关目前的规定,进出口货物收发货人必须依法向海关注册登记后方能办理报关业务。自理报关单位必须具有进出口经营权,才能申请报关权,直接报隶属海关审批。

图 2-1 报关程序及单证

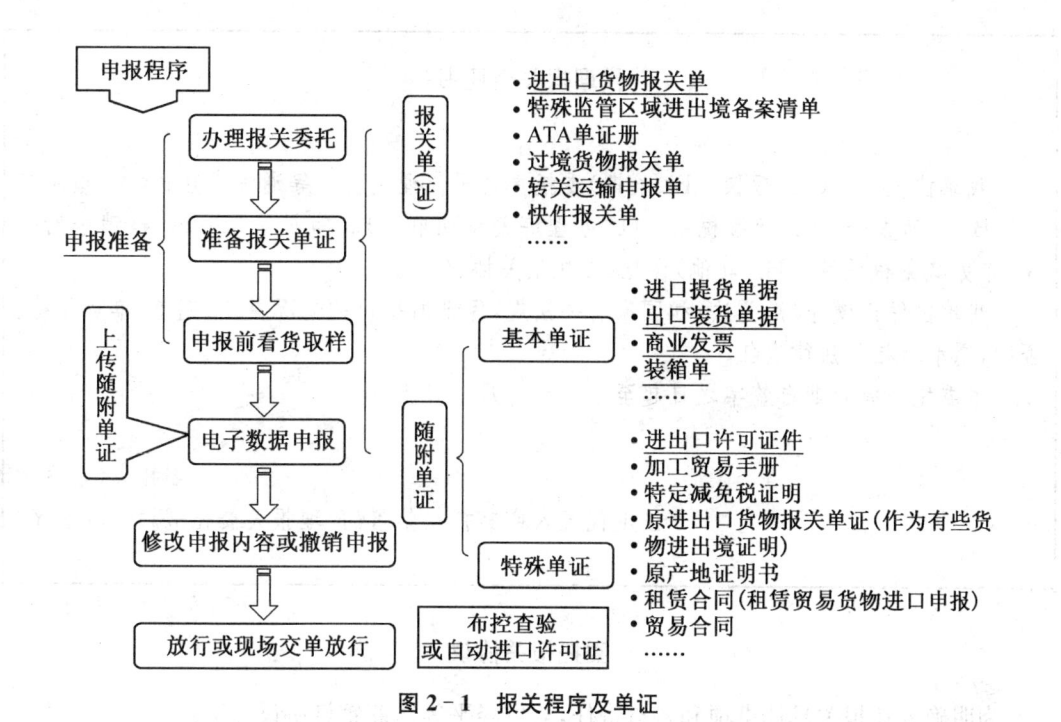

（二）代理报关

代理报关是指接受进出口货物收发货人的委托，代理其办理报关业务的行为。我国对进出境物品的代理报关人没有特殊要求，但进出境货物的代理报关人则必须是在海关注册登记的报关企业。根据代理报关法律行为责任承担者的不同，代理报关可分为直接代理报关和间接代理报关。在我国一般常用的为直接代理方式。（以前都是纸质报关委托上的，现登录中国电子口岸，转化成电子格式）

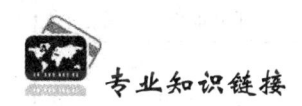

专业知识链接

直接代理报关和间接代理报关的区别

※ 委托方：进出口货物收发货人（所有人或被代理人）。

※ 代理方（被委托方）：报关企业（报关行、报关公司）。

① 含义：直接代理报关以委托人（被代理人）的名义报关纳税。间接代理报关以报关企业（代理人）自身名义报关纳税。

② 报关企业的法律责任：直接代理中，代理人代理行为的法律后果直接作用于被代理人即委托人；间接代理中，报关企业应承担与委托人自己报关所应当承担的相同的法律责任。

例1：A公司是一家报关企业，B公司是一家外贸公司，B公司进口的货物委托A公司来报关，A公司进行报关的行为就叫作代理报关。在报关时，A公司是以B公司的名义进行报关的，则此报关行为属于直接代理报关。在实际的业务中，普遍采用的都是直接代理。

例2：A公司是一家快递公司，有公司委托快递公司进行报关，在报关的时候，以快递公司的名义进行报关的，这种就属于间接代理报关。

代理报关委托书

编号：

　　我单位现　（A. 逐票　B. 长期）委托贵公司代理　　等通关事宜。(A. 填单申报　B. 辅助查验　C. 垫缴税款　D. 办理海关证明联　E. 审批手册　F. 核销手册　G. 申办减免税手续　H. 其他)详见《委托报关协议》。

　　我单位保证遵守《海关法》和国家有关法规，保证所提供的情况真实、完整、单货相符。否则，愿承担相关法律责任。

　　本委托书有效期自签字之日起至　　年　月　日止。

委托方(盖章)：
法定代表人或其授权签署《代理报关委托书》的人(签字)
年　月　日

委托报关协议

为明确委托报关具体事项和各自责任，双方经平等协商签订协议如下：

委托方		被委托方		
主要货物名称		*报关单编码	No.	
HS 编码	□□□□□□□□	收到单证日期	年 月 日	
货物总价		收到单证情况	合同□	发票□
进出口日期	年 月 日	装箱清单□	提(运)单□	
提单号		加工贸易手册□	许可证件□	
贸易方式		其他		
原产地/货源地		报关收费	人民币：元	
其他要求：		承诺说明：		
背面所列通用条款是本协议不可分割的一部分，对本协议的签署构成了对背面通用条款的同意。		背面所列通用条款是本协议不可分割的一部分，对本协议的签署构成了对背面通用条款的同意。		
委托方业务签章：		被委托方业务签章：		
经办人签章：		经办报关员签章：		
联系电话：　　　　　　年 月 日		联系电话：　　　　　　年 月 日		

（白联：海关留存、黄联：被委托方留存、红联：委托方留存）　　中国报关协会监制

委托报关协议通用条款

委托方责任

委托方应及时提供报关所需的全部单证,并对单证的真实性、准确性和完整性负责,并保证没有侵犯他人知识产权的行为。

委托方负责在报关企业办结海关手续后,及时、履约支付代理报关费用,支付垫支费用,以及因委托方责任产生的滞报金、滞纳金和海关等执法单位依法处以的各种罚款。

负责按照海关要求将货物运抵指定场所。

负责与被委托方报关员一同协助海关进行查验,回答海关的询问,配合相关调查,并承担产生的相关费用。在被委托方无法做到报关前提取货样的情况下,承担单货相符的责任。

被委托方责任

负责解答委托方有关向海关申报的疑问。

负责对委托方提供的货物情况和单证的真实性、完整性进行"合理审查",审查内容包括:(一) 证明进出口货物实际情况的资料,包括进出口货物的品名、规格、用途、产地、贸易方式等;(二) 有关进出口货物的合同、发票、运输单据、装箱单等商业单据;(三) 进出口所需的许可证件及随附单证;(四) 海关要求的加工贸易(纸质或电子数据的)及其他进出口单证。

因确定货物的品名、归类等原因,经海关批准,可以看货或提取货样。

在接到委托方交付齐备的随附单证后,负责依据委托方提供的单证,按照《中华人民共和国海关进出口报关单填制规范》认真填制报关单,承担"单单相符"的责任,在海关规定和本委托报关协议中约定的时间内报关,办理海关手续。

负责及时通知委托方共同协助海关进行查验,并配合海关开展相关调查。

负责支付因报关企业的责任给委托方造成的直接经济损失,所产生的滞报金、滞纳金和海关等执法单位依法处以的各种罚款。

负责在本委托书约定的时间内将办结海关手续的有关委托内容的单证、文件交还委托方或其指定的人员(详见《委托报关协议》"其他要求"栏)。

赔偿原则

被委托方不承担因不可抗力给委托方造成损失的责任。因其他过失造成的损失,由双方自行约定或按国家有关法律法规的规定办理。由此造成的风险,委托方可以投保方式自行规避。

不承担的责任

签约双方各自不承担因另外一方原因造成的直接经济损失,以及滞报金、滞纳金和相关罚款。

收费原则一般货物报关收费原则上按当地《报关行业收费指导价格》规定执行。特殊商品可由双方另行商定。

法律强制

本《委托报关协议》的任一条款与《海关法》及有关法律、法规不一致时,应以法律、法规为准。但不影响《委托报关协议》其他条款的有效。

协商解决事项

变更、中止本协议或双方发生争议时,按照《中华人民共和国合同法》有关规定及程序处理。因签约双方以外的原因产生的问题或报关业务需要修改协议条款,应协商订立补充协议。双方可以在法律、行政法规准许的范围内另行签署补充条款不得与本协议的内容相抵触。

小应用

表2-2 不同报关方式的区别

报关方式	经营单位 (委托方)	申报单位 (代理方)	法律责任 (谁填经营单位,谁负法律责任)
自理报关	米其林	米其林	米其林
直接代理	米其林	外贸报关行	米其林
间接代理	外贸报关行	外贸报关行	外贸报关行(连带法律责任)

二、确定申报地点

(1) 进口货物应当在进境地海关申报。

(2) 出口货物应当在出境地海关申报。

(3) 经过收发货人申请,海关同意,进口货物可以在指运地申报;出口货物可以在启运地申报。区域通关一体化下,"一次申报、一次放行",企业可以选择通关一体化区域中任何一个海关申报。如一批货物在嘉兴海关乍浦办事处申报放行后,上海海关依据嘉兴海关发送的放行指令进行了卡口实货放行,企业从上海洋山港区可直接提取相应集装箱货物。

(4) 保税、特定减免税货物、暂准进境货物,因故改变使用目的从而改变货物的性质为一般进口货物时,向货物所在地主管海关申报。

提示:

第(1)、(2)种情况属于一般情况下货物申报的地点。

第(3)种情况属于转关运输和区域通关一体化的情况下货物申报的地点。

专业知识链接

※ 转关运输:进出口货物在海关监管下,从一个海关运至另一个海关办理海关手续的行为。

※ 指运地:进口转关运输货物运抵报关的地点。

例:货物从天津进口,按规定应该是在进境天津海关申报,但是经收发货人申请,海关同意后,进口货物转到北京海关申报进口。北京是指运地。

※ 启运地:出口转关运输货物报关发运的地点。

例:北京的A公司,要从天津口岸出口一批苹果。经过申请人的申请,海关同意后,这批苹果,可以在启运地北京申报,并且在北京办理完整个出口海关手续后,运到天津,由天津海关监管出口。天津就属于出境地,北京是启运地。

提示:只有转关运输的情况才会出现"指运地"和"启运地",在以后章节有详细的讲解。

三、明确申报期限

(1) 进口货物:运载进口货物的运输工具申报进境之日起14天内。

(2) 出口货物:货物运抵海关监管区后、装货的24小时以前。

(3) 经海关批准允许集中申报的进口货物,在运输工具申报进境之日起一个月内办理申报。

(4) 特殊货物,经电缆、管道或其他方式进出境的货物,按照海关规定定期申报。

(5) 超期3个月由海关变卖处理(运输工具申报进境之日起)。

(6) 不宜长期保存的货物,根据实际情况随时处理。

动一动脑筋

1. 选择题

下列关于进、出口货物申报期限的表述正确的是:(　　)。

A. 进口货物的收货人应当自货物进境之日起14日内,向海关申报

B. 进口货物的收货人应当自装载货物的运输工具申报进境之日起14日内,向海关申报

C. 出口货物的发货人除海关特准的外,应当在货物运抵海关监管区后、装货24小时以前向海关申报

D. 出口货物的发货人除海关特准的外,应当在货物运抵海关监管区装货后的24小时向海关申报

2. 判断题

对于经电缆、管道等方式输送进出口的货物,如水、原油、电力、天然气等,应该由经营人按主管海关的要求,定期向海关申报。　　　　　　　　　　　　　　　　　(　　)

专业知识链接

申报日期:指申报数据被海关接受的日期。

① 无论以电子数据报关单方式申报,还是以纸质报关单申报,海关接受申报数据的日期即为申报日期。

② 电子申报被退回,重新申报的,申报日期为海关接受重新申报的日期。

③ 先采用电子数据报关申报,后提交纸质报关单申报的情况,海关接受申报的时间以接受电子数据报关单申报的日期为准。

④ 直接使用纸质报关单的,海关工作人员在报关单上做登记处理的日期为海关接受申报的日期。

四、准备申报单证(该内容详见前一章)

(一) 准备申报单证的基本原则

(1) 主要单证(报关单)填制必须:真实、准确、完整。

(2) 随附单证(基本单证、特殊单证、预备单证)必须:齐全、有效、合法。

(3) 主要单证(报关单)与随附单证数据必须一致。
(二) 有两类单证:主要单证、随附单证
(1) 主要单证:报关单
(2) 随附单证:基本单证、特殊单证、预备单证

专业知识链接

※ 基本单证:货运单据和商业单据。
例如:进口提货单、出口装货单、商业发票、装箱单等。
※ 特殊单证:涉及外贸管制、外汇管制、税率优惠等政策证明文件。
例如:进出口许可证、原产地证明、进出口货物征免税证明等。
※ 预备单证:海关审单、征税时可能需调阅或者收取备案的。
例如:贸易合同、进出口企业的有关证明文件。
提示:掌握哪些属于基本单证、哪些属于特殊单证、哪些属于预备单证,并将它们区分开来。

动一动脑筋

在下列报关单证中,海关认为必要时需查阅或收取的预备单证是:(   )。
A. 报关委托单位的工商营业执照
B. 货物原产地证明
C. 贸易合同
D. 提货单或装货单

五、申报前看货取样(仅对于进口货物而言)

进口货物收货人经海关同意,可以在申报前查看货物或提取货样,需要依法检验的货物,应当在检验合格后提取货样。如果货物进境已有走私违法嫌疑并被海关发现,海关将不同意看货取样,只有在通过外观无法确定货物的归类等情况下,海关才会同意收货人提取货样。收货人放弃行使看货取样的权利所产生的法律后果(如申报不符),由收货人自己承担。

(一) 目的
准确确定进口货物的品名、规格、型号,了解货物的状况,便于正确申报。
(二) 做法
收货人提出申请;海关同意并派员现场监管。海关开具取样记录和取样清单,取样后收货人要在取样记录和取样清单上签字确认。

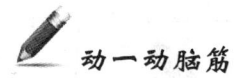

> **动一动脑筋**
>
> 进口货物的收货人在申报前向海关申请提取货物样品，应具备下列哪几个条件：（   ）。
> A. 货物进境没有走私违法嫌疑
> B. 通过外观无法确定货物的归类情况
> C. 拟以保税方式向海关申报
> D. 收货人为 A 类企业

六、申报

在向海关进行申报之前，报关员应填写好报关单的内容。填写报关单的操作详见本书的后续章节。采用:电子数据申报和提交扫描纸质报关单申报相结合。

进入中国电子口岸 QP 系统，先进行电子数据预录入，然后上传 PDF 版本的电子化各类报关随附单据，向海关申报。申报后，进入报关单查询系统，查询报关单回执信息，如果报关单被退单，则需要重新补充资料完整，进行申报。

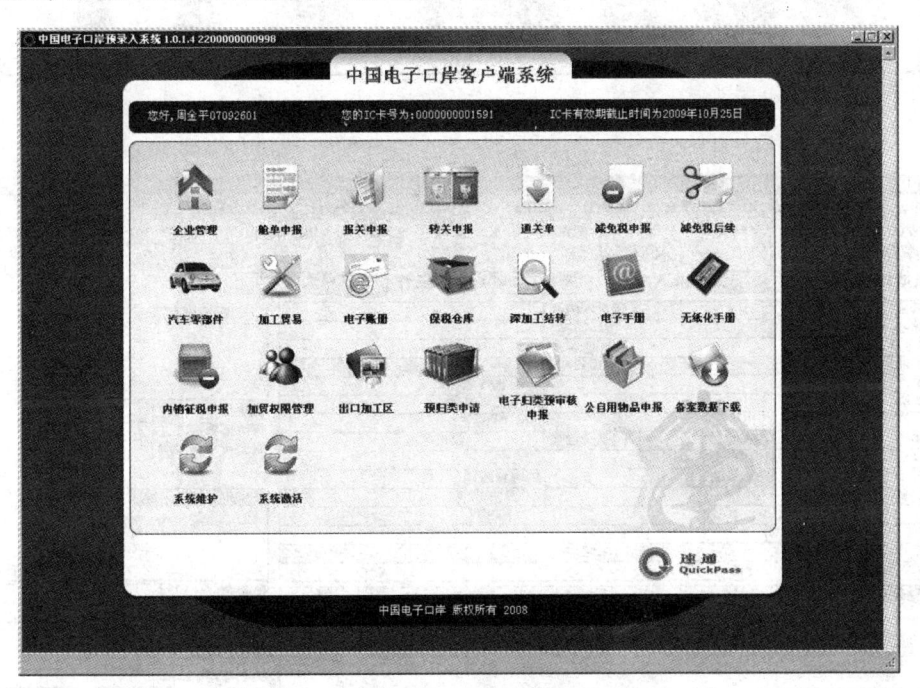

图 2-2 中国电子口岸客户端系统界面

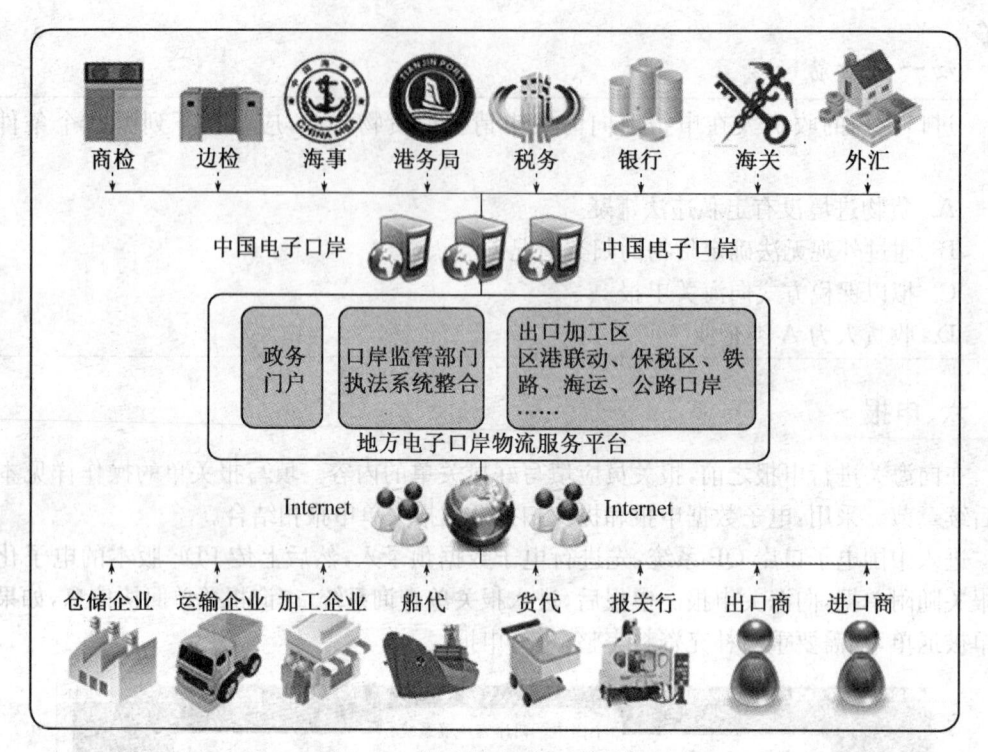

图 2-3 中国电子口岸系统结构图

图 2-4 中国电子口岸 QP 报关界面

图 2-5 中国电子口岸 QP 报关查询界面

七、修改申报内容或撤销申报

海关接受申报后,申报内容不得修改,报关单证不得撤销;但是下列情况下经批准可以进行修改或撤销修改或撤销申报:

(一)第一种情况:进出口货物收发货人要求修改或撤销

(1) 由于报关人员操作或书写错误造成申报差错,并且未发现有走私违规或者其他违法嫌疑的;

(2) 出口货物放行后,由于装运、配载等原因造成原申报货物全部或部分退关、变更运输工具的;

(3) 进出口货物在装载、运输、存储过程中因溢短装、不可抗力的灭失、短损等原因造成原申报数据与实际货物不符的。

(4) 根据国际惯例先行采用暂时价格成交、实际结算时按商检品质认定或国际市场实际价格付款方式需要修改原申报单据的。

(5) 由于计算机、网络系统等方面的原因导致电子数据申报错误的;

(6) 其他特殊情况经海关核准同意的。

海关已经决定布控、查验的进出口货物,以及涉及有关案件的进出口货物的报关单在"办结"前不得修改或撤销。申请修改或撤销进出口货物报关单的,应提交"进出口货物报关单修改/撤销申请表",并提交下列单证:

① 可以证明进出口实际情况的合同、发票、装箱单等相关单证;

② 外汇管理、国税、检验检疫、银行等部门出具的单证;

③ 应税货物的"海关专用缴款书"、用于办收付汇和出口退税的进出口货物报关单证明联等海关出具的相关单证。

（二）第二种情况：海关发现报关单需要进行修改或者撤销的

海关发现进出口货物报关单需要进行修改或者撤销，但进出口货物收发货人未提出申请的，海关应当予以通知。海关在进出口货物收发货人或其代理人填写"进出口货物报关单修改/撤销确认书"，确认进出口货物报关单修改或撤销的内容后，对报关单进行修改或撤销。

因修改或者撤销进出口货物报关单导致需要变更、补办进出口许可证件的，进出口货物收发货人或其代理人应当向海关提交相应的进出口许可证件。

小应用

某外贸公司有票2014年4月12日报关的单子，现发现上面的申报要素错了，品名跟编码都是正确的，现在该公司报关员想改报关单，货代说要退单下来后才能改，而且现在退单也下来了。客户现在因为申报要素的错误提不了货。基于这种情况能不能进行改单，需要向海关提供什么资料？

分析：企业可以申请改单，但是否受理改单需要由申报地海关根据企业的实际情况及提交的材料进行判断。一般情况下，所需资料如下：

1.《进出口货物报关单修改/撤销申请表》；
2. 相应提交下列有关单证：(1) 可以证明进出口实际情况的合同、发票、装箱单等相关单证；(2) 外汇管理、国税、检验检疫、银行等有关部门出具的单证；(3) 应税货物的海关专用缴款书、用于办理收付汇和出口退税的进出口货物报关单证明联等海关出具的相关单证。(4) 海关要求提供的其他材料。

八、判断申报日期及有无滞报

滞纳金指应纳税的单位或个人因逾期向海关缴纳税款而依法应缴纳的款项。没有按规定的期限申报的，由海关按规定征收滞报金。

（一）法定申报期限

法定申报期限是指自装运货物的运输工具申报进境之日起14日内对货物申报进口，这里所说的申报日期是指申报被海关接受的日期。

（二）滞报金征收起始日和截止日

1. 滞报金起征日

在实际业务中滞报金起征日是从运输工具申报进境之日起第15日，若起征日遇法定节假日仍要顺延到假后第一个工作日。

2. 滞报金征收截止日

滞报金征收截止日是海关接受进口方货物进口申报日期（包括当日在内），若进口货物超过三个月未向海关申报的，滞报金的截止日应为该三个月期限的最后一日。

（三）特殊情况

(1) 计征起始日为运输工具申报进境之日起第15日为起始日，以海关接受申报之日为截止日。

（2）被海关撤单，需重新申报的。计征起始日为以撤销原电子数据报关单之日起第15日为起始日，以海关重新接受申报之日为截止日。

（3）超期3个月未向海关申报的，由海关变卖处理。申请人要发还余款的，要扣除相关的费用。例如说仓储费，滞报金等。滞报金的征收以运输工具申报进境之日起第15日为起始日，以该3个月期限的最后一日为截止日。

※ 滞报金按日征收金额，为完税价格的千分之0.5征收。
※ 以元为单位，不足一元的部分免征。
※ 起征点为：50元。

动一动脑筋

> 某批进口货物，自载运货物的运输工具申报进境之日起，已超过三个月，收货人或其代理人仍未向海关申报。这种情况海关应采取下列选项中的何种方式处理：（　　）。
> A. 将货物提取变卖，价款扣除各项费税后，余款保存一年，经收货人申请可以发还，逾期无人申请的上缴国库
> B. 将货物扣留，待收货人或其代理人报关时罚款处理
> C. 将货物没收，全部变价上缴国库
> D. 将货物扣留，待收货人或其代理人报关时，除按日征收滞报金外，加处罚款

九、计算滞报金

★滞报金＝进口货物完税价格×0.5‰×滞报天数

由计算公式可以看出，计算滞报金的关键就是准确计算出滞报天数，准确掌握法定申报期限则显得至关重要。

★滞报天数的计算技巧

（1）运输工具进境申报日和货物申报日为同一个月，且不涉及法定节假日。

计算公式：滞报天数＝货物进口申报日－运输工具进境申报日－14

案例1

> 进口货物运输工具10月8日申报进境，收货人于10月31日向海关传送报关单电子数据，海关当日受理申报。如以上日期均不涉及法定节假日，滞报天数是多少天？

分析： ① 申报期限为（10月9日—10月22日），滞报金征收起始日为10月23日。
② 滞报金征收截止日10月31日。
③ 滞报天数＝货物进口申报日－运输工具进境申报日－14，该题滞报天数＝31－8－14＝9，故，滞报天数共计9天。

（2）运输工具申报进境日和货物进口申报日不是同一个月（两个日期跨度不超过3个月），同时不涉及法定节假日的。

计算公式：滞报天数＝货物进口申报日＋运输工具进境申报当月总天数＋货物进口申报月份和运输工具进境申报月份间隔月份的总天数－运输工具进境申报日－14

报关业务基础与技巧

案例 2
　　进口货物运输工具9月28日申报进境,收货人于10月18日向海关传送报关单电子数据,海关当日受理申报。如以上日期均不涉及法定节假日,滞报天数是多少天?

　　分析: ① 申报期限为(9月29日—10月12日),滞报金征收起始日为10月13日。
　　② 滞报金征收截止日10月18日(包括当日在内)。
　　③ 滞报天数＝货物进口申报日期＋运输工具进境申报当月总天数＋货物进口申报月份和运输工具进境申报月份间隔月份的总天数－运输工具进境申报日－14,因该题9月份只有30日,且中间没隔月,所以,滞报天数＝18＋30＋0(9月和10月没隔月)－28－14＝6,故,滞报天数共计6天。

　　(3) 运输工具申报进境日和货物进口申报日为同一个月,但涉及法定节假日的。
　　计算公式:滞报天数＝货物进口申报日－运输工具进境申报日－法定申报期限到期第二日距离下一个工作日的天数－14

案例 3
　　运载进口货物的运输工具于2009年9月5日申报进境,收货人于9月21日(周一)向海关申报,当天被海关接受。滞报期间为多少天?

　　分析: ① 申报期限为(9月6日～9月19日),由于9月20日是法定节假日(周日),故从下一个工作日起征,即9月21日(周一)。
　　② 滞报金征收截止日9月21日。
　　③ 滞报天数＝货物申报日期－运输工具申报日期－法定申报期限到期第二日到下一个工作日的天数－14
　　因该题法定申报期限到期第二日距离下一个工作日的天数为1天,所以,滞报天数＝21－5－1－14＝1,故,滞报天数共计1天。

　　(4) 运输工具申报进境日和货物进口申报日不是同一个月(两个日期跨度不超过3个月),同时涉及法定节假日。
　　计算公式如下:滞报天数＝货物进口申报日＋运输工具进境申报当月总天数＋货物进口申报月份和运输工具进境申报月份间隔月份的总天数－运输工具进境申报日－法定申报到期第二日到下一个工作日的天数－14

案例 4
　　运载进口货物的运输工具于2010年1月1日申报进境,于3月2日向海关申报,海关当天受理并发出现场交单通知,收货人3月6日提交纸制单证。由日历知1月17日为周日。请问滞报天数?

　　分析: ① 申报期限为(1月2日～1月15日),由于1月16日是法定节假日(周六),故下一个工作日起征,即1月18日(周一)。
　　② 滞报金征收截止日为3月2日。
　　③ 滞报天数＝货物进口申报日＋运输工具进境申报当月总天数＋货物进口申报月份和运输工具进度申报月份间隔月份的总天数－运输工具进境申报日－法定申报到期日到下

一个工作日的天数－14

因该题运输工具申报进境当月(为1月)共31天,货物进口申报和运输工具进境申报间隔月份(2月份)的共28天。法定申报到期第二日(周六)到下一个工作日的天数为2,所以,滞报天数＝2＋31＋28－1－2－14＝44,故,滞报天数共计44天。

(5) 运输工具申报进境日后3个月,进口方仍未办理货物进口申报的。

计算公式如下:滞报天数＝运输工具申报进境日当月总天数＋运输工具申报进境日后的2个月的总天数－14

表2-3　滞报金与滞纳金的区别

	滞报金	滞纳金
计算期限	自运输工具申报进境之日起14日内	自海关开出税款缴款书之日起15日内
截止日期	遇法定节假日顺延至其后第一个工作日	遇法定节假日顺延至其后第一个工作日
起始日期	遇法定节假日向后顺延至其后第一个工作日	遇法定节假日不顺延
截止日期	自运输工具申报进境之日起3个月(逾期按超期未报货物提取变卖处理)	实际缴纳税款日(直到交税金的那一天)
缴纳凭证	凭海关行政事业专用收据缴纳	海关专用缴款书(与税款缴纳凭证相同,因为是国家代征税,所以也要入中央金库)
计算尾数	计算至元,小数点以后的直接舍去(例:算出金额为58.99元,则实缴58.00元)	四舍五入计算至分(例:算出金额为58.986元,则实缴58.99元)
起征额度	均为50元	均为50元

动一动脑筋

1. 装载货物的运输工具于6月2日(周四)申报进境,进出口货物收发货人于6月20申报,海关于当天接受申报。该批货物的完税价格为人民币80 000元,则滞报金应为(　　)。

　　A. 0元　　　　B. 80元　　　　C. 160元　　　　D. 125元

2. 装载货物的运输工具于6月2日(周五)申报进境,进出口货物收发货人于6月20申报,海关于当天接受申报。该批货物的完税价格为人民币80 000元,则滞报金应为(　　)。

　　A. 0元　　　　B. 80元　　　　C. 160元　　　　D. 125元

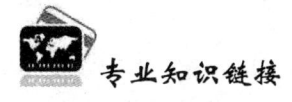

专业知识链接

滞报金(Fee for Delayed Declaration)

根据《海关法》的有关规定,进口货物自运输工具申报进境之日起(即货物到港之日起)十四日内,应当向海关申报。超期未报的,从第十五天开始海关所征收的延期未报罚金称为滞报金。日征收金额为进口价格的0.5‰,具体滞报天数计算方法如下:从运输工具申报进境当天起算,14天内不征,第15天征收。按自然日算,最后一天是节假日的顺延至开工后的第一天,中间包含节假日的不顺延。

关于不同类型通关方式滞报天数的计算:

1. 口岸清关货物:必须在货物到港之日起十四天内向口岸海关申报(报关单申报),否则从第十五天开始征收滞报金。

如:2011年1月9日到港一票货物,因单证不全原因无法向海关及时申报,直到2011年1月27日才正式向口岸海关申报进口。滞报天数从2011年1月25日开始计算(因货物到港之日起的第十四天是礼拜六,故顺延至礼拜一),一共是滞报三天,需向口岸海关缴纳的滞报金金额为:货物总值×0.05%×3×汇率(不足50元的免收)。

2. 转关提前报关货物:必须在货物到港之日起十四天内向属地海关完成转关提前报关申报以及向口岸海关转关申报。

如:在货物到港之日起十四天内未向口岸海关转关申报,滞报金计算方法同上,滞报金的征收海关为口岸海关,而非属地海关。

3. 直转货物:必须在货物到港之日起十四天内向口岸海关完成直转申报,并且直转申报之日起十四天内向属地海关完成报关单申报,否则需分别向口岸海关以及属地海关缴纳滞报金,具体计算方法同上。货代操作中,可充分利用直转转关方式的特点争取28天的清关期限,为客户减少损失。

如:一票空运货物(货值比较高)到港后因单证不全无法及时清关,从客户处得知整理好清关所需的所有单证需要30天时间。这时,作为货代操作就应该及时利用直转的特点,在货物到港后的第十三、十四天及时将货物直转到属地海关,向属地海关申请货物进海关监管仓库,这样可以减少十四天的滞报天数,当然也需要综合考虑其他因素,如:机场仓库超出免费仓储天数后的仓储费率,属地海关监管仓库的仓储费率等等。

任务三 配合查验

进出口货物查验,是指海关为确定进出口货物收发货人向海关申报的内容是否与进出口货物的真实情况相符,或者为确定进出境货物的归类、价格、原产地、货物状况、数量、价值等,依法对进出口货物进行实际核查的执法行为。海关查验是海关代表国家行使货物监管权的有效体现。查验目的是检查核实所报货物有无伪报、瞒报、申报不实等走私违规行为,并为海关进行征税、统计、后续管理提供可靠的资料。根据查验要求,进出口货物的收发货人或其代理人应该在场。

(一)海关查验

1. 海关查验基本流程

海关对需要查验的货物实施现场查验。海关在对进出口货物实施查验前,应当通知进出口货物收发货人或者其代理人到场。进口货物的收货人、出口货物的发货人或其代理人应派员到场协助查验,协助查验人员应出示有效证件并负责搬移货物,开拆和重封货物的包装,当海关对相关单证或货物有疑问时应负责解答。

海关对进出口企业和报关公司的诚信度进行分类风险管理。根据一个企业在办理进出口业务的报关行为是否规范和进出口业务量大小,分为认证企业、一般信用企业和失信企业三类企业,这些分级对应的查验率是不一样的。

2. 海关查验分为外形查验、开箱查验、机检查验、抽查、彻底查验五种方式

(1) 外形查验,是指对外部特征直观、易于判断基本属性的货物的包装、唛头和外观等状况进行验核的查验方式。

(2) 开箱查验,是指将货物从集装箱、货柜车箱等箱体中取出并拆除外包装后,对货物实际状况进行验核的查验方式。

(3) 机检查验,是指以利用技术检查设备为主,对货物实际状况进行验核的查验方式。

(4) 抽查,是指按照一定比例有选择地对一票货物中的部分货物验核实际状况的查验方式。

(5) 彻底查验,是指逐件开拆包装、验核货物实际状况的查验方式。

3. 海关查验结果

一般情况下,海关根据开箱的具体情况,检查货物残损情况及造成残损的原因;再进行提取货样做分析,最后得出查验结论。

有下列情形之一的,海关可以对已查验货物进行复验:

(1) 经初次查验未能查明货物的真实属性,需要对已查验货物的某些性状做进一步确认的;货物涉嫌走私违规,需要重新查验的;进出口货物收发货人对海关查验结论有异议,提出复验要求并经海关同意的。

(2) 对于进出口货物有违法嫌疑的或者经海关通知查验,进出口货物收发货人或者其代理人届时未到场的,海关可以对进出口货物进行径行开验。海关进行开验时,存放货物的海关监管场所经营人、运输工具负责人应当到场协助,并在查验记录上签名确认。

(3) 对于危险品或者鲜活、易腐、易烂、易失效、易变质等不宜长期保存的货物,以及因其他特殊情况需要紧急验放的货物,经进出口货物收发货人或者其代理人申请,海关可以优先安排查验。

为了保护进出口货物收发货人的合法权益,海关在查验进出口货物时造成被查验货物损坏的,由海关按照《中华人民共和国海关法》、《中华人民共和国海关行政赔偿办法》的规定承担赔偿责任。

在以下情况下,海关对被查验货物造成的损坏不予赔偿:

(1) 由于收、发货人或其代理人搬移、开拆、重封包装或保管不善造成的损失;

(2) 易腐、易失效货物、物品在海关正常工作程序所需要时间内(含扣留或代保管期间)所发生的变质或失效,当事人事先未向海关声明的;

(3) 海关正常检查产生的不可避免的磨损;

(4) 在海关查验之前已发生的损坏和海关查验之后发生的损坏;

(5) 由于不可抗力的原因造成货物、物品的毁坏或损失。

(6) 海关查验货物、物品后交给货主时,如货主没有提出异议,则视为货物、物品完好无损。以后如再发现损坏,海关不负赔偿责任。

海关关员在查验货物、物品时损坏被查验货物、物品,应如实填写《中华人民共和国海关查验货物、物品损坏报告书》一式两份,由查验关员和当事人双方签字,一份交当事人,一份

留海关存查。

海关依法进行开验、复验或者提取货样时,应会同有关货物、物品保管人员共同进行。如造成货物、物品损坏,查验关员应请在场的保管人员作为见证人在《中华人民共和国海关查验货物、物品损坏报告书》上签字,并及时通知货主。

进出口货物收、发货人收到《中华人民共和国海关查验货物、物品损坏报告书》后,与海关共同协商确定货物、物品的受损程度。货物、物品受损程度确定后,以海关审定的完税价格为基数,确定赔偿金额。赔偿金额确定后,由海关填发《中华人民共和国海关损坏货物、物品赔偿通知单》。收、发货人自收到《通知单》之日起3个月内凭单向海关领取赔款,或将银行账号通知海关划拨。逾期海关不再赔偿。赔款一律用人民币支付。

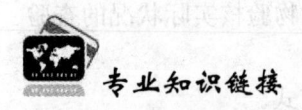

专业知识链接

什么是海关布控查验?

海关对进出口货物的布控查验分为计算机布控和人工布控两类:

(一)计算机布控

1. 海关将进出口货物进行分类,设置风险参数。进出口货物风险参数越高,被计算机布控的概率就越高。

2. 有些关区由于进出口货物多数风险参数较低,即对进出口货物按一定概率设置随机布控查验。

(二)人工布控

1. 进出口货物在申报或查验放行环节,如果海关关员人工审单时认为报关单申报内容不清楚,或有疑问,即可由人工操作在海关电脑上下达布控指令,查验货物是否单货相符。

2. 海关(包括缉私局)由于查获过某进出口货物出现违法违规现象,导致其他企业进出口的同样或相关货物风险参数提高,而被人工布控查验。

3. 海关(包括缉私局)接到消息(即举报)某进出口货物有问题,在该货物进出口时海关关员人工布控或缉私局向海关现场作业人员发出布控查验通知,查验该货物。

还有一种情况是企业有过违法违规记录,在海关的信用等级降低为C、D类,该企业进出口的货物基本上会被计算机或人工布控查验。

(二)配合查验

报关员持海关查验通知单、报关单备用联、提单场站收据、海运提单、发票、装箱单(复印件),到现场海关查验受理部门办理查验计划(一般当天安排第二天的查验计划),申报人员应作好查验准备。

1. 接收查验通知

海关在决定对某批申报的货物进行查验时,一般会通过QP系统发送海关查验通知单,申报人应及时接收并查看海关查验通知单上的具体内容。

海关查验通知单

海关编号:2229

20××××××××

_____有限公司:

你单位于 2013 年 11 月 2 日所申报货物,经审核现决定实施查验,请联系港务等相关部门做好准备,于××月××日派员配合海关查验。

特此通知。

运输方式　水路运输(2)			提运单号	
存货地点　海关(/ ** 02)			申报毛重(KG)78 320	
包装种类　纸箱(2)	申报件数量　3 120		申报净重(KG)64 608	
序号	商品编号	商品名称	数量单位	总值
1	6109.9090.63	女式化纤制针织背 VISCOSA KNITTED VEST	600PCS	2 400 美元

联系人:　　　　　　　　联系电话:

　　经办关员:　　　　　　　　　　　　　　　　航交办(2229)

　　签收人:　　　　　　　　　　　　　　　　　××年××月××日

注:海关查验通知单一式两联,第一联报单位留存,第二联海关留存

2. 确定查验时间和查验地点

(1) 查验时间

当海关决定查验时,即将查验的决定通过 QP 系统通知的形式通知进出口货物收发货人或其代理人,约定查验的时间。查验时间一般在海关正常工作时间内。在一些进出口业务繁忙的口岸,海关也可接受进出口货物收发货人或其代理人的请求,在海关正常工作时间以外实施查验。

(2) 查验地点

查验地点一般在海关监管区内。海关在监管区内实施查验不收取费用。对集装箱、货柜车或者其他货物加施海关封志的,按照规定收取封志工本费。因查验而产生的进出口货物搬移、开拆或者重封包装等费用,由进出口货物收发货人承担。

在特殊情况下,可以要求海关在海关监管场所以外的地方查验,但应事先报经海关同意。海关可以派员去收、发货人的仓库查验,进出口货物收发货人或者其代理人应当按照规定向海关交纳规费。

提示:法律规定,当海关认为必要时,可以进行开验、复验或者提取货样。查验结束后,申报人应在查验记录单上签名、确认。签名应真实有效;对海关查验过程与结果是否认同应如实填写。

3. 配合海关现场查验
（1）负责搬运货物、开箱、封箱。
（2）回答提问，提供有关单证。
（3）需要做进一步检验、化验或鉴定的货样，收取海关开局的取样清单。
（4）确认查验结果，在《海关进出境货物查验记录单》上签字。
4. 货物损坏赔偿

在查验过程中，因为海关关员的责任造成被查验货物损坏的，进出口货物收发货人或其代理人可以要求海关赔偿，海关赔偿的范围仅限于在实施查验过程中，由于海关关员的责任造成被查验货物损坏的直接经济损失。直接经济损失的金额根据被损坏货物及其部件的受损程度确定，或者根据修理费用确定。不属于海关赔偿范围的内容已在上文具体列出。

提示：正常查验时未提出异议的，事后发现损坏，海关不负责赔偿。

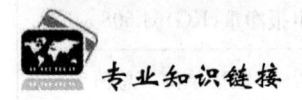

专业知识链接

上海洋山港海关的查验费用

海关查验费用是指海关查验而产生的费用，不是指海关收取的查验费用。在海关查验时，海关不收取费用的，但货主及代理必须把货物移到海关指定的查验场地，按海关要求拆分包装，在此过程中产生利用码头资源和人工所产生的费用要由客人自己承担。而这些因查验而产生的费用有众多的收费部门，而货代或报关行跟这些收费部门的结算方式又不相同，有些是当场付现钞，收费部门会开具注明该票货物的费用，有些是月结，没有单独的发票。所以货代或报关行也就无法向客人出示具体的收费部门开具的查验费用发票，只能列明各种费用的清单，如果客人不相信货代或报关行所说的费用，可以跟相关的具体收费部门去核实费率。

查验费用的构成：查验费、掏箱费、代办费、送港费、杂费、吊机费、过磅费、短驳费、堆存费、开箱费、处理费、封志费等等；海关拦船期查验会产生留箱费；货物多杂不易寻找的情况下会产生清箱费；以上费用按箱型计算。如遇查验扣货会产生划箱单、理货的费用；洋山事后处理、货物退关提货按去洋山次数收取代办费。自2011年开始上海港区要求每个查验的柜子需要到理货公司更改理货（更改查验后的封号），50元/箱；外港查验是有查验通知单，洋山目前没有查验通知单，但是查验发票上有显示该票查验的提单号，船名航次，箱号等信息以做凭证。

任务四　缴纳税费

进出口货物收发货人或其代理人将报关单及随附单据通过QP系统提交给货物进出境地的指定海关，海关对报关单进行审核，对需要查验的货物先由海关查验，然后核对计算机计算的税费，开具税款缴款书和收费票据。进出口货物收发货人或其代理人在规定时间内，凭海关签发的税款缴款书和收费单据在限定的时间（收到缴款书后 15 日内）向指定银行缴纳税费，或在网上进行电子支付。有关税费缴纳的具体操作详见本书相关项目内容。

除另有规定外，在通关无纸化模式下，参与税费电子支付业务的进出口企业应在海关审结报关单生成电子税款信息之日起 10 日内，通过第三方支付平台向商业银行发送税款预扣指令。未在规定期限内发送预扣指令的，将直接转为柜台支付，海关填发税款缴款书。企业应当按照《中华人民共和国海关法》第六十条规定，自海关填发税款缴款书之日起 15 日内缴纳税款；逾期缴纳的，海关征收滞纳金。

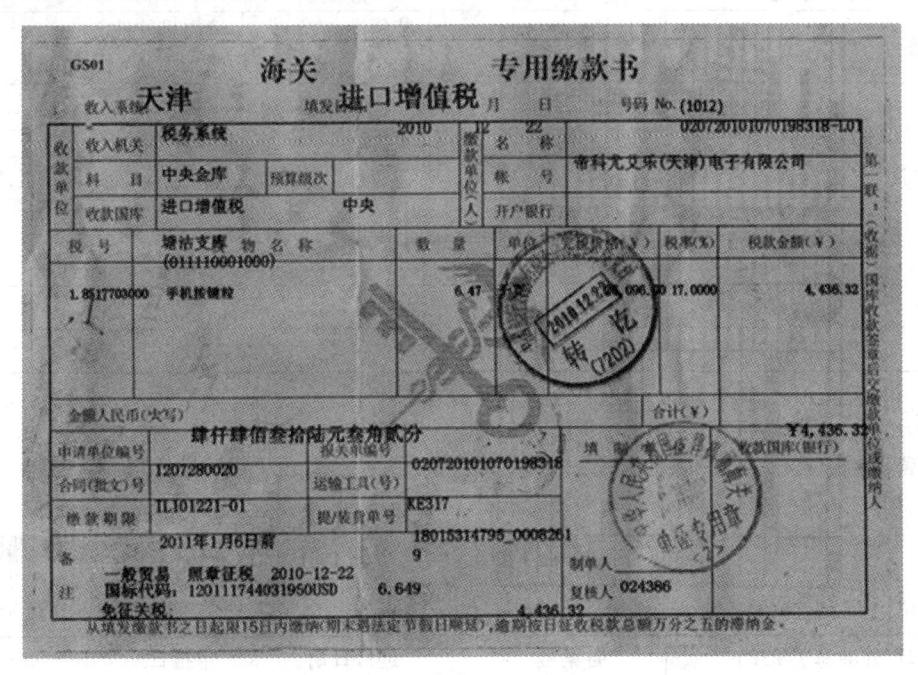

图 2-6　海关专用缴款书

任务五　办结海关手续

一、海关进出境现场放行

经上述过程后，海关对进出口货物做出结束海关现场监管的决定，允许进出口货物离开海关监管场所的工作环节。海关通过中国电子口岸发来通关无纸化进口放行通知书或通关无纸化出口放行通知书，纳税义务人委托报关行打印通关无纸化进出口放行通知书，凭以办理出口装运或进口提货。

通关无纸化进口查验/放行通知书

2213201611300000211

申报单位：上海利佳国际货物运输代理有限公司　　海关编号：221320161130000211

进口口岸外港海关 2225		备案号		进口日期 2016-02-02		申报日期 2016-02-04	
经济单位：赛元电子有限公司 3111940620		运输方式 水路运输		运输工具名称 HE BIN/047		提运单号 KELSH16047007	
收货单位：赛元电子有限公司 3111940620		贸易方式 一般贸易 0110		征税性质 一般征税 101		征税比例 0%	
许可证号		起运国（地区） 台澎金马关税区 143		装货港 基隆 1561		境内目的地 闵行其他 31119	
批准文号		成交 CIF	运费 000//			杂费 000//	
合同协议号 PO-SM-16-004		件数 1		包装种类 其他		毛重（公斤）148	净重（公斤）110
集装箱号 0(0)		随附单据					
标记唛码及备注							
项号	商品名称		数量及单位	原产国（地区）	单价	总价	币值
1	经光学处理的幕片		20,000.00 套	台澎金马关税区	620.00	12 400.00	美元

以上内容与我司向海关申报和实际货物相符。
如有不符，我司愿承担一切法律责任。
经营或申报单位签章　　海关签注
　　年　月　日　　　　年　月　日

通关无纸化进口查验/放行通知书

2213201611300000211

申报单位：上海利佳国际货物运输代理有限公司　　海关编号：221320161130000211

进口口岸外港海关 2225		备案号		进口日期		申报日期 2016-02-04	
经济单位：上海纺织有限公司 2501950421		运输方式 水路运输		运输工具名称 XAGAIEADER/557E		提运单号 EADER14042521	
收货单位：上海纺织有限公司 2501950421		贸易方式 一般贸易 0110		征税性质 一般征税 101		征税比例 0%	
许可证号		运抵国（地区） 台澎金马关税区 143		指运港 基隆 1561		境内货源地 上海经济技术开发区 31112	
批准文号		成交 FOB	运费 000//			杂费 000//	
合同协议号 PO-SM-16-004		件数 1		包装种类 其他		毛重（公斤）1000	净重（公斤）960
集装箱号 0(0)		随附单据					
标记唛码及备注							
项号	商品名称		数量及单位	原产国（地区）	单价	总价	币值
1	婴儿棉内衣		2 000 套	台澎金马关税区	16.00	32 000.00	美元

以上内容与我司向海关申报和实际货物相符。
如有不符，我司愿承担一切法律责任。
经营或申报单位签章　　海关签注
　　年　月　日　　　　年　月　日

二、货物结关

进出口货物办结海关手续,结束海关监管,表示已经履行完与进出口有关的一切义务。
(1) 一般进出口货物,海关放行后就可以进入生产和流通领域,放行就是结关。
(2) 保税货物、暂准进口货物、特定减免税货物,放行并不等于结关,海关在一定时期内还需进行监管。

三、提取或装运货物

(1) 进口货物收货人凭通关无纸化进口放行通知书,提取进口货物。
(2) 出口货物发货人凭通关无纸化出口放行通知书,办理货物装上运输工具离境的手续。

四、申请签发报关单证明联和办理其他证明手续

对于一般进出口货物,在收发货人或其代理人如实向海关申报,并如数缴纳应缴税款和有关规费后,海关在货物的进出口货运单据,如进口提单或运单、出口装货单或特制的放行条上签盖"海关放行章",进口货物的收货人凭此到海关监管仓库提取货物,出口货物的发货人凭此装船启运出境。需要海关签发证明联的,可以向海关提出申请,海关在签发证明联的同时通过电子口岸执法系统向有关单位传送相关数据进行备案。

常见证明有以下几种:

(一) 进(出)口付(收)汇证明

对需要在银行货国家外汇管理部门办理进(出)口付(收)汇核销的进出口货物,进(出)口付(收)汇证明是证明某项货物经海关监管合法实际进口或出口的文件。企业可以进入中国电子口岸执法系统—进出口收付汇,打印报关单进出口收付汇证明联。

(二) 出口退税证明

对需出口退税的货物,2015 年 5 月 1 日起出口的货物不再签发纸质出口货物报关单证明联(出口退税专用),改由海关向国税联网传输出口报关单结关信息电子数据,企业可在结关后直接去国税办理退税手续,免去企业来回奔波的辛苦。

(三) 进口货物证明书

货物进口证明书是指为满足进出口公司及企事业单位的不同需要,海关对已实际监管进口的货物事后开具的证明文书。为加强国家对进口车辆的管理,海关对贸易性渠道进口的车辆在办结验放手续后一律签发《货物进口证明书》,并实行"一车一证"制,作为货主办理上牌手续的重要依据之一。货主或其代理人在办结车辆或有关货物的进口验放手续后,应到海关有关部门办理《货物进口证明书》的签发手续。

中华人民共和国海关

货物进口证明书　　　　字号 no.

The Customs of people's Republic of China

Certificate of Importation of Cargo

查下列货物装_____自_____于_____年_____月_____日运抵本口岸，业经（货主或代理人）_____按章办理进口手续，特此证明。

This is to certify that the following cargo shipped per _____ from _____ arrived at this port on the date of _____ and that all customs formalities for the importation of the cargo have been duly completed by the consignee (or his agent) _____

编码	货名 Description Of cargo	标记号码 Marks & Numbers	件数 Number of Package	数(重)量 Quantity (Weight)	价格 Value

　　　　　　　　　　　　　　_____海关关长_____
　　　　　　　　　　　　　　Chief of _____ Customs
　　　　　　　　　　　　　　_____年_____月_____日
　　　　　　　　　　　　　　Date：

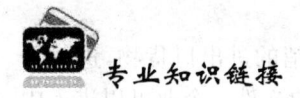

专业知识链接

进口货物无纸通关作业流程

　　无纸化手册系统是海关适应当前加工贸易新形势、新发展的需要，从简化手续、方便企业的角度出发，运用现代信息技术和先进的管理理念，以加工贸易手册为管理对象，在加工贸易手册备案、通关、核销等环节采用"电子手册＋自动核算"的模式取代现有的纸质手册，并逐步通过与相关部委的联网取消纸质单证作业，最终实现"电子申报、网上备案、无纸通关、无纸报核"的新监管模式。纸质手册电子化，备案资料库。面向所有加工贸易企业。下面是其具体通关作业流程：

　　1. 企业申报

　　企业在中国电子口岸联网报关系统中录入报关单电子数据和格式化发票数据并选择无纸通关申报方式向海关发送电子数据。企业应确保申报的数据符合无纸通道条件以及保证数据的准确性、有效性并承担相应的法律责任。

　　2. 数据审核

　　对于企业申报的报关单电子数据，由计算机根据预先设置的审核与判断条件进行数据合法性、有效性审核，并确定报关单数据的通道流向，并作相应处理。

　　3. 打印《查验/放行通知书》

　　企业在收到海关验放信息后，自行打印《查验/放行通知书》。企业应在《查验/放行通知书》上加盖经营单位或其代理企业的印章。企业应做好有关单证的归档工作。

4. 货物放行

企业持《查验/放行通知书》及其他有关资料办理放行手续。

5. 事后交单

企业必须在规定期限内按报关单关区编号向现场海关办理事后交单手续。

6. 查验（仅指卡口即决式查验或布控至放行环节的）

海关卡口管理岗位在放行过程中决定需查验的或前道布控至放行环节的，应输入布控指令并打印《查验通知单》。卡口管理岗位凭《查验/放行通知书》海关验放联和《查验通知单》实施查验或移交查验部门实施查验。

※项目任务操作

根据前述项目的开始要求，李想认真设计了该批货物的报关方案，按照以下步骤申报：

一、进口申报

（一）签署协议

李想完成和客户的报关委托，签署好对方委托报关协议，具体进入中国电子口岸进行报关企业、委托方、海关三方签收，如下图所示：

代理报关委托书

上海奔腾国际物流公司：

编号：312012*********

我单位现 A (A. 逐票　B. 长期) 委托贵公司代理 A 等通关事宜。(A. 填单申报　B. 辅助查验　C. 垫缴税款　D. 办理海关证明联　E. 审批手册　F. 核销手册　G. 申办减免税手续　H. 其他) 详见《委托报关协议》。

我单位保证遵守《海关法》和国家有关法规，保证所提供的情况真实、完整、单货相符。否则，愿承担相关法律责任。

本委托书有效期自签字之日起至 ** 年 ** 月 ** 日止。

委托方（盖章）：上海服装进出口公司
法定代表人或其授权签署《代理报关委托书》的人（签字）
2014 年 1 月 20 日

委托报关协议

为明确委托报关具体事项和各自责任，双方经平等协商签订协议如下：

委托方	上海服装进出口公司	被委托方	上海奔腾国际物流公司	
主要货物名称	羊毛连衣裙、男式羊毛衬衫	*报关单编码	No.220220141********	
HS 编码	62044100、62059020	收到单证日期	2014年1月20日	
货物总价	USD11400	收到单证情况	合同☑	发票☑
进出口日期	2014年1月28日		装箱清单☑	提(运)单☑
提单号	KSAA186842		加工贸易手册□	许可证件□
贸易方式	一般贸易		其他	
原产地/货源地	韩国	报关收费	人民币：**元	
其他要求：		承诺说明：		
背面所列通用条款是本协议不可分割的一部分，对本协议的签署构成了对背面通用条款的同意。		背面所列通用条款是本协议不可分割的一部分，对本协议的签署构成了对背面通用条款的同意。		
委托方业务签章： 经办人签章： 联系电话:025-*******　　　　年　月　日		被委托方业务签章： 经办报关员签章： 联系电话:025-*******　　　　年　月　日		

（白联：海关留存、黄联：被委托方留存、红联：委托方留存）　　　　中国报关协会监制

（二）明确申报地点和申报期限

由于装载该商品的运输工具于2014年1月28日（周二）抵达上海吴淞，次日上海服装进出口公司委托上海奔腾国际物流公司向上海吴淞海关申报卸货港为上海吴淞港口，报关公司决定向上海吴淞港口进行申报。

（三）准备单证

所报商品是纺织物，具体商品是羊毛连衣裙和男式衬衫，李想将报关单连同下列随附单据准备好：

1. 提(运)单
2. 货物装箱清单
3. 发票
4. 销售合同等
5. 代理委托报关协议书

（四）填制报关单

根据上海服装进出口公司提供的材料，委派李想逐一核实，然后进行电子申报。通过后在规定的期限内缴税。

报关单的内容确定后，上海奔腾国际物流公司于2014年1月29日将报关单电子数据录入计算机，并将数据传送到海关报关自动化系统，进行电子数据申报，上海吴淞海关计算机系统接受了申报。（上海地区申报系统为EOI，其他地区为QP）

二、配合查验

在进行电子系统申报后,李想收到了上海吴淞海关签发的海关查验通知单,在约好查验时间和地点后,公司派李想携带相关材料,到口岸海关办理了查验手续,并配合海关进行了查验,如实回答了海关查验关员的询问。查验结束后,李想认真阅读了查验关员填写的"海关进出境货物查验记录单",认为查验记录准确、清楚,然后进行了签名确认。

三、缴纳税费

经查询得知,羊毛连衣裙和男式羊毛衬衫的进口关税最惠国税率均为16%,根据从低适用税率原则,选择最惠国税率作为其应征关税税率,增值税税率为17%,没有消费税,海关开具税款缴款书时的汇率为1美元=人民币6.3568元,则税费计算过程为:

(一)羊毛连衣裙

进口货物完税价格=6 000×6.356 8=38 140.8(元)
应征进口关税税额=进口货物完税价格×进口关税税率
　　　　　　　　=38 140.8×16%=6 102.53(元)
增值税组成计税价格=进口货物完税价格+关税税额
　　　　　　　　=38 140.8+6 102.53
　　　　　　　　=44 243.33(元)
应纳增值税税额=增值税组成计税价格×增值税税率
　　　　　　=44 243.33×17%
　　　　　　=7 521.37(元)
应纳税费总额=6 102.53+7 521.37=13 623.9(元)

(二)男式羊毛衬衫

进口货物完税价格=5 400×6.356 8=34 326.72(元)
应征进口关税税额=进口货物完税价格×进口关税税率
　　　　　　　　=34 326.72×16%=5 492.28(元)
增值税组成计税价格=进口货物完税价格+关税税额
　　　　　　　　=34 326.72+5 492.28
　　　　　　　　=39 819(元)
应纳增值税税额=增值税组成计税价格×增值税税率
　　　　　　=39 819×17%
　　　　　　=6 769.23(元)
应纳税费总额=5 492.28+6 769.23=12 261.51(元)

在收到上海奔腾国际物流公司转交的海关开具的税款缴款书后,上海服装进出口公司在规定期限内及时缴纳了金额分别为13 623.9元和12 261.51元的进口税费,然后把已经缴纳的税单交给上海奔腾国际物流公司。

四、办结海关手续

上海奔腾国际物流公司携带税单和报关单备用联到海关办理了税费核查手续后,海关在报关单和提单上盖章放行,并退还部分凭证。上海奔腾国际物流公司拿到这些凭证后,即将这些凭证转交给本公司的货代部门以到货物进境地的港区提取进口货物。之后,上海奔腾国际物流公司在货物结关之后向海关申请签发了"进口货物报关单(付汇证明联)"等必要的海关证明,并将其通过货代部门交给上海服装进出口公司,最终完成了该笔进口货物的报关手续。

※ 思考与练习

一、选择题

1. 进出口货物申报后确有正当理由的,经海关同意可修改或撤销申报。下列表述中哪些情况可以修改或撤销货物报关单(   )。
   A. 由于计算机技术方面的原因而导致的电子数据错误的
   B. 海关在办理出口货物的放行手续后,由于装运、配载原因造成原申报货物部分或全部退关的
   C. 海关已经决定布控、查验的进出口货物
   D. 发送单位或申报单位有关人员在操作或书写上的失误,且未发现有走私违规或者其他违法嫌疑的

2. 关于海关接受申报的时间,下列表述正确的是:(   )。
   A. 经海关批准单独以电子数据报关单形式向海关申报的,以海关计算机系统接受申报时记录的日期为申报日期
   B. 经海关批准单独以纸质报关单形式向海关申报的,海关关员在报关单上签字表示接受申报的日期为海关接受申报的日期
   C. 在先以电子数据报关单向海关申报,后以纸质报关单向海关申报的情况下,海关接受申报的时间以海关接受纸质报关申报的时间为准
   D. 在采用电子和纸质报关单申报的一般情况下,海关接受申报的时间以海关接受电子数据报关单申报的时间为准

3. 某批进口货物,自载运货物的运输工具申报进境之日起,已超过三个月,收货人或其代理人仍未向海关申报。这种情况海关应采取下列选项中的何种方式处理:(   )。
   A. 将货物提取变卖,价款扣除各项费税后,余款保存一年,经收货人申请可以发还,逾期无人申请的上缴国库
   B. 将货物扣留,待收货人或其代理人报关时罚款处理
   C. 将货物没收,全部变价上缴国库
   D. 将货物扣留,待收货人或其代理人报关时,除按日征收滞报金外,加处罚款

4. 某外贸公司以一般贸易方式从境外订购一批进口货物,在如实申报、接受查验、缴纳进口税费后由海关放行,该公司应凭下列哪种单据到海关监管仓库提取货物:(   )。
   A. 由海关签发的"进(出)口货物证明书"
   B. 由海关加盖了放行章的货运单据
   C. 由海关签发的"税款缴纳证"

D. 由海关签发的进口收汇核销专用报关单

5. 进出口货物收发货人或其代理人配合海关查验的工作主要包括：（　　）。

A. 负责搬移货物，开拆和重封货物的包装

B. 回答查验关员的询问

C. 负责提取海关需要作进一步检验、化验或鉴定的货样

D. 签字确认查验记录

6. 因海关关员的责任造成被查验货物损坏的，进出口货物收发货人或其代理人可以要求海关赔偿。但下列情况海关将不予赔偿：（　　）。

A. 海关正常查验时所产生的不可避免的磨损

B. 由于不可抗力的原因造成货物的损坏、损失

C. 由于海关关员的责任造成被查验货物损坏的直接经济损失以外的其他经济损失

D. 海关查验时进出口货物收发货人或其代理人对货物是否受损坏未提出异议，事后发现货物有损坏的

二、实务操作题

上海某公司出口一批毛制男式西服套装到欧洲，委托李想所在的奔腾国际物流公司办理报关。该批货物已经安排好在上海出运，订舱的装船时间为8月17日上午11点，奔腾国际物流公司已经于8月4日进行了电子数据申报，并且海关计算系统已经接受申报数据。

请回答：

1. 此次出口报关业务是否需要办理异地报关备案手续？如果需要，应如何办理？
2. 这批货物的商品编码是什么？海关对该批货物的监管条件有哪些？
3. 出口申报时，李想应向海关提交哪些材料？
4. 如果李想与8月6日收到海关行政放行的通知，则报关员最迟应在哪一天向海关提交书面报关单证并办理相关海关手续？
5. 李想最迟应在何时何地完成出口报关手续？

项目三　保税加工货物通关程序

知识目标

1. 理解保税加工货物的基本概念；
2. 理解保税加工货物的海关监管模式和管理制度的基本内容；
3. 熟悉电子化手册和电子账册的基本特点和基本作业流程。

能力目标

1. 能理解保税加工贸易中来料加工和进料加工的差异；
2. 能掌握保税加工货物的业务经营及物流状况；
3. 能掌握电子化手册和电子账册的特点和作业流程。

项目引入

　　李想在报关行实习了一段时间，由于表现不错，前面能独立处理一般进出口货物的通关业务。接下来，王经理让李想独自承担保税加工货物的报关工作，业务大体情况如下：苏州某服装厂某月从新加坡进口混纺面料4 000米加工成大衣销往加拿大，同时又从加拿大进口10 000米尼龙面料加工成夹克销往国内。李想很高兴，填了一张报关单就兴冲冲地去报关，可结果遭到海关的退单。

　　王经理告诉她遭海关退单的原因是两种货物的报关手续不一样。进口尼龙面料加工成夹克销往国内是一般贸易，应按一般贸易的报关程序来报关；但从新加坡进口混纺面料加工成大衣销往加拿大是加工贸易，应按保税加工货物的程序来报关。

　　但李想仍感到疑惑：保税加工货物与一般进口货物有什么不同？保税加工货物的报关流程是怎样的呢？

　　李想弄清楚报税加工货物的特殊性后，王经理又给她一单，这次，李想认认真真向同事请教，并自己独立完成如下业务：

　　南京扬帆制衣有限公司，经营代码为(3201213432)为履行产品的出口合同，故需要进口料件一批，该批货物于2016年6月27日抵港，随后，南京扬帆制衣有限公司委托江苏奔腾报关行办理报检、报关等事宜，奔腾报关行受托之后，于7月3日向南京出入境检验检疫局办理相关商检手续，于7月7日持加工贸易手册等相关单证向南京新生圩海关报关，法定计量单位为千克/米。海运费总价为USD200，保险费率为0.3%，该商品位列手册第4项。

　　要求李想完成进境报关的操作，具体到时间、地点及提交的单证，并完成进口该料件的报关单的填报。

任务一　认知保税加工货物

一、保税加工货物的基本概念

（一）含义

在对外贸易中，"加工贸易"是指境内企业进口全部或者部分原辅材料、零部件、元器件、包装材料（统称料件），经过加工或者装配后，将制成品复出口的经营活动。在海关管理中，"保税"是指货物经海关批准未办理纳税手续进境，在境内储存、加工、装配后复运出境的管理方式，对进口料件实施保税管理的加工贸易即为"保税加工"。因此，保税加工可以理解为经营企业经海关批准未办理纳税手续进口料件，经加工或者装配后，将制成品复出口的经营活动。

从理论上讲，加工贸易进口料件可以按一般进口通关；进境时完纳进口税费和提交相应的进口许可证件，料件经海关放行后可自行处置，不再接受海关监管。但在此种情形下，即便料件经境内加工后复出口，从海关管理的角度也不把此类经营活动视为加工贸易。海关管理制度中认可的加工贸易业务，料件进口时只有两种方式：一是保税进口，成品复出口后根据出口成品实际耗用的进口料件数量，免收关税和进口环节税；二是征税进口，成品复出口后根据出口成品实际耗用的进口料件数量，退还已征收的关税和进口环节税。事实上，由于目前海关在操作层面不再实施"先征后通"方式对加工贸易业务进行管理，除另有说明外，海关、检验检疫、商务等主管部门所称的加工贸易均指保税加工，本项目其他任务所称加工贸易也均指保税加工。

（二）特点

相对于一般进出口形式，采取保税加工进出口，其主要特点是料件进口时无须办理税费缴纳手续，以及除另有规定外免于提交进口许可证件。两者的异同点如表3-1所示：

表3-1　保税加工进出口和一般进出口对比分析

对比项目	保税加工进出口	一般进出口
进出口税收	料件进口时暂缓缴纳进口关税和进口环节税，并根据出口成品实际耗用的进口料件数量，免收关税和进口环节税；出口成品属于国家对出口有限制性规定的，应当向海关提交出口许可证件	料件进口时缴纳进口关税、进口环节税；出口成品缴纳出口关税
进出口许可证件	除国家另有规定外，进口料件属于国家对进口有限制性规定的，免于向海关提交进口许可证件；出口成品属于国家对出口有限制性规定的，应当向海关提交出口许可证件	进口料件、出口成品属于国家对进出口有限制性规定的，应当向海关提交进出口许可证件
海关稽查期限	加工贸易电子化手册结案之日起3年内，加工贸易电子化手册核销之日起3年内	自海关放行货物之日起3年内
海关管理重点	料件进口、组织生产、成品出口等产、供、销的全过程	与货物进出口税、许可证件相关的商品归类、申报价格等

保税加工贸易优势

案例 某企业从智利进口100万美元(CIF)的"黄铜棒"生产"黄铜接头"出口至美国。该商品的进口关税税率7%,增值税税率17%,暂估出口时可退增值税为5.35万美元。

税收成本优势　资金周转优势　许可证件的优势

- 缴纳税款:关税$7万、增值税$18.19万,退税$5.35万,合计$19.84万;
- 进境占用资金:一般贸易$125.19万,加工贸易$100万;
- 许可证件:自动进口许可证。

图3-1　保税加工贸易优势示意图

(三) 种类

在海关管理中,除料件、制成品外,加工过程中所产生的边角料、副产品、残次品等也属于保税加工货物。

保税加工货物主要包括:

(1) 料件,即专为加工、装配出口产品而从境外进口且海关准予保税的原辅材料、零部件、元器件、包装物料。

(2) 制成品,即用进口保税料件生产的成品、半成品等。

(3) 边角料,即保税加工企业从事加工复出口业务,在海关核定的单位耗料量内(以下简称单耗,具体定义见下文),加工过程中产生的、无法再用于加工该合同项下出口制成品的数量合理的废、碎料及下脚料。

(4) 残次品,即保税加工企业从事加工复出口业务,在生产过程中产生的有严重缺陷或者达不到出口合同标准,无法复出口的制品(包括完成品和未完成品)。

(5) 副产品,即保税加工企业从事加工复出口业务,在加工生产出口合同规定的制成品(主产品)过程中同时产生的,且出口合同未规定应当复出口的一个或者一个以上的其他产品。

(四) 保税加工货物的对外交易形式

依据进口料件的所有权状况,保税加工货物对外交易分为两种形式:来料加工和进料加工。

1. 来料加工

来料加工是指进口料件由境外企业提供,经营企业不需要付汇进口,按照境外企业的要求进行加工或者装配,只收取加工费,制成品由境外企业销售的经营活动。

该种交易形式,通常由境内有进出口业务经营权的贸易或生产型企业与境外客商通过签订委托加工合同的方式实施。

2. 进料加工

进料加工是指进口料件由经营企业付汇进口,制成品由经营企业外销出口的经营活动。

该种交易形式,通常由境内有进出口业务经营权的贸易或生产型企业与境外客商(进出口对应或非对应)通过签订对口或非对口合同的方式实施。

3. 来料加工与进料加工的比较

(1) 相同点。两种加工贸易都经历了"进口—加工—出口"三个环节,且两者具有共同监管方式,即对用于加工制造出口产品的进口料件实行海关保税监管,在进口时进行监管登记,免征关税和增值税,产品出口时由海关核销进口料件。

(2) 不同点。① 原材料、零部件和产品的所有权不同。来料加工是由外商免费提供原材料、零部件、元器件,生产加工的产品完全归外商所有,由外商支配;而在进料加工中,经营单位对原辅料和生产加工出来的成品拥有所有权。② 两者的贸易性质不同。在来料加工业务中,外商与经营单位是委托与被委托关系,经营单位接受外商委托并要按外商的要求进行生产加工,收取工缴费,纯属加工贸易性质;而在进料加工业务中,经营单位是自主经营,与销售料件的外商和购买我方成品的外商均是买卖关系,经营单位从中赚取销售成品与进口原材料之间的差价,使外汇增值,属于一般贸易性质。③ 产品的销售方式不同。在来料加工业务中,生产加工出来的产品由外商负责运出我国境外后自行销售,销售的好坏与我方毫无关系;而在进料加工业务中,经营单位在产品生产加工出来后要自己负责对外推销,产品销售情况的好坏与自己密切相关。④ 税收政策规定不同,进料加工复出口货物实行退税(或免抵退税),来料加工复出口货物实行免税。来料加工和进料加工两种保税加工方式的异同如表3-2所示:

表3-2 来料加工与进料加工的异同

比较项	来料加工	进料加工
物权	境外企业	境内经营企业
原料采购	境外企业	境内经营企业
兑付外汇	否	是
保税	是	是
利润来源	加工费	销售利润
营销风险	境外企业	境内经营企业
与出口退税相关的税收征管政策	实行增值税不征不退政策	实行增值税免抵退税政策

(五) 保税加工业务的经营主体

(1) 由贸易或生产型加工贸易经营企业对外签约,委托生产加工贸易企业完成加工。

(2) 由生产型加工贸易经营企业对外签约,并自行完成加工。

(六) 保税加工业务的境内经营方式

1. 本地加工

加工贸易经营企业对外签约,自行或委托本地加工贸易生产企业完成加工,并在所在地海关办理手续。

2. 异地加工

经营企业对外签约,委托异地生产企业完成加工,并在异地生产企业所在地海关办理手续。

3. 外发加工

因受自身加工贸易企业生产特点和条件限制,经海关批准并办理有关手续,委托其他承揽者对加工贸易货物进行加工。

4. 深加工结转

加工贸易企业将加工产品转至另一加工贸易企业进一步加工后复运或返销出口。

二、海关保税加工管理制度

由于海关对保税加工进口料件实施保税管理,为防范国家税收损失,海关建立了一整套管理制度对保税加工全过程进行管理。

(一)海关保税加工管理制度的基本内容

目前,海关保税加工管理制度主要包括保税加工企业管理、保税加工手册/账册设立管理、保税加工货物进出境通关管理、保税加工中后期核查管理、保税加工核销结案管理等几个方面。

1. 保税加工企业管理

保税加工企业,包括保税加工经营企业和加工企业。经营企业,是指负责对外签订加工贸易进出口合同的各类进出口企业和外商投资企业,以及经批准获得来料加工进口经营许可的对外加工装配服务公司。加工企业,是指接受经营企业委托,负责对进口料件进行加工或者装配,并且具有法人资格的生产企业,以及由经营企业设立的虽不具有法人资格,但是实行相对独立核算并已经办理工商营业证(执照)的工厂。开展保税加工业务,经营企业和加工企业必须向海关办理注册登记手续;除另有规定外,经营企业应当按规定办理海关事务担保。

2. 保税加工手册/账册设立管理

根据我国相关规定,企业开展保税加工须商务专管部门审批(广东省除外)。商务主管部门审批后,保税加工经营企业须通过设立保税货物手册/账册等形式向海关报备,报备的内容主要包括进口料件、出口成品、加工单耗等数据。目前,海关对保税加工备案分为以保税加工手册(加工贸易合同)为单元和以企业为单元两种形式。

3. 保税加工货物进出境通关管理

保税加工货物在进出境通关时,须向海关申报保税加工手册编号等备案信息。料件进境时无须办理缴纳税费手续,除国家另有规定外,属于国家对进口有限制性规定的,免于向海关提交进口许可证件,货物经海关放行即可提取。出口制成品属于应当征收出口关税的,应按照有关规定缴纳出口关税,属于国家对出口有限制性规定的,应当向海关提交出口许可证件。

4. 保税加工中后期核查管理

在保税加工货物生产过程中或生产完成后,海关按照相关规定到加工企业对保税加工货物的进、出、转、存及生产的全过程进行核查。

5. 保税加工核销结案管理

保税加工经营活动完成后,经营企业须在规定的时间内向海关申请报核,经海关核销,办理全部海关手续后,海关结束对保税加工货物的监管。

（二）海关保税加工管理制度的特征

1. 备案保税，核销结案

经营企业只有依法办理保税加工设立手续，料件方能保税加工进口；同时保税加工货物必须经过海关核销后才能结案。因此，从海关管理的角度，是否批准企业开展保税加工业务，要看加工贸易活动是否合法、货物流向是否明确、海关能否监管等几个因素。如果加工贸易进口料件或出口成品属于国家禁止开展加工贸易的范围，或者申请保税的货物在进出口环节、境内加工环节海关无法监管等，海关将不予办理保税加工备案。

2. 料件进口"免税免证"

料件进口环节免于缴纳进口关税和进口环节增值税、消费税，除另有规定外免于提交进口许可证件，企业一方面可以少占用相当数量的现金流，同时也省却了办理进口许可证件的手续，是众多涉外企业从事加工贸易的最基本的动因。

3. 海关对保税加工过程实施全程监管

由于进口保税料件属于海关监管货物，与一般进出口货物相比，海关对保税加工货物的监管无论是时间，还是地点，均需要延伸，即海关需要对保税加工全过程实施监管。海关对保税加工货物监管延伸性体现在以下两个方面：

（1）时间延伸性。保税加工的料件在进境地被提取，不是海关监管的结束，而是海关保税监管的开始，海关一直要监管到加工、装配后复运出境或办结正式进口手续为止。海关自保税加工企业向海关申请办理保税加工业务备案手续之日起至海关对保税加工手册核销结案之日止，或者自实施联网监管的保税加工企业电子底账核销周期起始之日起至其电子底账核销周期核销结束之日止，根据需要可以开展对保税加工货物及相关的保税加工企业的保税核查；同时，在手册结案之日起3年内，账册核销3年内，海关有权对加工贸易企业的会计账簿、会计凭证、报关单证及其他有关资料和有关进出口货物进行稽查。

（2）地点延伸性。保税加工料件提离进境地海关监管场所后，无论是存放还是加工、装配，应当在经海关备案的场所进行并需专料专放。海关有权进入相关场所实施保税核查或稽查。未经许可将保税加工货物擅自外发加工、擅自内销转让、擅自深加工结转、擅自挪移都可能引发行政甚至刑事处罚。

（三）保税加工海关监管模式

海关对保税加工实施"物理围网"和"非物理围网"两种监管模式。

1. 物理围网模式

物理围网模式，是指由海关对专门划定区域内开展保税加工业务实施封闭式管理。目前，主要适用于出口加工区、保税港区、综合保税区等海关监管特殊区域内企业开展加工贸易。在该模式下，海关对保税加工企业实行联网监管，以企业为海关监管单元，以核查企业电子底账作为海关监管的主要手段，不实行银行保证金台账管理等海关事务担保措施。

2. 非物理围网模式

非物理围网，是指海关针对经营企业的不同情况分别以电子化手册和电子账册作为海关监管手段的管理模式。

海关对以电子化手册作为海关监管手段的保税加工企业，以保税加工手册作为监管单元，实行银行保证金台账管理等海关事务担保措施。

海关对以电子账册作为海关监管手段的保税加工企业以企业作为监管单元,实行联网监管,除特殊情况外,一般不实行银行保证金台账管理等海关事务担保措施。

(四)海关对加工贸易货物手册设立的管理规定

对保税加工货物实施手册管理是海关保税加工管理的重要措施。加工贸易手册,全称为"中华人民共和国海关加工贸易手册",也常称作海关手册,在行业内经常简称为手册。加工贸易手册原则上以加工贸易合同为单元,记载经营企业开展加工贸易所需要的进口原料数量(指标)、出口成品数量(指标)及成品对应的原料单耗情况。加工贸易手册经历了早期的纯纸质手册、后来的海关电子化纸质手册、现在的无纸化(电子化)通关手册三个阶段。目前,无纸化通关手册(电子化手册)已经全面应用,适用电子化手册管理的保税加工业务也是最为常见的保税加工业务形态。

海关关于加工贸易货物手册设立的管理要求,在《中华人民共和国海关加工贸易货物监管办法》(海关总署令第219号,以下简称《加工贸易货物监管办法》)中有明确规定,其主要内容如下:

1. 手册设立申请人及受理海关

加工贸易经营企业应当向加工企业所在地主管海关办理加工贸易货物的手册设立手续。

经营企业与加工企业不在同一直属海关管辖的区域范围的,应当按照海关对异地加工贸易的管理规定办理手册设立手续,即经营企业先向所在地主管海关提出异地加工贸易申请,经所在地主管海关审核后,凭相关的单证向加工企业所在地主管海关办理加工贸易手册设立手续。

2. 手册设立申报内容及申报单证

除另有规定外,经营企业办理加工贸易货物的手册设立,应当向海关如实申报贸易方式、进出口口岸,以及进口料件和出口成品的商品名称、商品编号、规格型号、价格和原产地等情况,并且提交下列单证:

(1) 主管部门签发的同意开展加工贸易业务的有效批准文件;

(2) 经营企业自身有加工能力的,应当提交主管部门签发的"加工贸易加工企业生产能力证明";

(3) 经营企业委托加工的,应当提交经营企业与加工企业签订的委托加工合同、主管部门签发的加工企业"加工贸易加工企业生产能力证明";

(4) 经营企业对外签订的合同;

(5) 海关认为需要提交的其他证明文件和材料。

3. 海关审核时限

经营企业提交齐全、有效的单证材料,申报设立手册的,海关应当自接受企业手册设立申报之日起5个工作日内完成加工贸易手册设立手续。

4. 海关事务担保

海关按照国家规定对加工贸易货物实行担保制度,需要办理担保手续的,经营企业按照规定提供担保后,海关办理手册设立手续。

有下列情形之一的,海关应当在经营企业提供相当于应缴税款金额的保证金或者银行、非银行金融机构保函后办理手册设立手续:

(1) 涉嫌走私,已经被海关立案侦查,案件尚未审结的;
(2) 由于管理混乱被海关要求整改,在整改期内的;
有下列情形之一的,海关可以要求经营企业在办理手册设立手续时提供相当于应缴税款金额的保证金或者银行、非银行金融机构保函:
(1) 租赁厂房或者设备的;
(2) 首次开展加工贸易业务的;
(3) 加工贸易手册延期两次(含两次)以上的;
(4) 办理异地加工贸易手续的;
(5) 涉嫌违规,已经被海关立案调查,案件尚未审结的。

5. 海关不予办理手册设立手续的情形

加工贸易企业有下列情形之一的,不得办理手册设立手续:
(1) 进口料件或者出口成品属于国家禁止进出口的;
(2) 加工产品属于国家禁止在我国境内加工生产的;
(3) 进口料件不宜实行保税监管的;
(4) 经营企业或者加工企业属于国家规定不允许开展加工贸易的;
(5) 经营企业未在规定期限内向海关报核已到期的加工贸易手册,又重新申报设立手册的。

6. 其他规定

(1) 经营企业办理加工贸易货物的手册设立,申报内容、提交单证与事实不符,海关应当按照下列规定处理:

① 货物尚未进口的,海关注销其手册。

② 货物已进口的,责令企业将货物退运出境。经营企业也可以向海关申请提供相当于应缴税款金额的保证金或者银行、非银行金融机构保函,并且继续履行合同。

(2) 已经办理加工贸易货物的手册设立手续的经营企业可以向海关领取加工贸易手册分册、续册。

(3) 加工贸易货物手册设立内容发生变更的,经营企业应当在加工贸易手册有限期内务理变更手续;需要报原审批机关批准的,还应当报原审批机关批准,另有规定的除外。

(五) 加工贸易手册设立所需商务主管部门出具的文件

1. 加工贸易企业经营情况及生产能力证明

海关对加工贸易货物手册设立的管理规定提及的开展加工贸易业务的有效批准文件中,"加工贸易企业经营情况及生产能力证明"(一般由商务主管部门出具)简称为"生产能力证明",是确定企业开展加工贸易业务资格和审批机构进行加工贸易业务审批的重要依据。

申请从事加工贸易企业,需如实申报生产能力证明各项内容,各级商务主管部门需实地勘察,据实审核。未通过加工贸易企业经营状况及生产能力核查的企业,商务主管部门不得批准其从事加工贸易业务。

生产能力证明有效期为1年,加工贸易企业在生产能力证明有效期内申请加工贸易业务总量一般不超过生产能力证明核定的总量。

2. 加工贸易业务批准证

加工贸易业务批准证是指经营企业向商务主管部门申请开展加工贸易业务,由商务主管部门核发的加工贸易业务批准文件。加工贸易企业凭生产能力证明等材料向商务主管部门办理加工贸易业务批准证。

政策更新：

根据《关于广东省行政审批制度改革中涉及海关保税监管业务有关问题的公告》（海关总署公告2013年第51号）规定，广东省内经营企业向海关申请加工贸易手册设立（变更），不再提交加工贸易业务批准证、联网监管企业加工贸易业务批准证和变更证明；企业开展异地加工贸易业务时，经营企业和加工企业均属于广东省内企业的，不再提交加工贸易业务批准证。

（六）**加工贸易银行保证金台账制度**

1. 加工贸易银行保证金台账制度的含义

加工贸易项下的料件进境时未办理纳税手续，适用海关事务担保，具体担保手续按加工贸易银行保证金台账制度执行。

保证金台账制度全称为加工贸易银行保证金台账制度，是指经营加工贸易的单位或企业凭海关核准的手续，按合同备案料件金额向指定银行申请设立加工贸易进口料件保证金台账，加工成品在规定期限内全部出口，经海关核销后，由银行核销保证金台账的制度。

2. 加工贸易银行保证金台账的分类管理

加工贸易银行保证金台账制度的核心是对不同地区、不同商品实行分类管理，根据国家对外贸易管理规定，加工贸易商品分为禁止类商品、限制类商品和允许类商品三大类，根据2015年海关商品编码，调整后的限制类目录共计451项商品编码。其中，限制出口95项商品编码，限制进口356项商品编码。海关根据企业的资信状况对加工贸易企业实行高级认证企业、一般认证企业、一般信用企业和失信企业四个类别的管理。除禁止类商品外，海关根据商品类别和企业类别采取不同的保证金台账管理措施。对部分企业进口的部分料件，由银行按照海关根据规定计算的金额征收保证金。

企业按照海关信用管理分类缴纳台账保证金，在规定期限内加工成品出口并办理核销结案手续后，保证金及利息予以退还。

（1）对管理方式为"实转"的81个商品编码，高级认证企业与一般认证企业实行"空转"管理（即无须缴纳台账保证金），东部地区一般信用企业缴纳按实转商品项下保税进口料件应缴进口关税和进口环节增值税之和50%的保证金；对其他370个商品编码，高级认证企业、一般认证企业与一般信用企业均实行"空转"管理。

（2）经营企业及其加工企业同时属于中西部地区的，开展限制类商品加工贸易业务，高级认证企业、一般认证企业和一般信用企业实行银行保证金台账"空转"管理。

（3）失信企业开展限制类商品加工贸易业务均须缴纳100%台账保证金。

本公告所指中西部地区是指除东部地区以外的其他地区。东部地区包括北京市、天津市、上海市、辽宁省、河北省、山东省、江苏省、浙江省、福建省、广东省。

（七）**异地加工贸易**

异地加工贸易是指加工贸易经营企业将进口料件委托另一直属海关关区内加工企业生产加工，加工的产品由经营企业组织出口的经营活动。经营企业应当在加工企业所在地主管海关办理加工贸易手册设立手续。

1. 异地加工贸易的申请

经营企业申请异地加工贸易,应提交如下单证:加工贸易业务批准证、"加工贸易加工企业生产能力证明"、"海关异地加工贸易申报表"以及按规定需要提交的其他单证。

经营单位主管海关在办理异地加工手续时,对于办理过异地加工贸易业务的经营单位,应当查阅由加工企业主管海关反馈的"中华人民共和国海关异地加工贸易回执"。经核实合同执行情况正常的,在申报表(一式两联)内批注签章,与加工贸易业务批准证、"加工贸易加工企业生产能力证明"一并制作关封,交经营单位凭以向加工企业主管海关办理手册设立手续。

2. 异地加工贸易业务的办理

加工企业办理异地加工贸易,应提交以下单证:经营企业主管海关关封(含异地加工申报表、加工贸易业务批准证、"加工贸易加工企业生产能力证明"),委托加工合同,其他加工贸易合同设立所需的单证。由加工企业向海关办理设立手续的,应提交经营单位出具的代办委托书。

(八) 料件串换

经营企业应向海关提交加工贸易料件串换的书面申请,详细说明加工出口产品急需料件的有关情况,随附相关出口合同,以及串换保税料件涉及的加工贸易手册,列明串换保税料件的品名、规格、数量的清单。

1. 海关有关加工贸易料件串换规定

(1) 料件串换仅限于进料加工,来料加工进口料件不得串换;

(2) 料件串换应为同一经营企业、同一加工企业的保税料件和保税料件之间、保税料件和非保税料件之间,且必须同品种、同规格、同数量;

(3) 串换应在加工贸易手册有效期或核销周期内,企业备案进口保税料件有余额且为加工出口产品急需,已核销的加工贸易手册不得申请串换。

2. 海关相关管理规定

企业加工贸易料件串换申请,海关实行一案一批,经营企业保税料件与非保税料件串换,串换下来同等数量的保税料件,经主管海关批准,由企业自行处置;海关发现企业未经海关批准,擅自串换不同手册间料件,或擅自以非保税料件串换、替代保税料件,涉嫌构成走私、违规行为的,移交缉私部门进行处理。

(九) 单耗管理

单耗管理是海关加工贸易监管体系中的核心内容之一。海关通过"加工贸易手册设立—中期核查—核销核查"的监管机制监控企业加工贸易货物的动态情况,单耗管理贯穿海关加工贸易监管的全过程。

进 → 保税加工 → 出

监管重点:单耗进出是否平衡

图 3-2 保税设立—核销机制示意图

1. 单耗的定义

单耗,是指加工贸易企业在正常加工条件下加工单位成品所耗用的材料量,包括净耗和工艺损耗。如果加工贸易同一料件有保税和非保税料件的,企业应当申报非保税料件的比例、商品名称、计量单位、规格型号和品质。

净耗,是指在加工后,料件通过物理变化或者化学反应存在或者转化到单位成品中的量。

工艺损耗,是指因加工工艺原因,料件在正常加工过程中除净耗外所在必需耗用,但不能存在或者转化到成品中的量,包括有形损耗和无形损耗。

工艺损耗率,是指工艺损耗占所耗用料件的百分比,计算公式如下:

$$单耗=净耗/(1-工艺损耗率)$$

以下6种情况不能列入工艺损耗范围:

(1) 因突发停电、停水、停气或者其他人为原因造成保税料件、半成品、成品的损耗;

(2) 因丢失、破损等原因造成的保税料件、半成品、成品的损耗;

(3) 因不可抗力造成保税料件、半成品、成品灭失、损毁或者短少的损耗;

(4) 因进口保税料件和出口成品的品质、规格不符合合同要求、造成用料量增加的损耗;

(5) 因工艺性配料所用的非保税料件所产生的耗损;

(6) 加工过程中损耗性材料的损耗。

动一动脑筋

> 有企业人员提出以下问题:"工艺损耗到底指什么?我公司的产品是一对一组装的,但对每个料件都设有一个生产报废率,统计在加工过程中由于机器故障或者人员操作等原因造成料件报废的情况。我们一直是将这个生产报废率作为海关的工艺损耗率进行申报的,这样做对吗?"

小应用

某加工贸易企业进口黄铜棒(含铜57%～59%),出口黄铜阀门,净耗为0.92 KG,损耗为6%;如果出口10 000个黄铜阀门,需进口多少吨黄铜棒?

"净耗0.92"是指生产1单位(千克)的黄铜阀门要耗用0.92单位(千克)的保税进口黄铜棒,这是指净用量。

"损耗6%"是指在这100吨的黄铜棒中,有100×6%=6吨的黄铜棒将损耗,不能生产成成品。

其中,在这6%的损耗中,有2%是无形损耗,在空气中挥发等原因,无法回收,无须补税;有4%是有形损耗,以实物形式留存下来,主要是含有氧化铜、铜及其他杂质的铜炉渣,企业在做销售处理前需按边角料办理内销征税手续。

2. 单耗与物料结构清单(BOM)

单耗是立足于海关加工贸易监管的一套管理体系,其在概念和计算逻辑上与物料结构清单(BOM)存在一定的差异。

企业在定义 BOM 时,经常会考虑不良品率和料件合格率,以便企业对生产过程进行合理的计划与控制。这种情况下,计划 BOM 用量时,按照"(料件需求量/料件合格率)*(1+不良率)"计算。单耗则是指加工贸易企业在正常加工条件下加工单位成品所耗用的料件量。在计算单耗时不良率和材料合格率都不应计入。

3. 海关单耗管理原则

海关单耗管理遵循企业如实申报、海关据实核销的原则。该原则明确了加工贸易企业单耗申报的法律责任,即企业应对其申报内容和提供资料的真实性、准确性、完整性和规范性承担相应的法律责任。

任务二 保税加工货物报关程序

一、办理电子化手册管理下的保税加工业务

电子化手册管理是加工贸易联网监管的一种监管方式,目前已逐步取代传统纸质手册管理。电子化手册管理与传统纸质手册管理主要的不同是:加工贸易企业必须申办电子口岸 IC 卡(或 I-KEY 卡),或安装电子化手册企业终端系统;必须以企业为单位预先在海关建立备案资料库,以备案资料库内的数据为基础进行电子化手册备案。

(一)电子化手册管理下保税加工业务特点

1. 电子化手册的特点

(1)以电子数据取代传统纸质加工贸易手册,以企业 IC 卡或 I-Key 卡作为系统操作的身份认证。

(2)企业的加工贸易电子化手册设立、进出口数据申报、数据报核大部分通过网络办理。一般情况下,仅当企业需提交资料、样品或领取相关单证时,才需要到海关业务现场。

(3)备案资料库管理。通过对加工贸易料件及成品进行预处理,建立企业备案资料库,企业在进行电子化手册设立时可直接调用备案资料库数据,以此减少企业在办理电子化手册时的审批时间。

2. 手册编码规则

手册编号由 12 位阿拉伯数字和大写英文字母组成。第 1 位为英文字母,其中 B 表示来料加工,C 表示进料加工,D 表示不作价设备;第 2~5 位表示海关关区代码;第 6 位表示年份;第 7 位表示经营单位的企业性质,其中 1 表示国有企业,2 表示中外合作经营企业,3 表示中外合资企业,4 表示外商独资企业;第 8 位,5 表示电子化手册,2 表示纸质手册;第 9~12 位受手册顺序号。

(二)电子化手册管理的保税加工业务作业一般流程

电子化手册管理下的保税加工货物报关程序包括合同备案、进出口报关核合同报核三个阶段,其作业流程如图 3-3 所示:

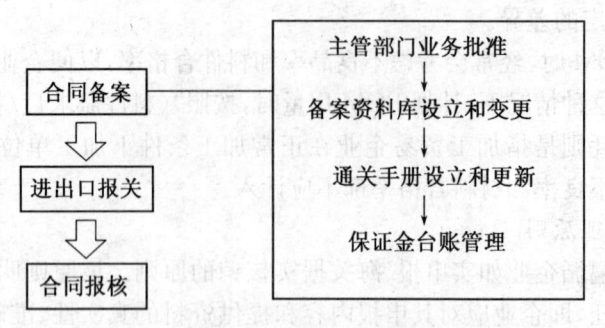

图 3-3　电子化手册管理的保税加工作业流程

1. 合同备案

加工贸易合同备案是指加工贸易企业持经批准的加工贸易合同到主管海关备案,申请保税并建立加工贸易电子化手册或其他准予备案凭证的行为。

(1) 主管部门业务批准。加工贸易企业向商务主管部门申办"加工贸易企业经营情况及生产能力证明"和"加工贸易业务批准证申请表",取得商务主管部门对开展加工贸易业务的批准。

(2) 备案资料库设立和变更。通过建立备案资料库,定义企业的加工能力和进出口商品的范围。若企业由于规模及业务扩大等原因需增加其资料库底账,如增加进出口货物的范围等,则必须进行资料库的变更。企业可通过电子口岸海关申报作业的综合业务系统(QP 系统)的相关功能向海关申报变更数据。一家加工贸易企业只能设立一个备案资料库。

电子化手册设立包括:备案资料库设立、通关手册设立两个步骤。电子化手册的设立流程如图 3-4 所示:

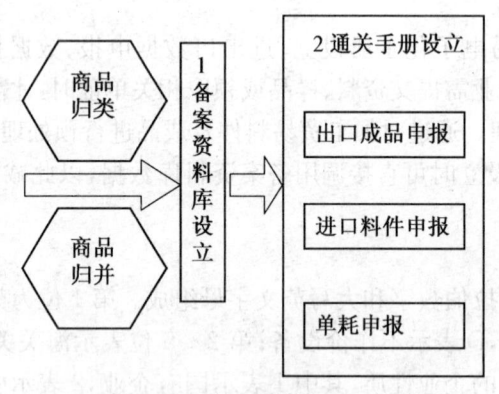

图 3-4　电子化手册设立流程示意图

所有企业在通关手册设立前需向主管海关提供该企业所涉及保税商品归类、商品归并资料,海关对其进行核对。经主管海关核对后,为企业建立加工贸易项号级备案资料数据库(或称备案底账)。

备案资料库备案相当于对料件及成品进行预归类,企业在没有与外商签订加工合同以前,可以将本企业以前曾开展加工的料件及成品,或者以后将可能开展加工的料件及成品向海关进行预归类。

备案资料库的主要内容包括：
① 成品和料件的 HS 编码；
② 成品和料件的名称；
③ 成品和料件的计量单位；
④ 申报最近一年的加工贸易业绩，以进口总值计。

备案资料库设立核心事务包括：

① 商品归类。加工贸易企业首先需要确定所有保税料件、成品的预归类信息，包括货号、商品编码、商品名称、计量单位，是否主料等。

② 商品归并。企业和海关对货物（料件、成品）的管理重点不同：生产企业内部对货物管理的精确程度要求较高，企业必须区分全部不同种类、规格、功能、大小甚至颜色的货物；而海关在加工贸易管理中，需要对不同货物进行区别管理，以提高管理效率，即对特殊的、敏感的、需重点监管的货物，进行详细管理，对一般货物，无须对其逐项区分和计算。所以，企业一般会按照海关认可的归并原则对货物进行归并，将近似的、非敏感的货物合并为一项向海关申报。

专业知识链接

商品归并就是根据《商品名称及编码协调制度》的要求，在商品归类的基础上，对加工贸易进口料件和出口成品按海关监管和申报要求，进行分类、合并工作，将多种相同归类、相同属性料件或者成品合并为一项（即归并至备案资料库中同一项目）。商品归并分为料件归并和成品归并。料件归并情况举例如表 3-3 所示：

表 3-3 料件归并情况示例表

归并前料件				归并后料件			
物料编码	料件名称	商品编码	计量单位	项号	中文名	商品编码	计量单位
Crew001	1 mm 螺钉	7616100000	个	1	螺钉	7616100000	个
Crew002	5 mm 螺钉	7616100000	个				
Crew003	7 mm 螺钉	7616100000	个				
Crew004	8 mm 螺钉	7616100000	个				
Crew005	8 mm 螺钉	7616100000	个	2	铝钉	7616100000	个

上例中，进行归并时，因料件 crew001—crew004 中的 4 项料件属一般性货物，其商品编码（HS 编码）、计量单位与前 4 项货物一致，也不宜将其与前 4 项归并为一项，故此将其单独归并为一项。

① 10 位 HS 编码相同的；
② 申报计量单位相同的；
③ 商品名称相同，或者虽然商品名称不同，但商品属性或用途相近，可替代使用的；
④ 商品名称、申报计量单位、HS 编码相同，并且能够满足口岸海关查验和海关核销要求，价格相近。

对有以下情况之一的,一般不作归并。

① 不符合以上归并条件的;
② 主料;
③ 有特殊关税要求的商品;
④ 属许可证件管理商品;
⑤ 加工贸易限制类商品;
⑥ 因管理需要,海关或企业认为需单列的商品。

成品归并情况举例如表3-4所示:

表3-4 成品归并情况示例表

成品	料件	单耗
成品A	料件1	2
	料件2	3
	料件3	3
成品B	料件1	3
	料件3	3
	料件5	2
成品C	料件1	2
	料件4	4
成品D	料件3	2
	料件4	2
	料件2	2

归并前成品 ↔ 料件归并表

归并后	归并前
料件甲	材料1
	材料2
	材料5
料件乙	材料3
	材料4

成品归并表

成品	料件	单耗
成品A—B	材料甲	5
	材料乙	3
成品C—D	材料甲	2
	材料乙	4

依据相似性和监管要求相同原则,可将成品A、成品B归为一项"成品A—B",将成品C、成品D归为一项"成品C—D"。海关对同时符合下列条件的成品,原则上可予以归并:

① 10位HS编码相同的;
② 申报计量单位相同的;
③ 成品名称相同的;
④ 对应料件单耗相同的。

备案资料库相关资料准备完毕后,加工贸易经营企业需通过QP系统向主管海关申报备案信息,主要包括基本信息、进口料件信息和出口成品信息,上述信息经海关审核通过后,备案资料库设立完成。

(3) 缴纳风险保证金情形。有下列情形之一的,海关应当在经营企业提供相当于应缴税款金额的保证金或者银行、非银行金融机构保函后办理手册设立手续;涉嫌走私,已经被海关立案侦查,案件尚未审结的;由于管理混乱被海关要求整改,在整改期内的。

有下列情形之一的,海关可以要求经营企业在办理手册设立手续时提供相当于应缴税款金额的保证金或者银行、非银行金融机构保函;租赁厂房或者设备的;首次开展加工贸易业务的;加工贸易手册延期两次(含两次)以上的;办理异地加工贸易手续的;涉嫌违规,已经被海关立案调查,案件尚未审结的。

要求经营企业提供保证金或者银行保函的,海关应当书面告知企业理由。已实行银行保证金台账实转的,台账实转金额不低于保税料件应缴税款金额的,加工贸易部门不再收银行保证金或者银行保函。企业至海关办理银行保证金台账开设联系单回执登记手续,系统生成电子化手册。

(4) 通关手册设立。经营企业或其代理人在加工贸易合同经商务准管部门批准并建立备案资料库后,料件尚未进口前,凭合同、批件等到加工企业所在地主管海关办理手册设立手续,由海关确认监管方式、征免性质、商品名称、数量、金额、单耗等情况。一家加工贸易企业可设立多本通关手册。

企业加工贸易备案资料库设立后,可进行通关手册设立操作。如企业新设立通关手册涉及的料件,成品不在备案资料库范围内,则应增加原备案资料库内容后,在进行通关手册设立。企业设立手册时依照资料库备案底账在海关电子申报系统中录入项号级数据设立通关手册,计算机对照"备案底账"进行电子核对。

经审核同意设立手册的,海关按照加工贸易业务批准证所规定内容予以备案。企业加工贸易电子化手册通过审核后,H2010系统自动按照备案内容计算、产生保证金台账、生成"银行保证金台账备案联系单"数据发往银行。企业按"银行保证金台账备案联系单"内容在银行办结台账空转、半实转或实转手续后,银行将台账状况为"电子登记成功"的台账联系单数据反馈回海关,H2010系统自动登记该联系单。海关对上述流程审核无误后,向企业发放电子化手册。

专业知识链接

通关手册的内容主要包括:
(1) 进口料件的 HS 编码、名称、规格、计量单位、单价、数量;
(2) 出口成品的 HS 编码、名称、规格、计量单位、单价、数量;
(3) 出口成品的单损耗情况。

通关手册设立核心事务主要包括:
(1) 设立前期准备。确定手册数量和使用周期:加工贸易企业应结合产品出口计划、企业自身管理特点等。确定通关手册的使用数量和每本手册的使用周期。
(2) 出口成品及进口料件申报。为确保通关手册的出口成品申报数量符合实际生产需求数量,加工贸易企业一般应结合销售订单、销售预测情况,由企业生产、计划、销售等相关部门共同确定出口成品申报信息,同时结合单耗数据确定进口料件申报信息。
(3) 单耗申报。根据海关规定,企业可在保税加工的成品出口前、深加工结转前或者内销前向海关申报单耗,但一些生产工艺流程简单、产品净耗比较稳定、产品单耗关系不太复杂的企业,一般可在通关手册设立环节一并向海关申报。

企业在申报单耗时,若系统"单耗/净耗"栏申报内容为净耗,则需申报相应损耗率数据,损耗率栏不能为空;若"单耗/净耗"栏申报内容为单耗,则不得重复申报损耗率数据,损耗率栏应为空。

加工贸易成品耗用的同一料件既有保税也有非保税的,企业应在申报单耗的同时在手册表体单耗表中逐项申报"非保税料件比例%"。

关于通关手册设立信息申报,加工贸易企业可通过 QP 系统进行通关备案表头、表体的录入及申报(表体录入时调用备案资料库数据,企业只需根据提示填写料件、成品的部分数据及单损耗数据)。海关审核通过后,向企业返回通过信息,若不通过,返回退单信息。

(5)通关手册变更。加工贸易电子化手册变更是指经营企业因原备案品名、规格、金额、数量、单损耗、商品编码等内容发生变化,以及电子化手册有效期因故需要延长向主管海关申请办理备案变更手续。

① 变更申请及单证。企业按照加工贸易业务批准证变更证明内容和海关监管要求,在电子化手册企业端系统"通关备案手册"模块中,自行录入或委托报关公司等中介机构代理录入电子化手册变更数据向海关发送,同时向海关提交以下单证:

a. 商务主管部门签发的"加工贸易业务批准证变更证明"(申请延期不超过 3 个月的无须提供);

b. 企业申请变更的书面材料;

c. 经营企业对外签订的变更合同;

d. 海关认为需要提交的其他材料。

② 不予变更的情形。经审查,经营企业或者加工企业存在下列情形之一的,海关不予变更:未在规定的期限内向海关申请办理变更手续的;经营企业申请变更的理由与实际情况不符的;经营企业申请变更单耗的成品已全部出口完毕的;经营企业或者加工企业申请变更的事项涉嫌走私、违规,已被海关立案调查、侦查,且案件未审结的。

③ 变更审核结果的处置。经审核准予变更的,海关按照"加工贸易业务批准证变更证明"所规定的项目变更已备案的加工贸易手册内容或按照"加工贸易业务批准证变更证明"所规定的时间延长加工贸易手册的有效期限。

H2010 系统自动将"银行保证金台账变更联系单"(延长有效期限的、新增台账保证金"实转"商品、进口料件金额增加的)数据发往银行,企业在银行办结保证金台账变更业务,银行将台账"电子登记成功"数据反馈回海关,H2010 系统自动登记该通知单。

2. 进出口通关申报

保税加工货物进出境由加工贸易经营单位或其代理人向海关申报。保税加工货物进出境必须凭电子手册编号或其他准予合同备案的凭证申报。企业可在 QP 报关申报系统中录入报关单,向海关申报。企业可直接申报通关手册备案项下的商品。保税加工货物进出境的报关程序与一般进出口货物一样,也有四个环节,其中进出口申报、配合查验、提取货物或装运货物三个环节与一般进出口货物基本一致。有区别的是,保税加工货物进境的报关程序第三个环节不是缴纳税费,而是暂缓纳税,即保税。除此以外,还有以下区别:加工贸易企业在主管海关备案的情况在计算机系统中已生成电子底账,有关电子数据通过网络传输到相应的口岸海关,因此,企业在口岸海关报关时提供的有关单证内容必须与电子底账的数据相一致。也就是说,报关数据必须与备案数据无论在字面上还是格式上都必须完全一致。若不一致,报关就不能通过。

3. 合同报核(电子化手册报核)

加工贸易手册核销,是指加工贸易经营企业在制成品复出口(深加工结转转出)或者加工贸易货物办理内销等海关手续后,按规定向海关如实申报进口料件、出口成品、边角料、剩余料件、残次品、副产品及单耗等情况,提交相关单证,海关实施核查以后办理解除加工贸易货物监管手续的行为。企业的加工贸易合同完成后,可通过QP系统向海关进行电子化手册的报核。应具体做到:(1)发送报关单数据与海关电子底账对碰;(2)对碰进出口料件、成品情况,核查余料数量;(3)自动核算。

海关关于加工贸易手册核销的管理要求,在《加工贸易货物监管方法》及相关公告中有明确规定,加工贸易项下进口料件实行保税监管的,加工成品出口后,海关根据单耗关系与实际加工复出口的数量予以核销。加工贸易货物的手册设立、进出口报关、核销,应当采用纸质单证、电子数据的形式。由于加工工艺需要使用非保税料件的,经营企业应当事先向海关如实申报使用非保税料件的比例、品种、规格、型号、数量。经营企业规定向海关申报非保税料件的,海关核销时应当在出口成品总耗用量中予以核扣。

经营企业应当在规定的期限内将进口料件加工复出口,并且自加工贸易手册项下最后一批成品出口或者加工贸易手册到期之日起30日内向海关报核。经营企业对外签订的合同提前终止的,应当自合同终止之日起30日内向海关报核。

报核所需单证主要有:
(1)企业合同核销申请表;
(2)进出口货物报关单;
(3)核销核算表;
(4)其他海关需要的材料。

经营企业报核时应当向海关如实申报进口料件、出口成品、边角料、剩余材料、残次品、副产品及单耗等情况,并且按照规定提交相关单证。经营企业按照规定向海关报核,单证齐全有效的,海关应当受理报销。

海关应当自受理报核之日起30日内予以核销,特殊情况需要延长的,经直属海关关长或者其授权的隶属海关关长批准可以延长30日。对经核销结案的加工贸易手册,海关向经营企业签发"核销结案通知书"。海关核销可以采取单证核销的方式进行,必要时可以下厂核查,企业应当予以配合。经营企业因故将加工贸易进口料件退运出境的,海关凭有关退运单证核销。经营企业在生产过程中产生的边角料、剩余材料、残次品、副产品和受灾保税货物,按照海关对加工贸易边角料、剩余材料、残次品、副产品和受灾保税货物的管理规定办理,海关凭有关单证核销。

海关审结通过后,向企业返回通过信息,经海关审核不通过的,返回退单信息。企业根据提示至海关业务现场提交相关单证。海关核实相关单证后,对电子化手册进行结案并出具银行台账核销联系单。企业至银行办理台账核销手续。企业至海关办理台账核销联系单回执登记手续,即完成电子化手册核销全过程。

专业知识链接

电子手册核销要点提示:

1. 在规定时间,以规定方式向海关办理加工贸易货物报核,是加工贸易经营企业的法定义务;

2. 加工贸易货物核销结果,是确定保税进口料件免纳或缴纳进口关税、进口环节税的

依据;

3. 加工贸易货物复出口、深加工结转或者内销、退运、余料结转等海关手续应在手册有效期办理,否则将导致不能办理报核手续,经营企业会面临违规风险。

4. 经营企业已经办理担保的,海关在核销结案后按照规定解除担保。加工贸易货物的手册设立和核销单证自加工贸易手册核销结案之日起留存3年。

5. 加工贸易企业出现分立、合并、破产、解散或者其他停止正常生产经营活动情形的,应当及时向海关报告,并且办结海关手续。

6. 加工贸易货物被人民法院或者有关行政执法部门封存的,加工贸易企业应当自加工贸易货物被封存之日起5个工作日内向海关报告。

二、电子账册管理的保税加工业务特点和作业流程

电子账册管理是加工贸易联网监管中海关以加工贸易企业的整体加工贸易业务为单元对保税加工货物实施监管的另一种方式。海关为联网企业建立电子底账,联网企业只设立一个电子账册。电子账册管理的适用对象是加工贸易进出口较为频繁、规模较大、原料和产品较为复杂、管理信息化程度较高和较完善的生产型企业。

(一)电子账册管理下保税加工业务特点

电子账册联网监管的基本原则是"一次审批、分段备案、滚动核销、控制周转、联网核查",具有以下特点:

(1) 对企业经营资格、经营范围(商品编号前4位)和加工生产能力一次性审批,不再对加工贸易合同进行逐票审批;

(2) 采取分段备案,先备案进口料件,在生产成品出口前(包括深加工结转)再备案成品及申报准确、实际的单耗情况,取消纸质手册实行的进口料件、出口成品及单耗关系同时一次备案的规程;

(3) 建立以企业为单元的电子账册,实行与企业物流、生产实际接轨的滚动核销制度,取代以合同为单元的纸质手册;

(4) 对进出口保税货物的总价值(或数量)按照企业生产能力进行周转量控制,取消对进出口保税货物备案数量的控制,满足企业在国际化大生产条件下的零库存生产需要,提高通关速度;

(5) 企业通过网络向商务主管部门和海关申请办理合同审批、备案及变更等手续,大大简化了纸质手册管理下合同审批、备案及变更等各种复杂手续,满足现代企业快速生产和进出口的需求;

(6) 实施电子账册联网监管的企业同样实行银行保证金台账制度;

(7) 纳入电子账册的加工贸易货物全额保税;

(8) 凭电子身份认证卡实现在全国口岸的通关。

(二)电子账册管理流程

电子账册的建立要经过加工贸易经营企业的联网监管申请和审批、加工贸易业务的申请和审批、建立商品归并关系和电子账册三个步骤。

1. 联网监管申请和审批

(1) 申请电子账册管理的企业在向海关申请联网监管前,应当先向企业所在地商务主

管部门办理审批手续,由商务主管部门对企业的加工贸易经营范围依法进行审批。

(2)经商务主管部门审批同意后,加工贸易企业向所在地直属海关提出书面申请,并提供加工贸易企业联网监管申请表、企业进出口经营权批准文件、企业上一年度经审计的会计报表、工商营业执照复印件、经营范围清单(含进口料件和出口制成品的品名及4位数的HS编码)及海关认为需要的其他单证。

(3)主管海关在接到申请后,对企业进口料件、出口成品的归类和商品归并关系进行预先审核和确认。经审核符合联网监管条件的,主管海关制发"海关实施加工贸易联网监管通知书"。

2. 加工贸易业务申请和审批

联网企业的加工贸易业务由商务主管部门审批。商务主管部门总体审定联网企业的加工贸易资格、业务范围和加工生产能力。商务主管部门收到联网企业的申请后,对非国家禁止开展的加工贸易业务予以批准,并签发"联网监管企业加工贸易业务批准证"。

3. 建立商品归并关系和电子账册

联网企业凭商务主管部门签发的"联网监管企业加工贸易业务批准证"向所在地主管海关申请建立电子账册。海关以商务主管部门批准的加工贸易经营范围、年生产能力等为依据,建立电子账册,取代纸质手册。

电子账册包括加工贸易"经营范围电子账册"和"便捷通关电子账册"。经营范围电子账册用于检查、控制便捷通关电子账册进出口商品的范围,不能直接报关。便捷通关电子账册用于加工贸易货物的备案、通关和核销。电子账册编码为12位。经营范围电子账册编码第一位和第二位为标记码"IT",因此经营范围电子账册也称"IT账册";便捷通关电子账册编码第一位为标记码"E",因此便捷通关电子账册也称"E账册"。

电子账册是在确立商品归并关系的基础上建立起来的,没有商品归并关系就不能建立电子账册,因此联网监管的实现依靠商品归并关系的确立。

商品归并关系是指海关与联网企业根据监管需要,按照中文品名、HS编码、价格、贸易管制等条件,将联网企业内部管理的"料号级"商品与电子账册备案的"项号级"商品归并或拆分,建立"一对多"或"多对一"的对应关系。同时满足以下条件的商品,才可以归入同一个联网监管商品项号:

(1) 10位HS编码相同的;

(2) 商品名称相同的;

(3) 申报计量单位相同的;

(4) 规格型号虽不同但单价相差不大的。

海关审批通过后,联网监管企业的加工贸易商品归并关系就建立起来了。联网监管商品关系的建立,主要表现为经海关审批通过的在归并原则基础上产生的"企业物料表"及归并关系数据。每个联网监管企业只有一份"企业物料表"及归并关系数据,并据此生成电子账册。

(三)电子账册管理的保税加工业务作业一般流程

电子账册管理下的保税加工货物报关程序也包括合同备案、进出口报关和合同报核三个阶段。如图3-5所示:

合同备案 ▶ 进出口报关 ▶ 合同报核

图 3-5 电子账册管理的保税加工业务作业一般流程

1. 合同备案

电子账册管理下的保税加工货物合同备案工作包括经营范围电子账册备案、便捷通关电子账册备案、合同备案变更等。

(1) 经营范围电子账册备案。企业凭商务主管部门的批准证通过网络向海关办理经营范围电子账册备案手续,备案内容为:

① 经营单位名称及代码;

② 加工单位名称及代码;

③ 批准证编码;

④ 加工生产能力;

⑤ 加工贸易进口料件和成品范围(商品编号前 4 位)。

企业在收到海关的备案信息后,应将商务主管部门的纸质批准证交海关存档。

(2) 便捷通关电子账册备案。企业可通过网络向海关办理便捷通关电子账册备案手续。便捷通关电子备案包括以下内容:

① 企业的基本情况,包括经营单位名称及代码、加工单位名称及代码、批准证编号、经营范围电子账册编号、加工生产能力等;

② 料件、成品部分,包括归并后的料件、成品名称、规格、商品编号、计量单位、币制、征免方式等;

③ 单耗关系,包括出口成品对应料件的净耗、损耗率等。

其他部分可同时申请备案,也可分阶段申请备案,但料件必须在相关料件进口前备案,成品和单耗关系最迟在相关成品出口前备案。

海关将根据企业的加工能力设定电子账册最大周转金额,并对部分高风险或需要重点监管的料件设定最大周转数量。电子账册进口料件的金额、数量,加上电子账册剩余料件的金额、数量,不得超过最大周转金额和最大周转数量。

每个企业一般只能申请建立一份便捷通关电子账册,但如果企业是无法人资格独立核算的分厂,料件、成品单独管理的,经海关批准,可另建立便捷通关电子账册。

企业需在异地口岸办理进出口报关或异地深加工结转报关手续的,可以向海关申请办理便捷通关电子账册异地报关备案。

(3) 合同备案变更。① 经营范围电子账册变更。企业的经营范围、加工能力等发生变更时,经商务主管部门批准后,企业可通过网络向海关申请变更,海关予以审核通过,并收取商务主管部门出具的"联网监管企业加工贸易业务批准证变更证明"等相关书面材料。② 便捷通关电子账册变更。便捷通关电子账册的最大周转金额、核销期限等需要变更时,企业影响海关提交申请,海关批准后直接变更。便捷通关电子账册的基本情况表中的内容、料件成品发生变化的,包括料件、成品品种、单耗关系的增加等,只要未超出经营范围和加工能力,企业不必报经商务主管部门审批,可通过网络直接向海关申请变更,海关予以审核通过。

2. 进出口报关

电子账册管理下联网监管企业的保税加工货物报关与电子化手册管理下的一样,适用进出口报关阶段的也有进出境货物报关、深加工结转货物报关和其他保税加工货物报关三种情形,本任务介绍进出境货物报关过程,深加工结转货物报关和其他保税加工货物报关见下一个任务。

(1) 报关清单的生成。使用"便捷通关电子账册"办理报关手续,企业应先根据实际进出口情况,从企业系统导出"料号级"数据生成归并前的报关清单,通过互联网发送到电子口岸。报关清单应按照加工贸易合同填报监管模式,进口报关清单填报的总金额不得超过电子账册最大周转金额的剩余值,其余项目参照报关单的填报规范填报。

(2) 报关单的生成。联网企业进出口保税加工货物,应使用企业内部的计算机,采用计算机原始数据形成报关清单,报送电子口岸。电子口岸将企业报送的报关清单根据归并原则进行归并,并分拆成报关单后发送回企业,由企业填报完整的报关单内容后,通过互联网向海关正式申报。

(3) 报关单的修改、撤销。不涉及报关清单的报关单内容可直接进行修改,涉及报关清单的报关单内容的修改,必须先修改报关清单,再重新进行归并。

报关单经海关审核通过后,一律不得修改,必须撤销重报。带报关清单的报关单撤销后,报关清单一并撤销,不得重复使用。

报关单放行前修改,内容不涉及报关单表体内容的,企业经海关同意可直接修改报关单。涉及报关单表体内容的,企业必须撤销报关单,重新申报。

(4) 报关单的填报要求。联网企业备案的进口料件和出口成品等内容,是货物进出口时与企业实际申报货物进行核对的电子底账。因此,申报数据与备案数据应当一致。

企业按实际进出口的"货号"(料件号和成品号)填报报关单,并按照加工贸易货物的实际性质填报监管模式。

海关按照规定审核申报数据,进口货物报关单的总金额不得超过电子账册最大周转金额的剩余值,如果电子账册对某项下料件的数量进行限制,那么报关单上该项商品的申报数量不得超过其最大周转量的剩余值。

(5) 申报方式的选择。联网企业可根据需要和海关规定分别选择有纸报关或无纸报关方式申报。

联网企业进行无纸报关的,海关凭同时盖有申报单位和其代理企业提货专用章的放行通知书办理"实货放行"手续,报关单位凭同时盖有经营单位、报关单位及报关员印章的纸质单证办理"事后交单"事宜。

联网企业进行有纸报关的,应由本企业的报关人员办理现场申报手续。有关许可证件管理和税收征管的规定与电子化手册管理下的保税加工货物进出境报关一样。

3. 合同报核

电子账册采用的是以企业为单元的管理方式,一个企业只有一个电子账册,因此,对电子账册管理下的核销实行滚动核销的形式,即对电子账册按照时间段进行核销,将某个确定的时间段内企业的加工贸易进出口情况进行平衡核算。

海关对采用电子账册管理的联网企业报核期限,一般规定180天为一个报核周期。首次报核期限为从电子账册建立之日起180天后的30天内,以后报核期限为上次报核之日起180天后的30天内。企业必须在规定的期限内完成报核手续,确有正当理由不能按期报核的,经主管海关批准可以延期,但延长期限不得超过60天。

(1) 企业报核。① 预报核。预报核是加工贸易联网企业报核的组成部分。企业在向海关正式申请核销前,在电子账册本次核销周期到期之日起30天内,将本核销期内申报的所有电子账册进出口报关数据按海关要求的内容,包括报关单号、进出口岸、扣减方式、进出标志等以电子报文的形式向海关申请报核。② 正式报核。正式报核是指企业预报核通过海关审核后,以预报核海关核准的报关数据为基础,准确、详细地填报本期保税进口料件的应当留存数量、实际留存数量等内容,以电子数据向海关正式申请报核。

海关认为必要时可以要求企业进一步报送件的实际进口数量、耗量数量、内销数量、结转数量、边角料数量、放弃数量、实际损耗率等内容,对比不相符且属于企业填报有误的可以退单,企业必须重新申报。

经海关认定企业实际库存多于库存数,且有合理正当理由的,可以计入电子账册下期核销,对其他原因造成的,依法处理。

联网企业不再使用电子账册的,应当向海关申请核销。电子账册核销完毕,海关予以注销。

(2) 海关核销。海关核销的基本目的是掌握企业在某个时段进口的各项保税加工料件的使用、流转、损耗情况,确认是否符合以下的平衡关系:

进口保税料件(含深加工结转进口)=出口成品折料(含深加工结转出口)+内销料件+内销成品折料+剩余料件+损耗-退运成品折料

海关核销除了对书面数据进行必要的核算外,还会根据实际情况采取盘库的方式。经核对,企业报核数据与海关底账数据及盘点数据相符的,海关通过正式报核审核,打印核算结果,系统自动将本期结余数转为下期期初数。企业实际库存量多于电子底账核算结果的,海关会按照实际库存量调整电子底账的当期结余数量;企业实际库存量少于电子底账核算结果,且联网企业可以提供正当理由的,对短缺部分,联网企业按照内销处理;企业实际库存量少于电子底账核算结果,且联网企业不能提供正当理由的,对短缺部分,海关将移交缉私部门处理。

任务三 保税加工特殊作业

一、与加工贸易手册设立环节相关的特殊管理措施

(一) 相关贸易管理措施

1. 关税配额农产品管理

关税配额农产品包括小麦、玉米、大米、豆油、菜籽油、桐油、食糖、棉花、羊毛及毛条。加工贸易手册进口上述商品时限不超过6个月(食糖为不超过3个月)。上述商品设立手册时须提交省级商务部门审批的"加工贸易业务批准证"。

2. 废物管理

在《限制进口类可用作原料的固体废物目录》或《自动许可进口类可用作原料的固体废物目录》列名的废物可以作为加工贸易进口料件。设立手册时需提交"限制进口类可用作原料的固体废物进口许可证"及复印件。

3. 需省级商务部门审批的商品管理

材料：聚酯切片、棉花、食糖、羊毛、植物油、原油、成品油、甘草及甘草制品、冻鸡、生皮。

成品：白银、锌、石蜡、成品油、汽车、卫星电视接收设施。

加工贸易手册中涉及以上商品的，在设立手册时需提交省级商务部门的加工贸易批准证。

4. 其他特殊监管条件管理

生皮、音像影品、印刷品、冻鸡、附有地图产品等在进行加工贸易手册设立时应提交相关管理部门的批准证件。

黄金及其制品在内销时应提交相关管理部门的批准文件。

（二）客供辅料管理

服装的辅料（如拉链、纽扣等）在78种范围之内且进口总值在5 000美元（含本数）以下的，可以办理"辅料登记表"，不进行手册设立管理。

（三）出口纳税管理

加工贸易手册项下出口应税商品，应在手册备注栏中注明出口成品中使用的国产料件占全部料件的价值比例。

二、海关对外发加工的管理规范

外发加工是指经营企业因受自身生产特点和条件的限制，经海关批准并办理有关手续，委托承揽企业对加工贸易货物进行加工，在规定期限内将加工后的产品运回本企业并最终复出口的行为。

外发加工的成品、剩余料件及生产过程中产生的边角料、残次品、副产品等加工贸易货物，经经营企业所在地主管海关批准后，可以不运回本企业。外发加工作业流程如图3-6所示：

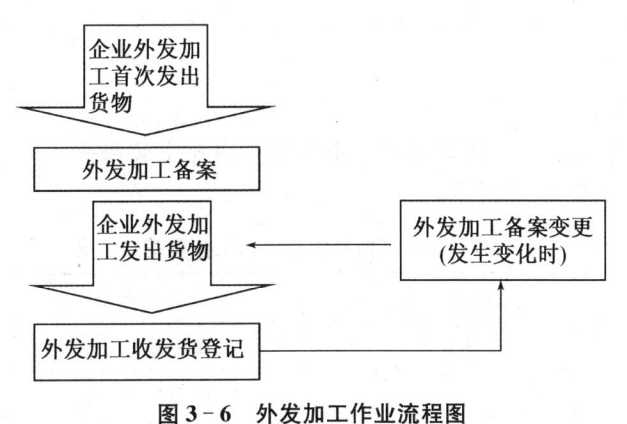

图3-6 外发加工作业流程图

海关关于加工贸易外发加工的管理要求,在《加工贸易货物监管办法》及相关公告中有明确规定。其主要内容如下:

(1)经营企业开展外发加工业务,应当向海关办理备案手续;外发加工基本情况备案应当在货物首次外发之日起3个工作日内向海关办理(以合同为单元管理的,首次外发是指在本手册项下对同一承揽者第一次办理外发加工业务;以企业为单元管理的,首次外发是指本核销周期内对同一承揽者第一次办理外发加工业务);企业外发加工备案信息发生变化的,应当向海关变更有关信息。

(2)经营企业开展外发加工业务,不得将加工贸易货物转卖给承揽者;承揽者不得将加工贸易货物再次外发。

(3)经营企业将全部工序外发加工的,应当在办理备案手续的同时向海关提供相当于外发加工货物应缴税款金额的保证金或者银行、非银行金融机构保函。企业变更外发加工信息时,涉及企业应缴纳外发加工保证金数量增加的,企业应补缴保证金或者保函。

(4)企业应当在货物外发之日起10日内向海关申报实际收发货情况,同一手(账)册、同一承揽者的收、发货情况可合并办理。

(5)企业未按规定向海关办理外发加工手续,或者实际外发情况与申报情况不一致的,按照《中华人民共和国海关行政处罚实施条例》(以下简称《海关行政处罚实施条例》)有关规定予以处罚。

经营企业申请开展外发加工业务,应当向海关提交下列单证:

(1)经营企业签章的"加工贸易货物外发加工申请表";
(2)经营企业与承揽企业签订的加工合同或协议;
(3)承揽企业营业执照复印件;
(4)经营企业签章的"承揽企业经营状况和生产能力证明";
(5)海关需要的其他单证和材料。

经营企业申请开展外发加工业务,应当如实填写"加工贸易货物外发加工申请表"及"加工贸易外发加工货物外发清单",经海关审核批准后,方可进行外发加工。

案例导入

A公司因生产工艺要求,需要将某本手册(手册编号:CXX053351489)的料件扣板外发给B公司进行电镀处理。

一、外发加工备案

A公司应当在货物首次外发之日起3个工作日内向主管海关备案外发加工基本情况。外发加工备案信息如表3-5所示:

表3-5 加工贸易货物外发加工备案基本情况

经营企业名称	A科技有限公司	经营企业地址	
经营企业信用级别	一般认证	海关编码	XX02941632
法人代表		联系电话	
承揽企业名称	B公司	承揽企业地址	

(续表)

| 承揽企业负责人 | | 联系电话 | |

XX 海关：
  因生产工艺需要，我公司将 Cxx053351489 手册进口的保税料件：
  (1) 扣板 805014 AA100
  (2) 扣板 805064 AA100
  等保税货物进行外发加工，加工完毕后的货物将全部按海关规定运回我公司(厂)。外发加工的期限从 2014 年 8 月 10 日至 2015 年 5 月 30 日。
  以上申报真实无讹。本公司愿意为之承担法律责任，并承诺在外发加工货物收发货当天，准确及时记录实际收发货情况，具体包括外发、运回的货物名称、数量、时间等，并留存记录备海关实地核查。

经营企业印章   承揽企业印章
2014 年 8 月 11 日   2014 年 8 月 11 日

注：本表格一式三份，一份海关留存，一份经营企业留存，一份承揽企业留存。

二、外发加工收发货登记

  A 公司应当在货物外发之日起 10 日内向海关申报实际收发货情况。

表 3-6　外发加工发货登记

填写日期：2014 年 8 月 15 日

委托方企业名称	A 科技有限公司		委托方企业编码：	Xx02941632	
手册/账册编号	Cxx053351489		手册备案地主管海关：	××海关	
发货日期	商品名称	商品编码	发货数量	计量单位	备注
2014 年 8 月 10 号	扣板	805014 AA100	50	个	
2014 年 8 月 10 号	扣板	805064 AA100	50	个	

表 3-7　外发加工收货登记

填写日期：2014 年 9 月 15 日

委托方企业名称：	A 科技有限公司		委托方企业海关编码	Xx02941632	
手册/账册编号：	Cxx053351489		手册备案地主管海关	Xx 海关	
收货日期	商品名称	商品编码	收货数量	计量单位	备注
2014 年 9 月 14 日	扣板	805014　AA100	50	个	
2014 年 9 月 14 日	扣板	805064　AA100	50	个	

三、外发加工注意事项及部门协作

（一）注意事项

在操作外发加工业务时，除需要关注外发加工备案时限、"首次外发"界定等事务外，还需要关注超期外发和收发失控等外发加工的违规风险。

超期外发有两种情形：一是超过备案的外发加工期限，未向海关给予说明的；二是超过手册期限。超期外发加工直接反映了企业生产、计划部门与关务部门的管理脱节。

收发失控，即发出货物与收回货物缺乏管理和控制，致使企业对外发加工过程中保税货物的动态状况缺乏足够的跟踪，对发出料件和回收成品（半成品）、料件、残次品、边角料等情况不清楚。

超期外发及收发失控均可能导致海关的行政处罚。

（二）外发加工部门协作说明

1. 外发加工发货管理

（1）计划部门根据公司的外发加工需求，每季度向关务部门提供预计外发加工的工序及数量，填写"外发加工计划"，标明是否属于全部工序外发加工、需要外发加工的料件名称、规格和数量，以及预计收回的产成品名称、规格和数量。

（2）如属于全部工序外发加工的，关务部门在办理备案手续的同时向海关提供相当于外发加工货物应缴纳税款金额的保证金或者银行、非银行金融机构保函。

（3）计划部门依据"外发加工计划"，进行外发加工工作安排。

仓库人员依据"外发加工计划"执行发料出仓前，先行由关务人员核实外发加工商品和数量。关务人员核实外发加工货物对应的电子化手册、数量，并在仓库发料出仓后，记录"外发加工作业明细"。

（4）关务人员在货物首次外发之日起 3 个工作日内向海关备案外发加工基本情况。

（5）关务人员在货物外发之日起 10 日内向海关申报实际发货情况。

2. 外发加工收货和退料管理

（1）为了便于控制，计划部门一般可在每月底要求承揽企业运回本月实际生产的成品、边角料和残次品；同时，在每季度末，要求所有承揽企业必须将该季度所发料件，无论以何种状态一律退回企业。

（2）成品收货时按外发加工计划收货；边角料和残次品收回单独进行入库操作。

（3）收货和退料入库时，关务人员核实对应的外发加工备案基本信息、数量，记录"外发加工作业明细"，同时，向海关申报实际收货情况。

（4）为避免收发不平衡，计划部门应建立"料件收发平衡表"，按月填写。

（5）对于收发不平衡现象，计划部门须说明产品不平衡的原因。

3. 对外发加工承揽企业的管理要求

在外发加工业务中，经营企业和承揽企业需共同接受海关监管，因此，经营企业应该要求承揽企业严格遵守海关监管制度和相关规定。

（1）为防止混料、串料，承揽企业需区分受委托加工的业务类型，将不同企业的料件分开，同时，产品和料件按保税、非保税分开管理，标识一定要清晰。

（2）为防止加工过程中的混淆和串换使用，加工区域料件和成品按保税、非保税分开。

如果无法从区域上分开,可按时间段区分管理,确保保税和非保税的加工分不同时间段进行。

(3) 制造过程产生的边角料、残次品需按保税、非保税分开收集,分区域存放,并标识清楚。

(4) 承揽企业需加强对边角料、残次品的统计管理,建立边角料、残次品账册,用于管理边角料、残次品的出入库情况。为统计各道工序残次品耗用保税料件数量,可要求承揽企业建立每道工序产生残次品的料件耗用情况表。

承揽企业需提交"料件收发平衡表",对于收发不平衡现象,须说明产生不平衡的原因。

要点提示:
(1) 外发加工基本情况备案和实际收发货情况申报均可在事后规定时间内办理;
(2) 对同一手(账)册,同一承揽者的收、发货情况可合并向海关办理;
(3) 部分工序和全部工序均可外发;
(4) 除"全部工序外发"的情况外,一般无须办理海关事务担保。

四、海关对深加工结转的管理规范

加工贸易深加工结转是指加工贸易企业将保税进口料件加工的产品转至另一加工贸易企业进一步加工后复出口的经营活动。其程序分为计划备案、收发货登记、结转报关三个环节。

(一) 结转申报

加工贸易企业开展深加工结转,转入、转出企业应当向各自的主管海关提交"加工贸易保税货物深加工结转申请表",申报结转计划。操作过程如下:

(1) 转出企业在申请表(一式四联)中填写本企业的转出计划并签章,凭申请表向转出地海关备案;

(2) 转出地海关备案后,留存申请表第一联,其余三联退转出企业交转入企业;

(3) 转入企业自转出地海关备案之日起 20 日内,持申请表其余三联,填制本企业的相关内容后,向转入地海关办理报备手续并签章;

(4) 转入地海关审核后,将申请表第二联留存,第三联和第四联交转入、转出企业凭以办理收货发登记及结转报关手续。

(二) 收发货登记

转出、转入企业办理结转计划申报手续后,应当按照经双方海关核准后的申请表进行实际收发货。

转出、转入企业的每批次收发货记录应当在"保税货物实际结转情况登记表"中进行如实登记,并加盖企业结转专用名章。

结转货物退货的,转出、转入企业应当将实际退货情况在登记表中进行登记,同时注明"退货"字样,并各自加盖企业结转专用名章。

(三) 结转报关

转出、转入企业实际收发货后,应当按照以下规定办理结转报关手续:

(1) 转出、转入企业分别在转出地、转入地海关办理结转报关手续。转出、转入企业可以凭一份申请表分批或集中办理报关手续。

转出企业在每批货物实际发货后90日内办结该批货物的报关手续,转入企业在每批货物实际收货后90日内办结该批货物的报关手续。

(2) 转入企业凭申请表、登记表等向转入地海关办理结转进口报关手续,并在结转进口报关后的第二个工作日内将报关情况通知转出企业。

(3) 转出企业自接到转入企业通知之日起10日内,凭申请表、登记表等向转出地海关办理结转出口报关手续。

(4) 结转进口、出口报关的申报价格为结转货物的实际成交价格。

(5) 一份结转进口货物报关单对应一份结转出口货物报关单,两份报关单之间对应的申报序号、商品编码、数量、价格和手册号应当一致。

(6) 结转货物分批报关的,企业应当同时提供申请表和登记表的原件及复印件。

案例导入

A公司以深加工结转转出的方式将某本手册(手册编号:C﹡﹡043351485)以进料加工形式生产的机动车用门锁(805032Y910X1CR3)交付给另一保税加工企业B公司。B公司以深加工结转转入形式收货。

一、深加工结转申报

A公司、B公司开展深加工结转业务时应向各自主管海关进行深加工结转申报。申报数据可以通过QP深加工结转预录入系统或通过标准数据接口向海关发送。

加工贸易保税货物深加工结转申报表(以下简称申报表)如表3-8所示。

表3-8 加工贸易保税货物深加工结转申请表

申报表编号:

××海关:							
我A科技有限公司(企业)需与B公司(企业)结转保税货物,特向你申报,并保证遵守海关法律和有关监管规定							
	项号	商品编号	品名	规格型号	数量	单位	转出手册号
结转出口货物情况	1	8301201000	机动车用门锁	80503 2Y910XICR3	100	套	C××043351485
	2						
	3						
	4						
说明							
	项号	商品编号	品名	规格型号	数量	单位	转入手册号
结转进口货物情况	1	8301201000	机动车用门锁	80503 2Y910X1CR3	50	套	C××088351128
	2	8301201000	机动车用门锁	80503 2Y910X1CR3	50	套	C××088351249
	3						
	4						

(一)注意事项

(1) 一份申报表对应一个转出企业和一个转入企业;一份申报表对应转出企业一本"加

工贸易登记手册"(以下简称手册,包括联网监管电子账册、纸质手册等电子底账),但可对应转入企业多本手册。

(2) 申报表自转入地海关审核通过之日起生效,但有效期不能超过对应转出、转入手册的有效期,逾期则不能收发货;联网监管企业申报表与电子账册有效期一致。

(3) 经海关审核通过后的申报表,允许进行数量变更及增加新结转商品项目的处理。

(二) 申报表录入、发送

转出企业通过QP系统录入申报表并发送后,转入企业通过QP系统下载并录入申报表相关内容并发送。具体操作如下:

(1) 转出企业在"深加工结转预录入系统"录入申报表转出方数据,发送成功入数据中心库;

(2) 数据中心入库成功,返回给转出企业结转申报表的电子口岸统一编号;

(3) 转入企业自行在预录入系统"申报表数据查询"界面查询到"转出申报已成功入中心库,未进行转入申报"的结转申报表,选中申报表,点击"修改"按钮,进入结转申报表录入界面;或者转出企业将申报表的电子口岸统一编号通知转入企业,转入企业根据电子口岸统一编号下载转出企业申报的结转申报表后,进入结转申报表录入界面;

(4) 转入企业录入结转申报表转入方数据并发送,从而完成转出、转入企业申报表的录入、发送操作。

(5) 深加工结转收发货登记。

(6) A公司、B公司应当分别在每批实际发货及收货后规定时间内通过深加工结转预录入系统向主管海关申报"保税货物深加工结转收发货单"(以下简称收发货单)或"保税货物深加工结转退货单"(以下简称退货单)电子数据。

(7) 深加工结转管理系统对转出、转入企业申报的收发货数据进行自动登记。

二、收发货登记基本操作如下:

(一) 发货登记

1. 录入收发货单基本信息

基本信息包括:收发货单编号、转出企业内部编号(企业自定义编号)、申报表编号、转出企业手册/账册号、转出企业编码、转出企业名称、转入企业编码、转入企业名称、申报日期、申报人、发货日期、合同号、运输工具类别、运输工具编号等。

2. 填写发货商品明细

发货商品明细由企业录入,可按手册/账册的料号或商品编码录入收发货数据。如果企业按料号录入商品明细数据,则根据其归并关系自动生成归并后信息数据,如果无归并关系的手册/账册,则商品明细数据与归并后信息数据一一对应,系统将归并后信息中的数据向海关发送。

发货商品明细内容包括:申报表序号、料号、归并前商品名称、归并前规格型号、项号、商品编号、商品名称、规格型号、交易单位(必须与收货企业交易单位一致)、交易数量、申报单位、申报数量等。

发货申报完成后,将返回收发货单海关编号。

(二) 收货登记

1. 录入收发货单基本信息

收货企业录入发货企业通知的"收发货单编号",调出发货企业的收发货单基本信息后,录入转入企业信息,包括:转入企业内部编号(企业自定义编号)、申报人、收货日期等。

2. 填写收货商品明细

收货商品明细界面与发货登记商品明细界面格式一样。收货商品明细内容包括:申报表序号、手册/账册号、料号、归并前商品名称、归并前规格型号、收货序号、项号、商品编号、商品名称、规格型号、交易单位、交易数量、申报单位、申报数量等。

(三)收发货撤销及退货

如发生收发货撤销及退货情况,需在操作系统中点击相应的功能菜单,通过相对应的"数据查询功能",查询相关的发货记录,进行撤销等操作。

三、结转报关

办理深加工结转申报后,A公司、B公司应当在实际收发货的次月底前办结该批货物的报关手续,但不得超过手册有效期或核销截止日期。

对货物为多次收、发货累加成一次录入申报的,以最后一次实际收、发货日期作为该批货物收、发货的办理报关手续起算时间点。

(一)填报事项

使用深加工结转管理系统办理深加工结转报关时,企业除按报关单的填制规范录入报关单的相关内容外,对深加工结转报关单随附单据栏目还必须填写如下内容:

(1)随附单证代码:输入K(深加工结转申报表);

(2)随附单证编号:填写此报关单所对应的审批通过的结转申报表单号。

需注意的是,转出、转入企业申报的报关数量应不大于申报表可报关数量(即申报表已登记收发货数量减去已报关数量)

海关关于加工贸易深加工结转的管理要求,在《加工贸易货物监管办法》及相关公告中有明确规定。其主要内容如下:

(一)加工贸易经营企业进口加工贸易货物,可以从境外或者海关特殊监管区域、保税监管场所进口,也可以通过深加工结转方式转入;经营企业出口加工贸易货物,可以向境外或者海关特殊监管区域、保税监管场所出口,也可以通过深加工结转方式转出。

(二)加工贸易企业开展深加工结转的,转入企业、转出企业应当向各自的主管海关通过填制"深加工结转申报表"申报,办理实际收发货物报关手续。

有下列情况之一的,加工贸易企业不得办理深加工结转手续:

(1)不符合海关监管要求,被海关责令限期整改,在整改期内的;

(2)有逾期未报核手册的;

(3)由于涉嫌走私已被海关立案调查,尚未结案的。

(三)企业在办理深加工结转业务时,有未按照有关规定进行收发货申报及报关情形的,在补办有关手续前,海关不再受理新的"深加工结转申报表",并可根据实际情况暂停已办理"深加工结转申报表"的使用。

(四)深加工结转报关单因故需要修改或者撤销的,企业应按照报关单修改、撤销的规定办理;但对已放行的深加工结转报关单,不能修改,只能撤销。

(五)转出、转入企业违反有关规定的,海关按照《海关法》及《海关行政处罚实施条例》的规定处理;构成犯罪的,依法追究其刑事责任。

(六) 深加工结转作业注意事项及部门协作。

(1) 企业办理加工贸易深加工结转业务应通过深加工结转预录入系统或通过标准数据接口向海关 H2010 系统申报结转数据。

(2) 企业应当在每批实际收发货后 10 天内通过系统申报收发货单电子数据。因技术原因导致无法在规定时限内申报收发货单及退货单的,经主管海关同意后,可适当延长申报时限,但最长不超过 20 天。

(3) 报关单申报时限。每批结转货物实际收货后,转入、转出企业应当在次月底前办理该批货物的报关单申报手续,但不得超过手册(包括联网监管电子账册、电子化手册、纸质手册等电子底账)有效期或核销截止日期。

(4) 企业在报核前应检查深加工结转报关单是否申报完毕。

(5) 为满足进出口商品规范申报要求,深加工结转转出、转入的商品编码前 8 位应保持一致,对深加工结转申报表填制时出现商品编码不一致的,应遵循"转入为主、转出协调"的处理原则解决:以转入地主管海关归类为准,如转出、转入地主管海关的归类协调仍不能达成一致的,企业可以向转入地主管海关提出归类认定申请,由转入地主管海关根据相关规定进行归类认定,并按照归类部门最终确定的商品编码办理深加工结转手续。

深加工结转双发办理结转手续时,转入、转出报关单的申报价格因为双方的实际成交价格。

要点提示:

(1) 深加工结转业务转出、转入方应分别向各自主管海关申报;

(2) 企业未履行规定的海关义务时,不得办理深加工结转手续;

(3) 深加工结转报关单的撤销或者修改有特殊要求。

五、其他保税加工货物报关

(一) 其他保税加工货物的种类

其他保税加工货物是指履行加工贸易合同过程中产生的剩余料件、边角料、残次品、副产品和受灾保税货物。

(1) 剩余料件是指加工贸易企业在从事加工复出口业务过程中剩余的可以继续用于加工制成品的加工贸易进口料件。

(2) 边角料是指加工贸易企业从事加工复出口业务,在海关核定的单耗标准内,加工过程中产生的、无法再用于加工该合同项下出口制成品的数量合理的废、碎料及下脚料。

(3) 残次品是指加工贸易企业从事加工复出口业务,在生产过程中产生的有严重缺陷或达不到出口合同标准、无法复出口的制成品(包括完成品和未完成品)。

(4) 副产品是指加工贸易企业从事加工复出口业务,在加工生产出口合同规定的制成品(主产品)过程中同时产生的,且出口合同未规定应当复出口的一个或一个以上的其他产品。

(5) 受灾保税货物是指在加工贸易企业从事加工出口库业务中,因不可抗力或其他经海关审核认可的正当理由造成损毁、灭失、短少等导致无法复出口的保税进口料件和加工制成品。

（二）其他保税加工货物的处理

对于履行加工贸易合同中产生的剩余料件、边角料、残次品、副产品、受灾保税货物，企业必须在手册有效期内处理完毕。处理的方式有内销、结转、退运、放弃、销毁等。除销毁外，其他处理方式都必须填制报关单报关，有些报关单是企业报核的必要单证。

1. 内销

保税加工货物转内销应经商务主管部门审批，加工贸易企业凭"加工贸易保税进口料件内销批准证"办理内销料件正式进口报关手续，缴纳进口税和缓税利息。

经批准允许内销的保税加工货物属进口许可证件管理的，企业还应按规定向海关补交进口许可证件，申请内销的剩余料件，如果金额占该加工贸易合同项下实际进口料件总额的3%及以下，且总值在人民币1万元及以下的，免于审批，免于交验许可证件。

2. 结转

加工贸易企业可以向海关申请将剩余料件结转至另一个加工贸易合同项下生产出口，但应当在同一经营单位、同一加工厂、同样的进口料件和同一加工贸易方式的情况下结转。

3. 退运

加工贸易企业因故申请将剩余料件、边角料、残次品、副产品等保税加工货物退运出境的，应持电子化手册等有关单证向口岸海关报关，办理出口手续，留存有关报关单证，以备报核。

4. 放弃

企业放弃剩余料件、边角料、残次品、副产品等，交由海关处理的，应当提交书面申请。对符合规定的，海关将做出准予放弃的决定，开具"加工贸易企业放弃加工贸易货物交接单"。企业凭该单在规定的时间内将放弃的货物运至制定的仓库，并办理货物的报关手续，留存有关报关单证，以备报核。主管海关凭接受放弃货物的部门签章的"加工贸易企业放弃加工贸易货物交接单"及其他有关单证，核销企业的放弃货物。

5. 销毁

被海关做出不予结转决定或不予放弃决定的加工贸易货物或涉及知识产权等原因企业要求销毁的加工贸易货物，企业可以向海关提出销毁申请。海关经核实统一销毁的，由企业按规定销毁，必要时海关可以派员监督销毁。货物销毁后，企业应当收取有关部门出具的销毁证明材料，以备报核。

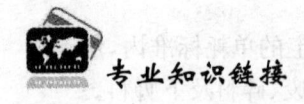

专业知识链接

受灾保税货物的特别处理

对于受灾保税货物，加工贸易企业需在灾后7日内向主管海关提交书面报告，并提供证明材料，海关可视情况派员核查取证。

因不可抗力造成受灾保税货物灭失或者已完全失去使用价值无法再利用的，可由海关审定，并予以免税。

因不可抗力造成受灾保税货物需销毁处理的，同其他保税加工货物的销毁处理方式一样。

因不可抗力造成受灾保税货物虽失去原使用价值但可再利用的,按海关审定的受灾保税货物价格,按对应的进口料件适用的税率,缴纳进口税和缓税利息。其对应进口料件属于实行关税配额管理的,按照关税配额税率计征税款。

对因非不可抗力造成的受灾保税货物,海关按照原进口货物成交价格审定完税价格,照章征税。属于实行关税配额管理,无关税配额证的,按照关税配额外使用的税率计征税款。

对因不可抗力造成的受灾保税货物对应的原进口料件内销征税时,如属进口许可证件管理的,免于交验许可证件,对因非不可抗力造成的受灾保税货物对应的原进口料件内销征税时,如属进口许可证件管理的,应当交验进口许可证件。

六、海关对加工贸易货物内销的管理规范

海关关于加工贸易货物内销的管理要求,在《中华人民共和国海关关于加工贸易边角料、剩余料件、残次品、副产品和受灾保税货物的管理办法》(海关总署令第111号)、《加工贸易货物监管办法》及相关公告中有明确规定,主要内容如下:

(一)加工贸易企业申请内销边角料的,商务主管部门免于审批,企业直接报主管海关核准并办理内销有关手续。

(1)海关按照加工贸易企业向海关申请内销边角料的报验状态归类后适用的税率和审定的边角料价格计征税款,免征缓税利息;

(2)海关按照加工贸易企业向海关申请内销边角料的报验状态归类后,属于国家发展改革委员会、商务部、环保总局及其授权部门进口许可证件管理范围的,免于提交许可证件。

(二)加工贸易企业申请内销剩余料件或者内销用剩余料件生产的制成品,按照下列情况办理:

(1)剩余料件金额占该加工贸易合同项下实际进口料件总额3%以内(含3%),且总值在人民币1万元以下(含1万元)的,商务主管部门免予审批,企业直接报主管海关核准,由主管海关对剩余料件按照规定计征税款和税款缓税利息后予以核销。剩余料件属于国家发展改革委员会、商务部、环保总局及其授权部门进口许可证件管理范围的,免于提交许可证件。

(2)剩余料件金额占该加工贸易合同项下实际进口料件总额3%以上或者总值在人民币1万元以上的,由商务主管部门按照有关内销审批规定审批,海关凭商务主管部门批件对合同内销的全部剩余料件按照规定计征税款和缓税利息。剩余料件属于进口许可证件管理的,企业还需按照规定向海关提交有关进口许可证件。

(3)使用剩余料件生产的制成品需内销的,海关根据其对应的进口料件价值,按照本条第1项或者第2项的规定办理。

(三)加工贸易企业需内销残次品的,根据其对应的进口料件价值,比照上条第1项或者第2项的规定办理。

(四)加工贸易企业在加工生产过程中产生或者经回收能够提取的副产品,未复出口的,加工贸易企业在向海关备案或者核销时应当如实申报。加工贸易企业需内销的副产品,由商务主管部门按照副产品实物状态列明内销商品名称,并按加工贸易有关内销规定审批,海关凭商务主管部门批件办理内销有关手续。对需内销的副产品,海关按照加工贸易企业向海关申请内销副产品的报验状态归类后的适用税率和审定的价格,计征税款和缓税利息。

海关按照加工贸易企业向海关申请内销副产品的报验状态归类后,如属进口许可证件管理的,企业还需按照规定向海关提交有关进口许可证件。

(五)对实行进口关税配额管理的边角料、剩余料件、残次品、副产品和受灾保税货物,按照下列情况办理:

(1)边角料按照加工贸易企业向海关申请内销的报验状态归类属于实行关税配额管理商品的,海关按照关税配额税率计征税款。

(2)副产品按照加工贸易企业向海关申请内销的报验状态归类属于实行关税配额管理的,企业如能按照规定向海关提交有关进口配额许可证件,海关按照关税配额税率计征税款;企业如未按照规定向海关提交有关进口配额许可证件,海关按照有关规定办理。

(3)剩余料件、残次品对应进口料件属于实行关税配额管理的,企业如能按照规定向海关提交有关进口配额许可证件,海关按照关税配额税率计征税款;企业如未按照规定向海关提交有关进口配额许可证件,海关按照有关规定办理。

(4)因不可抗力因素造成的受灾保税货物,其对应进口料件属于实行关税配额管理商品的,海关按照关税配额税率计征税款;因其他经海关审核认可的正当理由造成的受灾保税货物,其对应进口料件属于实行关税配额管理的,企业如能按照规定向海关提交有关进口配额许可证件,海关按照关税配额税率计征税款;企业如未按照规定向海关提交有关进口配额许可证件,海关按照有关规定办理。

(六)属于加征反倾销税、反补贴税、保障措施关税或者报复性关税(以下统称特别关税)的,按照下列情况办理:

(1)边角料按照加工贸易企业向海关申请内销的报验状态归类属于加征特别关税的,海关免予征收需加征的特别关税;

(2)副产品按照加工贸易企业向海关申请内销的报验状态归类属于加征特别关税的,海关按照规定征收需加征的特别关税;

(3)剩余料件、残次品对应进口料件属于加征特别关税的,海关按照规定征收需加征的特别关税;

(4)因不可抗力因素造成的受灾保税货物,如失去原使用价值的,其对应进口料件属于加征特别关税的,海关免予征收需加征的特别关税;因其他经海关审核认可的正当理由造成的受灾保税货物,其对应进口料件属于加征特别关税的,海关按照规定征收需加征的特别关税。

(七)加工贸易企业办理边角料、剩余料件、残次品、副产品和受灾保税货物内销手续时,应当按照下列情况办理:

(1)加工贸易剩余料件、残次品及受灾保税货物内销,企业按照其加工贸易的原进口料件品名进行申报;

(2)加工贸易边角料及副产品,企业按照向海关申请内销的报验状态申报。

(八)加工贸易保税进口料件或者成品因故转为内销的,海关凭主管部门准予内销的有效批准文件,对保税进口料件依法征收税款并且加征缓税利息,另有规定的除外。进口料件属于国家对进口有限制性规定的,经营企业还应当向海关提交进口许可证件。

(九)经营企业申请办理加工贸易货物内销手续,除特别规定外,应当向海关提交下列单证:

(1)主管部门签发的"加工贸易保税进口料件内销批准证";

（2）经营企业申请内销加工贸易货物的材料；

（3）提交与归类和审价有关的材料。

经营企业申请办理加工贸易货物内销手续，应当如实申报"加工贸易货物内销征税联系单"，凭以办理通关手续。

要点提示：

（1）除另有规定外，保税加工货物转为内销应经商务主管部门审批，并缴纳进口税和提交相应的进口许可证件；

（2）边角料、副产品内销时，海关按报验状态归类、估价、征税；料件、剩余料件、成品、残次品内销时，海关按加工贸易原进口料件价值（或对应的进口料件价值）估价、征税。

※项目任务操作

根据前述项目的开始要求，李想认真设计了该批货物的报关方案，按照以下步骤申报：

- 业务流程作业

报关员从委托人处获取报关单证，即接单作业环节，接单作业意味着报关业务的开始。

首先确认该票业务属于海运还是空运，其次是进出口类型，接下去要将委托人的信息填写清楚。以该票业务为例：

（1）该票业务运输性质为海运。

（2）委托人为南京扬帆制衣有限公司（系统里面可能并没有预先录入该票公司，所以第一次操作，首先进入报关系统点击客户关系管理，再点击客户档案，点新增，将资料所给信息填入，填写完毕后，保存，然后关闭该页面），其他相关信息可以通过录单回写，若还有补充，也可以在录完单以后再填写。

第1步：合同备案

合同审批：

拿正式的进料加工合同到南京外贸商务部主管部门审核。

审核通过后发给南京扬帆制衣有限公司"加工贸易业务批准证"及"加工企业经营状况和生产能力证明"。

合同备案：

拿到"加工贸易业务批准证"及相关证件后到南京主管海关办理合同备案。

经营企业南京扬帆制衣有限公司将合同预录入计算机。

南京扬帆制衣有限公司在《加工贸易手册》中填明：南京扬帆制衣有限公司、进口的衣服料件和加工成品的品名、规格、数量及成品耗料标准、交货期、进出口岸等。所填项目应与合同所列有关项目一致。南京新生圩海关进行审核后，批准保税；签发《设立银行保证金台账联系单》。

携带南京新生圩海关签发的《设立银行保证金台账联系单》到指定的银行设立保证金台账，因空转，不付保证金，办完手续后，领取《台账设立通知单》。凭银行的台账设立通知单领取加工贸易电子化手册。

第2步：进口报关

进境申报。

申报地点：南京新生圩海关口岸码头。

申报手续：进口服装料件向海关申报时，先向金陵海关进行电子申报，然后按主管海关指令向进境地海关递交纸质报关单。

海关审核后，陪同海关查验，因为有《加工贸易登记手册》，进境加工的服装料件免税，海关放行，货物离开海关监管现场。

南京扬帆制衣有限公司进入加工过程，海关继续对进口料件的加工情况进行监管。

复运出口。

南京扬帆制衣有限公司对服装料件加工成成品后，在规定的交货期内持手册将成品复运出口至韩国，办理出口报关手续。

经海关审核、查验货物、海关放行等监管手续后，承运人将货物运输出境。海关签发出口收汇核销单、出口收汇核销证明联、出口退税核销证明联。

第 3 步：核销结案

最后一批加工成品出口后 30 日内，南京扬帆制衣有限公司递交相关文件到海关办理核销手续。

海关核销后，签发《银行保证金台账联系单》交南京扬帆制衣有限公司，凭此单到银行办理台账核销手续，对"空转"的予以核销台账。

合同结案。

附该项目填制报关单：

※ 思考与练习

一、单选题

1. 保税加工货物内销，海关按规定免征缓税利息的是（　　）。
   A. 副产品　　　B. 残次品　　　C. 边角料　　　D. 不可抗力受灾保税货物

2. 下列哪一选项不属于海关非物理围网监管模式的监管（　　）。
   A. 来料加工企业和进料加工企业　　　B. 保税工厂
   C. 保税集团　　　D. 出口加工区

3. 银行根据海关签发的哪一选项文件，对加工贸易企业设立"银行保证金台账"：（　　）。
   A. 银行保证金台账通知书
   B. 设立银行保证金台账联系单
   C. 银行保证金台账核销联系单　　　D. 银行保证金台账变更联系单

4. 北京加工贸易企业 A 进口料件生产半成品后转给南京加工贸易企业 B 继续深加工，最终产品由 B 企业出口。A、B 企业都需要向海关提交加工贸易保税深加工结转申请表，办理计划备案。下列哪项办理计划备案的手续是正确的（　　）。
   A. 先由 A 企业向转出地海关申请备案，后由 B 企业向转入地海关备案
   B. 先由 A 企业向转入地海关申请备案，后由 B 企向转入地海关申请备案

C. 先由 B 企业向转入地海关申请备案,后由 A 企业向转出地海关申请备案
D. 先由 B 企业向转出地海关申请备案,后由 A 企业向转入地海关申请备案

5. 加工贸易经营单位委托异地生产企业加工企业加工产品出口,应当向哪一选项海关办理合同备案手续(　　)。
   A. 加工企业所在地主管海关　　B. 经营单位所在地主管海关
   C. 海关总署　　　　　　　　　D. 进口料件进境地海关

6. 某 C 类管理的企业,与外商签订进口 1 000 美元的服装拉链(属于列明的 78 种辅料)加工贸易合同,用以加工产品出口,应(　　)。
   A. 设台账、实转、发手册　　　B. 设台账、实转、免手册
   C. 不设台账、发手册　　　　　D. 不设台账、免手册

7. 海关对采用电子账册管理模式的联网企业报核期限,一般规定(　　)天为一个报核周期。
   A. 120　　　　B. 180　　　　C. 240　　　　D. 36

8. 下列关于海关对电子账册模式下联网监管企业的核销的描述错误的是(　　)。
   A. 企业报核数据与海关底账数据及盘点数据相符的,海关通过正式报核审核,打印核算结果,系统自动将本期结余数转为下期期初数
   B. 企业实际库存量多于电子底账核算结果的,海关会按照实际库存量调整电子底账的当期结余数量
   C. 企业实际库存量少于电子底账核算结果且可以提供正当理由的,对短缺部分,海关处以应纳税款双倍的罚款
   D. 企业实际库存量少于电子底账核算结果且联网企业不能提供正当理由的,对短缺部分,海关将移交缉私部门处理

9. 保税业务中,进料加工和来料加工的相同之处是(　　)。
   A. 料件都需要进口、加工成品都需要出口
   B. 料件进口时都全额保税
   C. 成品出口时,属于国家许可证管理商品都免领出口许可证
   D. 加工期限都应在进口之日起一年内加工成品返销出口

10. A、B 类管理的企业履行产品出口合同而由外商免费或有价提供的列明 78 种辅料每批合同金额在不超过多少美元既可以不设银行保证金台账,又可以不申领加工贸易手册,仅凭出口合同向海关备案(　　)。
    A. 10 000 美元　　　　　　　B. 5 000 美元
    C. 8 000 美元　　　　　　　　D. 20 000 美元

二、多选题

1. 海关对实行计算机联网管理的企业,实行定期或者周期性报核制度。下列选项表述正确的是(　　)。
   A. 报核周期是 180 天(6 个月)
   B. 一年
   C. 首次报核期限,从电子账册建立之日起 180 天(6 个月)后的 30 天内
   D. 首次报核以后,报销期限,从上次报核之日起 180 天(6 个月)后的 30 天内

2. 加工贸易保税期限表述正确的是下列哪些选项（　　）。
   A. 实行纸质手册管理的料件保税期限，原则上不超过1年，经批准可以申请延长，延长最长期限原则上也是一年
   B. 实行电子账册管理的料件保税期限，从企业电子账册记录第一批料件进口之日起到该电子账册撤销止
   C. 实行电子手册管理的料件，原则上不超过1年，经批准可以申请延长，延长最长期限原则上也是一年
   D. 出口加工区保税加工的保税期限，原则上是从加工贸易料件进区到加工贸易成品出区办结海关手续止

3. 下列是关于加工贸易企业设立银行保证金的表述，哪些选项是正确的（　　）。
   A. 适用B类管理的企业经营允许类的商品，银行保证金台账"空转"，经营限制类的商品按照料件应缴税款50%付银行保证金
   B. 适用C类管理的企业，经营加工贸易允许类和限制类商品，实行保证金台账"实转"
   C. 适用A、B类管理的企业，在出口合同中，由外商提供的78种列明辅料金额不超过10 000美元，不设银行保证金台账
   D. 适用C类企业在出口合同中，由外商免费提供的78种列明辅料金额不超过5 000美元，不设银行保证金台账

4. 企业凭商务主管部门的批准证通过网络向海关办理"经营范围电子账册"备案手续，下列属于备案内容的有：（　　）。
   A. 经营单位名称及代码　　　　B. 加工单位名称及代码
   C. 加工生产能力　　　　　　　D. 单耗关系

5. 下列关于电子账册的描述正确的是（　　）。
   A. "经营范围电子账册"不能直接用于报关
   B. "便捷通关电子账册"可用于报关
   C. "经营范围电子账册"也叫"E账册"
   D. "便捷通关电子账册"也叫"IT账册"

6. 下列条件中，哪些属于归入同一个联网监管项号的商品必须满足的条件：（　　）。
   A. 10位HS编码相同的　　　　B. 商品名称相同的
   C. 申报计量单位相同的　　　　D. 单价相同的

7. 天津某服装进出口公司和韩国某公司签订来料加工合同，外商提供含涤35%、含毛65%混纺面料及全部辅料加工男上衣5万件，交付成品时外商支付加工费。该合同向海关办理登记备案时，企业需向海关递交的文件有（　　）。
   A. 加工单位或专业外贸公司的营业执照和税务机关签发的税务登记证
   B. 外经贸主管部门签发的来料加工批准书和对外签订的正式料加工合同副本
   C. 需申领进口许可证商品的进口许可证
   D. 海关认为必要的其他单证和保函等

8. 某服装加工厂与外商签订了一份加工服装出口合同，该厂报关员到海关办理该批合同的备案手续时，应向海关提交下列哪些单证资料（　　）。

A. 加工贸易合同批准证　　　　B. 加工生产企业加工生产能力状况
C. 加工贸易登记手册　　　　　D. 加工贸易合同

三、判断题

1. 加工贸易企业电子账册是以企业为单元进行管理的,不实行"银行保证金台账"制度;加工贸易电子手册是以合同为单元进行管理的,加工贸易电子手册与纸质加工贸易手册一样,实行"银行保证金台账"制度。　　　　　　　　　　　　　　　　　　（　　）
2. 保税加工进口料件在进口报关时,暂缓纳税,加工成品出口报关时再征税。（　　）
3. 实行电子账册管理的企业不设立"银行保证金台账"。　　　　　　　（　　）
4. 联网企业进行无纸报关的,海关凭同时盖有申请单位和其代理企业的提货专用章的提货通知书办理"实货放行"手续;凭同时盖有经营单位、报关单位及报关员印章的纸质单证由报关单位办理"事后交单"事宜。　　　　　　　　　　　　　　　　　　（　　）
5. 凡是海关准予备案的加工贸易料件一律可以不办理纳税手续,保税进口。（　　）
6. 电子账册模式下联网监管企业只能采用无纸报关的申报方式。　　　（　　）
7. 加工贸易企业只有在加工贸易经营范围得到商务主管部门的审批通过后,方可向海关申请实施电子账册联网监管。　　　　　　　　　　　　　　　　　　　　（　　）
8. 外商与我国内某加工企业签订来料加工装配合同后,委托该加工企业在我国境内购买供加工成品的部分原材料。这种情况,凡属出口货物许可证管理的商品均应申领出口许可证。　　　　　　　　　　　　　　　　　　　　　　　　　　　　　　　　（　　）

四、案例分析

（一）上海申华进出口公司（加工贸易 A 类管理企业）从境外购进价值 100 000 美元的涤纶长丝一批,委托浙江嘉兴嘉顺针织制品公司（加工贸易 B 类管理企业）加工生产出口袜子。该加工合同履行期间,因境外发货有误,部分原料未能及时到货。为确保履行成品出口合同,申华公司报经主管海关核准,使用本企业其他进口非保税料件进行内部串换。合同执行完毕,尚有剩余料件,拟结转加工。

根据上述案例,解答下列问题:

1. 本案例涉及的委托加工在海关管理中称为（　　　）。
   A. 跨关区外发加工　　　　　B. 跨关区异地加工
   C. 跨关区深加工结转　　　　D. 跨关区联合加工
2. 本案例涉及的加工贸易合同备案手续应由（　　　）。
   A. 申华公司到嘉顺公司所在地主管海关申请办理
   B. 申华公司在所在地主管海关申请办理
   C. 嘉顺公司在所在地主管海关申请办理
   D. 嘉顺公司到申华公司所在地主管海关申请办理
3. 该加工贸易合同备案时,其银行保证金台账应按下列规定办理（　　　）。
   A. 不设台账
   B. 设台账,但无须缴付保证金
   C. 设台账,并按进口料件应征税款的 50% 缴付保证金
   D. 设台账,并按进口料件应征税款缴付保证金

4. 该加工贸易合同执行期间所发生的料件串换及处置，应符合下列规定（　　）。
   A. 串换的料件必须是同品种、同规格、同数量
   B. 串换的料件关税税率为零
   C. 串换的料件不涉及进出口许可证件管理
   D. 串换下来的同等数量料件，由企业自行处置
5. 该项加工合同内剩余料件的结转，应符合下列规定（　　）。
   A. 应在同一经营单位、同一加工工厂的情况下结转
   B. 应在同样的进口料件和同一加工贸易方式的情况下结转
   C. 应向海关提供申请结转的书面申请、剩余料件清单等单证和材料
   D. 应办理正式进口报关手续，缴纳进口税和缓税利息

（二）浙江博祥公司是一家新成立加工贸易企业，使用现汇从境外进口一批价值 12 万美元的人造橡胶（加工贸易限制类商品）和色料（加工贸易允许类商品）用于加工运动鞋出口，人造橡胶和色料均属于自动进口许可管理，料件进口后交由江苏南通达鹏鞋业有限公司（2102930×××，A 类管理企业）加工。合同执行期间，上海博祥公司因违反海关监管规定被处罚人民币 80 万元，海关对博祥公司的管理类别进行调整。加工完毕后成品运回浙江博祥公司准备复出口，由于洪水的原因，导致 15% 的成品失去了原使用价值无法复出口，但仍可再利用。其他成品返销境外，根据上述案例，解答下列案例：

1. 本例中，涉及的委托加工在海关管理中称为（　　）。
   A. 跨关区外发加工　　　　B. 跨关区异地加工
   C. 跨关区深加工结转　　　D. 跨关区联合加工
2. 经营企业在办理登记备案手续时，银行保证金台账应按下列规定办理（　　）。
   A. 设立银行保证金台账，人造橡胶和色料均无须缴付保证金
   B. 设立银行保证金台账，人造橡胶和色料均按应征税款的 50% 缴付保证金
   C. 设立银行保证金台账，人造橡胶按应征税款的 50% 缴付保证金，色料无须缴付保证金
   D. 设立银行保证金台账，人造橡胶按应征税款的 100% 缴付保证金，色料无须缴付保证金
3. 在合同执行过程中，上海博祥公司因违反海关监管规定被处罚则，下列描述正确的是（　　）。
   A. 海关对博祥公司的管理类别进行调整，调整为 C 类管理类别
   B. 海关对博祥公司的管理类别进行调整，调整为 D 类管理类别
   C. 企业因管理类别调整，应变更台账
   D. 企业因管理类别调整，应对原备案合同交付台账保证金，经海关批准，可以只对原合同未履行出口部分收取台账保证金
4. 对于 15% 受灾货物，下列说法正确的是（　　）。
   A. 企业必须在灾后 7 日内向主管海关书面报告，并提供证明材料
   B. 企业必须在灾后 15 日内向主管海关书面报告，并提供证明材料
   C. 如果该受灾货物内销，按最惠国税率
   D. 企业可以向海关提出销毁申请，海关经核实同意销毁的，由企业按规定销毁，必

要时海关可以派员监督销毁。
5. 对于15%受灾货物如果上海博祥公司将其内销,则应当(　　)。
   A. 按受灾货物免税,免纳缓税利息,免于交许可证件
   B. 按原进口货物纳税,缴纳缓税利息,交验相应的许可证件
   C. 按海关审定的受灾货物的价格缴纳进口税和缓税利息,免于交验许可证件
   D. 按海关审定的受灾货物的价格缴纳进口税,免纳缓税利息,交验相应的许可证件

项目四　特殊监管区货物报关

知识目标

1. 熟悉保税仓库的特点和报关程序；
2. 熟悉出口监管仓库的报关程序；
3. 熟悉保税区的报关程序。

能力目标

1. 能根据业务情况核查报关材料是否齐全，报关数据是否准确无误；
2. 能办理各类特殊海关监管区域货物进出境的基本手续；
3. 能办理各类特殊海关监管区域货物进出区的基本手续。

项目引入

中商华联贸易有限公司(海关注册编码 1102918123)代理湖南长沙家佳纺织有限公司(海关注册编码 4301962104)进口未梳棉花(法定检验商品,法定计量单位为千克),货物系合同卖方台湾某公司在 2016 年 1 月于棉花原产国采购后运输进境并存放于某公用型保税仓库(列入电子账册第 3 项,自己的贸易公司为青岛中外物流贸易有限公司 110292817)。2016 年 8 月,华联公司与台湾公司签订合同后,自上述保税仓库提取合同约定数量棉花出库并办理进口报关手续,双方约定委托上海奔腾国际物流公司报关,申报时华联公司向海关提交编号为 B43020080505007"关税配额外优惠税率进口棉花配额证"(监管证件代码为:e),海关放行后,华联公司安排将货物运至境内目的地,交由家佳公司用于生产内销产品,具体报关事宜由报关人员李想完成,请完成未梳棉花进口的报关程序。

任务一　保税仓库货物报关程序

一、保税仓库概述

(一) 保税仓库含义

保税仓库是指经海关批准设立的专门存放保税货物及其他未办结海关手续货物的仓库。我国的保税仓库根据使用对象、范围分为公用型和自用型两种。但根据所存货物的特定用途,公用型保税仓库和自用型保税仓库下面还衍生出一种专用型保税仓库。

(二) 保税仓库的名称和分类

(1) 公用型:由主营仓储业务的中国境内独立企业法人经营,专门向社会提供保税仓储服务。

(2) 自用型：由特定的中国境内独立企业法人经营，仅存储供本企业自用的保税货物。

(3) 专用型：专门用来存储具有特定用途或特殊种类商品的称为专用型保税仓库。专用型保税仓库包括液体危险品保税仓库、备料保税仓库、寄售维修保税仓库和其他专用型保税仓库。液体危险品保税仓库，是指符合国家关于危险化学品仓储规定的，专门提供石油、成品油或者其他散装液体危险化学品保税仓储服务的保税仓库；备料保税仓库，是指加工贸易企业存储为加工复出口产品所进口的原材料、设备及其零部件的保税仓库，所存保税货物仅限于供应本企业；寄售维修保税仓库是指专门存储为维修外国产品所进口寄售零配件的保税仓库。

（三）功能及存放货物的范围

保税仓库的功能单一，就是仓储，而且只能存放进境货物。存放的货物范围如下：

(1) 加工贸易进口货物；

(2) 转口货物；

(3) 供国际航行的船舶航空器的油料、物料和维修用零部件；

(4) 供应维修外国产品所进口寄售的零配件；

(5) 外商进境暂存货物；

(6) 未办结海关手续的一般贸易进口货物；

(7) 经海关批准的其他未办结海关手续的进境货物。

保税仓库不得存放国家禁止进境货物，不得存放未经批准的影响公共安全、公共卫生或健康、公共道德或秩序的国家限制进境货物以及其他不得存入保税仓库的货物。

（四）保税仓库管理

(1) 保税仓库存储货物的期限为1年，如因特殊情况需要延长储存期限，应向主管海关申请延期，经海关批准可延长不超过1年。特殊情况下，延期后货物存储期超过2年的，由直属海关审批。

保税仓库货物超出规定的存储期限未申请延期或海关不批准延期申请的，经营企业应当办理超期货物的退运、纳税、放弃、销毁等手续。

(2) 保税仓库所存货物，未经批准并办理相应手续，任何人不得出售、转让、抵押、质押、留置、移作他用或者进行其他处置。不得挪作他用。

(3) 货物储存期间发生损毁或灭失，除不可抗力原因外，保税仓库应向海关缴纳损毁、灭失货物的税款，并承担相应的法律责任。

(4) 保税仓库不得进行实质性加工（只可进行分类、包装、简单拼装等辅助性简单作业）。在保税仓库内从事上述作业必须事先向主管海关提出书面申请，经主管海关批准后方可进行。

(5) 保税仓库经营企业每月前5个工作日内，向海关申报上一个月仓库收、付、存情况，由主管海关核销。

专业知识链接

保税监管场所具有保税仓储、流通性简单加工、物流配送等功能，这些功能都非常有利于国际物流、进出口分拨配送等业务。设立保税监管场所的注册资本门槛被取消后，更多的企业可以参与保税监管场所经营业务,地区保税经济发展潜力将得到更大的激发。

二、报关程序

(一)进仓报关

保税仓库货物进境入仓,经营企业应当在仓库主管海关办理报关手续,经主管海关批准,也可以直接在进境口岸海关办理报关手续。仓库主管海关与进境口岸海关不是同一通关一体化区域的,按转关运输办理报关手续(提前报关转关或直接转关)。

保税仓库货物进境入仓,除易制毒化学品、监控化学品、消耗臭氧层物质外,免领进口许可证。可按照"先进区,后报关",货物入区后,填写进口报关单采用无纸化通关方式向仓库主管海关报关。

(二)出仓报关

保税仓库货物出仓可能出现进口报关和出口报关两种情况,可以逐一报关,也可以集中报关。

1. 进口报关

保税仓库货物出仓运往境内其他地方转为正式进口的,必须经主管海关保税监管部门审核同意。必须经主管海关保税监管部门审核同意,同一批货物,填制两张报关单,一张出口货物报关单,办结出仓报关手续。一张办理进口申报手续,按照实际进口监管方式,填制进口货物报关单。进口手续大体可分为:

保税仓库货物出仓用于加工贸易,由加工贸易企业或其代理人按加工贸易报关;

保税仓库货物出仓用于享受特定减免税项目,由享受特定减免税的企业或其代理人按特定减免税货物报关;

保税仓库货物出仓进入国内市场或使用于境内其他方面,按一般进口货物的报关程序办理进口报关手续。

以上均由收货人或其代理办理进口报关。

2. 出口报关

出口报关免税免证。由仓库企业或其代理按一般出口货物报关,贸易方式填"保税间货物"。

3. 集中报关

保税货物出库批量少批次频繁,经海关批准可以办理定期集中报关手续。集中报关由主管海关的分管关长审批,并按以下要求办理手续:

(1)仓库主管海关可以根据企业资信状况和风险收取保证金;

(2)集中报关的时间根据出货的频率和数量、价值合理设定;

(3)为保证海关有效监管,企业当月出仓的货物最迟应在次月前5个工作日内办理报关手续,并且不得跨年度申报。

4. 流转报关

(1)保税仓库与特殊监管区域之间往来流转的货物,按转关运输的有关规定办理,保税仓库与特殊监管区域属于同一通关一体化关区内的,可不按转关运输办理。

(2)保税仓库货物转往其他保税仓库的,应当各自在仓库主管海关报关,报关时先办理进口报关,再办理出口报关。

任务二　出口监管仓库货物报关程序

项目引入 2

以下是上海兰生股份有限公司的一份出口资料,上海兰生股份有限公司跟香港金山贸易公司签约,出口皮鞋(胶底)到洛杉矶,先进入上海出口监管仓库,请根据该资料的有关内容办理货物的进入出口监管仓库手续。

上海蘭生股份有限公司
SHANGHAI　LANSHENG　CORPORATION

HEADQUARTERS 1230-1240 ZHONGSHAN ROAD N.1 SHANGHAI 2000437 CHINA

BRANCH：128. HUQIU ROAD.　　　　　　　　　B/L No. HJSHB142939
　　SHANGHAI 200002 CHINA　　　　　　　发票号码

To：GOLDEN MOUNTAIN TRADING LTD.　　　　Invoice Number 03A702758
　ROOM 611. TOWER B. HUNG HOM COMM CENTRE. 37-39　　订单或合约号码
　MA TAU WAI ROAD HUNG HOM. KOWLOON. HONGKONG　　Sales Confirmation No 03A3272
　　　　　　　　　　　　　　　　　　　　　发票日期
　　　　　　　　　　　　　　　　　　　　　Date of invoice 03.12.10

INVOICE/PACKING LIST

装船口岸　　上海　　　　　　目的地 From　　　　SHANGHAI　　　　　To　　　LOS ANGELES 信用证号数　　　　　　　　　开征银行 Letter of Credit No　　　T/T　　　Issued by Vessel：HANJIN　DALIAN/014E	
唛头号码 Marks & Numbers	数量与货品名称 Quantities and Descriptions　　　　　　　　　　总值 　　　　　　　　　　　　　　　　　　　　　　　Amount
RNS NO.：7920 MADE IN CHINA PORT： LOS ANGELES C/NO.：1-117	FOOTWEAR 皮鞋(胶底)　　　　　　　　　　　CIF LOS ANGELES ARI. NO. CC10758-112 ORDER NO. RNS7920 COL：WHITE SZ：5-10 2106 PRS　　　　　　　　　　　@USD3.15 USD 6 633.90 HS CODE 64039900 计量单位：双　　　　　　　　USD 6 633.90 TOTAL G. WT：1 638.000 KGS TOTAL N. WT：1 404.000 KGS TOTAL MEAS：5.616 m³　　　　　　　　　　F：USD 800 TOTAL PACKED IN　117 CARTONS ONLY　　　　I：0.27% 手册：C22077100502　列手册第 2 页　　　非对口合同 外汇核销单编号：28/155451 　　出口商检证：03-12-020E 上海兰生股份有限公司(黄浦区)发货。 该货于 03.12.20 出口至上海出口监管仓库,委托上海奔腾国际物流公司(129098****)于 03.12.18 向吴淞海关(出口监管仓库主管海关)申报。

· 113 ·

上海蘭生股份有限公司
SHANGHAI LANSHENG CORPORATION
企业编号:3109915020

一、出口监管仓库简介

（一）含义

经过海关批准设立,对已办结海关出口手续的货物进行存储、保税货物配送、提供流通性增值服务的海关专用监管仓库。出口监管仓库分为出口配送型仓库和国内结转型仓库。

出口配送型仓库:指存储以实际离境为目的的出口货物的仓库。

国内结转型仓库:指存储用于国内结转的出口货物的仓库。

（二）功能

只有仓储,主要用于存放出口货物。

(1) 一般贸易出口货物;

(2) 加工贸易出口货物;

(3) 从其他海关特殊监管区域、场所转入的出口货物;

(4) 其他已办结海关出口手续的货物。

出口配送型仓库可以存放为拼装出口货物而进口的货物

不得存放的货物:国家禁止的;未经批准的国家限制的;海关规定不得存放的货物。

（三）设立

1. 申请设立的条件

(1) 经工商行政管理部门注册登记,具有企业法人资格;

(2) 具有进出口经营权和仓储经营权;

(3) 注册资本 300 万元人民币以上;

(4) 具备向海关缴纳税款的能力;

(5) 具有专门存储货物的场所,"出口配送型"面积不低于 5 000 平方米,国内结转型仓库不低于 1 000 平方米。

2. 申请设立和审批

向仓库所在地主管海关提交书面申请。

3. 验收和运营

经直属海关注册登记并核发"中华人民共和国出口监管仓库注册登记证书"投入运营。证书的有效期 3 年。

（四）管理

(1) 专库专用、不得转租、转借他人经营,不得下设分库。

(2) 业务活动和财务状况定期报送主管海关。

(3) 储存期限为 6 个月,经批准可以延长不得超过 6 个月。

(4) 出口监管仓库的货物是海关监管货物,未经批准并办理相应手续,不得挪作他用。

(5) 储存期间发生损毁,除不可抗力原因外,仓库应向海关缴纳灭失货物的税款,并承担相应的法律责任。

(6) 可以进行流通性增值服务。

二、出口监管仓库货物进仓报关程序

(1) 出口货物存入出口监管仓库,发货人或其代理人应当向主管海关办理出口报关手续,填制"出口货物报关单",仓库经营企业填制的"出口监管仓库货物入仓清单"。

发货人或其代理人按照海关规定提交报关必需单证和仓库经营企业填制的"出口监管仓库货物入仓清单"。按国家规定应当提交出口许可证件和缴纳出口关税的,发货人或其代理人必须提交许可证件和缴纳出口关税。

附件1
出口监管仓库货物入仓清单

㊙ 仓库编号:　　　　　　　　　　　入仓单编号:

仓库名称						报关单号		
序号	商品编码	货物名称、规格型号	数量	单位	毛重/净重	币制	单价	总价

发货单位			合计重量:		合计总价	
存放地点		出口国别	是否退税	贸易方式	入仓方式	

上述货物存入我仓,申报无误。

致_____海关　　　报关员_____货主_____仓管员_____申报日期_____　　　仓库(盖章):

转关条形码	
备注	海关审核
	海关查验

(2) 对经批准享受入仓即可退税政策的出口监管仓库,海关在货物入仓办结出口报关手续后予以签发"出口货物报关单"退税证明联。对不享受入仓即可退税政策的出口监管仓库,海关在货物实际离境后签发出口货物报关单退税证明联。

经海关批准,对批量少、批次频繁的入仓货物,可以办理集中报关手续。

三、出口监管仓库货物出仓报关程序

可能出现出口报关和进口报关两种情况。

(一) 出口报关

(1) 出口监管仓库货物出仓出境时,仓库经营企业或其代理人应当向主管海关申报,填报出口货物报关单。仓库经营企业或其代理人按照海关规定提交报关必需的单证,并提交仓库经营企业填制的"出口监管仓库货物出仓清单"。

附件2   出口监管仓库货物出仓清单

监   仓库编号：   入仓单编号：

仓库名称							报关单号		装船单号	
收货单位							出口口岸		封志号	
原入仓单号	入仓单序号	出仓序号	商品编码	货物名称、规格型号	数量	单位	毛重/净重	币制	单价	总价
司机本海关编号		出口国别		合计重量		合计总价	
车牌号		出仓方式					

以上货物申报无误。

致_____海关   报关员_____ 货主_____ 仓管员_____ 申报日期   仓库(盖章)：

集装箱号			
备 注		海关审核	
		海关查验	

第 联：

(2) 出仓货物出境口岸不在仓库主管海关的,经海关批准,可以在口岸所在地主管海关办理相关手续,也可以在主管海关办理相关手续。仓库主管海关与口岸海关不在同一通关一体化区域的,按转关运输办理出口报关手续。

(3) 入仓没有签发出口货物报关单退税证明联的,出仓离境后海关按规定签发出口货物报关单退税证明联。

专业知识链接

享受入仓退税政策的出口监管仓库,除了具备一般出口监管仓库条件外,还需具备以下条件：

(1) 经营出口监管仓库的企业经营情况正常,无走私或重大违规行为,具备向海关缴纳税款的能力；

(2) 上一年度入仓货物实际出仓离境率不低于99%；

(3) 对入仓货物实行全程计算机管理,具有符合海关监管要求的计算机管理系统；

(4) 不得存放用于深加工结转的货物;
(5) 具有符合海关监管要求的隔离设施、监管设施及其他必要的设施。

(二) 进口报关

出口监管仓库货物转进口的,应当经海关批准,按进口货物的有关规定办理相关手续。

(1) **用于加工贸易的**:由加工贸易企业或其代理人按保税加工货物的报关程序办理进口报关手续。

(2) **用于作为特定免税货物的**:按特定减免税的报关程序办理进口报关手续。

(3) **进入国内市场或用于境内其他方面的货物**:按一般进口货物的报关程序办理进口报关手续。

(三) 结转报关

经转入、转出方所在地主管海关批准,并按照转关运输的规定办理相关手续后,出口监管仓库之间,出口监管仓库与保税区、出口加工区、珠海园区、保税物流园区、保税港区、保税物流中心、保税仓库等特殊监管区域和保税监管场所之间可以进行货物流转。

(四) 更换报关

对已存入出口监管仓库因质量等原因要求更换的货物,经仓库所在地主管海关批准,可以进行更换。被更换货物出仓前,更换货物应当先行入仓,并应当与原货物的商品编码、品名、规格型号、数量和价值相同。

任务三　出口加工区货物报关程序

项目引入 3

晶达电子(苏州)有限公司(3205341319)(隶属苏州海关),从宁波富瑞电子科技有限公司(3302542327)(隶属宁波出口加工区海关)购入液晶电视机用零件(法定计量单位:千克)一批,用于加工外销液晶电视机成品,请阐述出口加工区深加工结转的报关程序。

一、出口加工区及其货物的报关程序

(一) 出口加工区简介

1. 含义

指经国务院批准在我国境内设立的,由海关对保税加工进出口货物进行封闭式监管的特定区域。

2. 功能

出口加工区具有从事保税加工、保税物流及研发、检测、维修等业务的功能。出口加工区内设置出口加工企业、仓储物流企业,以及海关核准专门从事区内货物进、出的运输企业。

3. 管理

(1) 区内不得经营商业零售、不得建立营业性的生活消费设施。

(2) 与海关实行电子计算机联网,进行电子数据交换。

(3) 加工区与境外进出的货物,除国家另有规定外,不实行进出口许可证件管理。因国内技术无法达到产品要求,需将国家禁止出口商品运至出口加工区内进行某项工序加工的,应报商务主管部门审批,海关比照出料加工管理办法进行监管,其运入出口加工区的货物,不予签发出口退税报关单。

(4) 境内区外进入出口加工区视同出口,办理出口手续,可以办理出口退税(进区办出口)。

(5) 从境外运入出口加工区的加工贸易货物全额保税,出口加工区区内开展加工贸易业务,不实行"加工贸易银行保证金台账"制度,但适用电子账册管理,实行备案电子账册滚动累扣,核扣,每6个月核销一次。

(6) 出口加工区内企业从境外进口的自用的生产、管理所需设备、物资,除交通车辆和生活用品外,予以免税。

(二) 报关程序

出口加工区在进出口货物之前,应向出口加工区主管海关申请建立电子账册,包括"加工贸易电子账册(H账册)"和"企业设备电子账册"。

1. 与境外之间进出境货物的报关

(1) 申报:出口加工区企业从境外运进货物或运出货物到境外,由收发货人登录中国电子口岸填写"进出境货物备案清单",对于同一通关一体化区域,按直通式向出口加工区海关报关,向出口加工区海关提交运单、发票、装箱单、电子账册编号、相应的许可证件等单证办理进境报关手续。

(2) 出口加工区海关有关报关单证,审核同意申报,向口岸海关发送相关申报电子数据,并对运输车辆进行加封。出口加工区海关确定是否查验。

a. 对不需查验的货物予以放行,在电子口岸签发进、出口货物放行通知书;

b. 对查验的货物,由海关实施查验后,再办理放行手续,签在电子口岸签发进、出口货物放行通知书。

2. 出口加工区与境内区外其他地区之间进出货物

(1) 出口加工区货物运往境内区外。出口加工区货物运往境内区外的货物,按照对进口货物的有关规定办理报关手续。由区外企业录入进口货物报关单,凭发票、装箱单、相应的许可证件等单证向出口加工区海关办理进口报关手续。进口报关结束后,区内企业填制出口加工区出境货物备案清单,凭发票、装箱单、电子账册编号向出口加工区办理出区报关手续。

(2) 境内区外运往出口加工区货物。境内区外运往出口加工区的货物,按照对出口货物的有关规定办理报关手续。由区外企业录入出口货物报关单,凭购销合同(协议)、发票、装箱单等单证向出口加工区海关办理出口报关手续。出口报关结束后,区内企业填制出口加工区进境货物备案清单,凭购销发票、装箱单、电子账册编号等单证向出口加工区海关办理进进区报关手续。

(3) 其他产品内销。出口加工区内企业内销加工制成品,以接受内销申报的同时或大约同时进口的相同或类似货物的进口成交价格为基础确定完税价格。内销加工过程中产生的副产品,以内销价格作为完税价格,由区外企业缴纳进口关税和海关代征税,免交缓税利息。

残次品出区内销,按成品征收进口关税和进口环节海关代征税。

专业知识链接

无论是制成品，还是副产品，属于许可证管理的商品，应向海关出具有效的进口许可证；对属于《法检目录》内的出区内销残次品，须经出入境检验检疫机构按照国家技术规范的强制性要求检验合格后，方可内销。

二、出口加工区深加工结转货物报关

含义：出口加工区内企业经海关批准并办理相关手续，将本企业加工生产的产品直接或通过保税仓库企业转入其他出口加工区、保税区等海关特殊监管区域内及区外加工贸易企业进一步加工后复出口的经营活动。

（一）出口加工区与其他特殊区域深加工结转

出口加工区企业开展深加工结转时，转出企业凭出口加工区管委会批复，向所在地的出口加工区海关办理备案手续后方可开展货物的实际结转；对转入其他出口加工区、保税区等海关特殊监管区域的，转入企业凭其所在区域管委会的批复办理结转手续；对转入海关特殊监管区域的，转出、转入企业分别向自己的主管海关办理结转手续。

对转入海关特殊监管区域的深加工结转，除特殊情况外，比照转关运输方式办理结转手续；不能按照转关运输方式办理结转手续的，在向主管海关提供相应的担保后，由企业自行运输。

出口加工区报关程序示意

报关情形	要求	具体的要求/步骤
进出境报关	报关填写	出口加工区企业填写进、出境货物备案清单
	跨通关一体化区域进出境	直转转关方式办理转关
	同一通关一体化区域进出境	直通式报关
进出区报关（与境内区外其他地区）	加工区运往境内区外货物报关（出区进入国内市场） 步骤： 先区外企业办理进口报关手续； 后区内企业办理出区报关手续	1. 区外企业录入进口报关单，向出口加工区海关办理进口报关。 2. 区内企业填制"出口加工区出境货物备案清单"向出口加工区海关办理出区报关手续。 3.（1）向区外企业签发："进口货物报关单"付汇证明联； （2）向区内企业签发："出口加工区出境货物备案清单"收汇证明联。
	境内区外运入出口加工区货物报关（入区） 步骤： 先区外企业办理出口报关手续， 后区内企业办理进区报关手续	1. 区外企业录入出口报关单，向出口加工区海关办理出口报关。 2. 区内企业填制"出口加工区进境货物备案清单"办理进区报关手续。 3.（1）向区外企业签发："出口货物报关单"收汇证明联和出口退税证明联； （2）向区内企业签发："出口加工区进境货物备案清单"付汇证明联。

（二）出口加工区与区外加工贸易企业深加工结转

对转入特殊监管区域外加工贸易企业的深加工结转报关程序如下：

（1）转入企业在"中国海关出口加工区深加工结转申请表"（一式四联）中填写本企业的转入计划，凭申请表向转入地海关备案。

（2）转入地海关备案后，留存申请表第一联，其余三联退换转入企业送交出口加工区转出企业。

（3）转出企业自转入地海关备案之日起30天内，持申请表其余三联，填写本企业的相关内容后，向主管海关办理备案手续。

（4）转出地海关审核后，留存申请表第二联，将第三联、第四联分别交给转出企业、转入企业。

（5）转出、转入企业办理结转备案手续后，凭双方海关核准的申请表进行实际收发货。转出企业的每批次发货记录应当在一式三联的"出口加工区货物实际结转情况登记表"上如实登记，转出地海关在卡口签注登记表后，货物出区。

（6）转出、转入企业每批实际发货、收货后，可以凭申请表和转出地卡口海关签注的登记表分批或集中办理报关手续。转出、转入企业每批实际发货、收货后，应当在实际发货、收货之日起30天内办结该批货物的报关手续。转入企业填报结转进口货物报关单，转出企业填报结转出口备案清单。

一份结转进口货物报关单对应一份结转出口备案清单。

深加工结转报关程序的比较

深加工结转步骤		
区域外加工贸易企业间结转 电子手册（xxxx9xxxx）	步骤	出口加工区（xxxx5xxxx） 转入非特殊监管区域
先转出企业办理备案， 后转入企业办理备案； （后：20日内） （向各自海关办理）	计划备案	先转入企业办理备案， 后转出企业办理备案； （30日内）（向各自海关办理）
转出、转入企业每批实际发货、收货后在90日内办结报关手续；	收发货物登记	转出、转入企业每批实际发货、收货之日起30日内办结报关手续；
先转入企业办理结转进口报关；后转出企业办理结转出口报关 （后：10日内）（向各自海关办理）	结转报关	先转入企业办理（填结转进口报关单）；后转出企业办理（填结转出口备案清单） （向出口加工区海关办理结转手续）

任务四　保税区进出货物的报关程序

项目引入4

ABC广州有限公司位于广州保税区，海关注册编号为440124XXXX，所申报商品位列B52084400153号登记手册备案料件第13项，法定计量单位为千克，货物于2004年7月16日运抵口岸，当日向黄埔海关新港办（关区代码为5202）办理进口申报手续。保险费率为0.27%。入境货物通关单编号为442100104064457，请上海奔腾国际物流公司李想办理这批保税区货物的报关手续。

一、保税区简介

（一）含义

保税区是国务院批准在中国境内设立的由海关进行监管特定区域。保税区与中华人民共和国境内的其他地区之间应当设置符合海关监管要求的隔离设施。

（二）功能

具有出口加工、转口贸易、商品展示、仓储运输等多种功能。既有保税加工，又有保税物流的功能。

（三）加工贸易管理

(1) 保税区企业开展加工贸易，除进口易制毒化学品、监控化学品、消耗臭氧层物质要提供进口许可证件，生产激光光盘要主管部门批准外，其他加工贸易料件进口免予交验许可证件。

(2) 保税区内企业开展加工贸易，不实行银行保证金台账制度。

(3) 区内加工企业加工的制成品及加工过程中产生的边角余料运往境外时，免征出口关税。

(4) 运往非保税区时，应当按照国家有关规定向海关办理进口报关手续，并依法纳税，免交缓税利息。

二、保税区的特殊政策

（一）关税政策

从境外进入保税区的货物，其进口关税和进口环节税，除法律、法规另有规定外，按照下列规定办理：

(1) 区内生产性的基础设施建设项目所需的机器、设备和其他基建物资，予以免税。

(2) 区内企业自用的生产、管理设备和自用合理数量的办公用品及其所需的维修零配件、生产用燃料，建设生产厂房、仓储设施所需的物资、设备，予以免税。

(3) 保税区行政管理机构自用合理数量的管理设备和办公用品及其所需的维修零配件，予以免税。

(4) 区内企业为加工出口产品所需的原材料、零部件、元器件、包装物件，予以保税。

(5) 转口货物和在保税区内储存的货物按照保税货物管理。

(6) 上述规定范围以外的货物或者物品从境外进入保税区,应当缴纳税费。

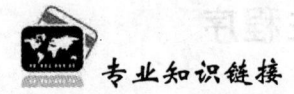

专业知识链接

※自用:指进口合理数量的机器、管理设备、办公用品及物品、货样。
※非自用:指加工贸易料件、转口贸易货物、仓储货物。

(二) 手续从简

保税区与境外之间进出口的货物,由货物的收、发货人或其代理人向海关备案。对上述货物除实行出口被动配额管理的外,不实行进出口配额、许可证管理。

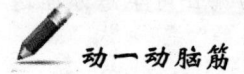

动一动脑筋

我国的 A 公司要将货物出口到美国的 B 公司,货物是由 A 公司生产的柜体和台湾的 C 公司生产的仪表组装后的产品。如果你是接受委托的国际货运代理企业,你将如何为客户设计运输方案?

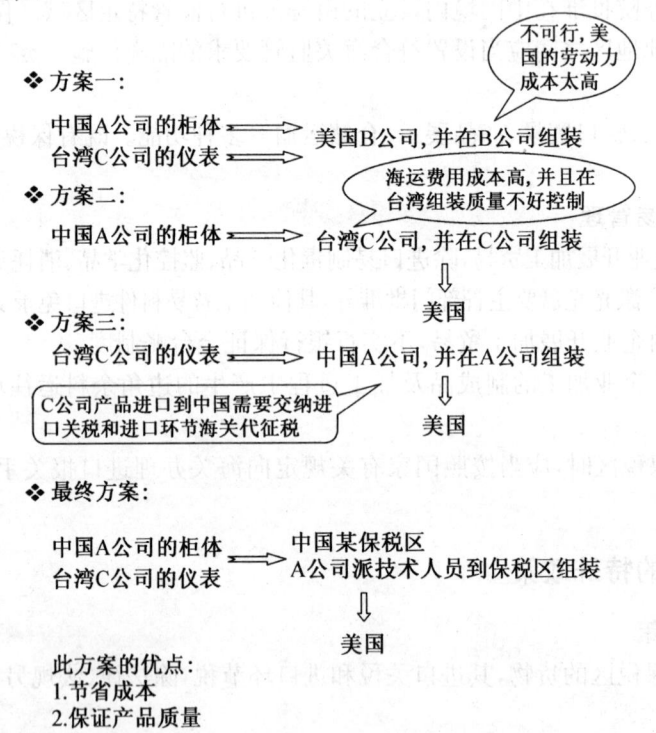

❖ 方案一:

中国A公司的柜体 ⟹ 美国B公司,并在B公司组装
台湾C公司的仪表 ⟹

(不可行,美国的劳动力成本太高)

❖ 方案二:

中国A公司的柜体 ⟹ 台湾C公司,并在C公司组装
⇓
美国

(海运费用成本高,并且在台湾组装质量不好控制)

❖ 方案三:

台湾C公司的仪表 ⟹ 中国A公司,并在A公司组装
⇓
美国

(C公司产品进口到中国需要交纳进口关税和进口环节海关代征税)

❖ 最终方案:

中国A公司的柜体 ⟹ 中国某保税区
台湾C公司的仪表   A公司派技术人员到保税区组装
⇓
美国

此方案的优点:
1. 节省成本
2. 保证产品质量

三、对保税区进出货物的监管

(一) 对保税区与非保税区之间进出货物的监管

(1) 从保税区进入非保税区的货物,按照进口货物办理手续;从非保税区进入保税区的货物,按照出口货物办理手续,出口退税按照国家有关规定办理。

(2) 从非保税区进入保税区供区内使用的机器、设备、基建物资和物品,使用单位应当向海关提供上述货物或者物品的清单,经海关查验后放行。前款货物或者物品,已经缴纳进口关税和进口环节税收的,已纳税款不予退还。

(3)保税区的货物需从非保税区口岸进出口或者保税区内的货物运往另一保税区的,应当事先向海关提出书面申请,经海关批准后,按照海关转关运输及有关规定办理。

(二)对区内货物的监管

(1)保税区内的货物可以在区内企业之间转让、转移;双方当事人应当就转让、转移事项向海关备案。

(2)保税区内的转口货物可以在区内仓库或者区内其他场所进行分级、挑选、刷新标志、改换包装形式等简单加工。

(3)区内企业在保税区内举办境外商品和非保税区商品的展示活动,展示的商品应当接受海关监管。

(三)对区内加工贸易货物的管理

(1)区内加工企业应当向海关办理所需料件进出保税区备案手续。

(2)区内加工企业生产属于补动配额管理的出口产品,应当事先经国务院有关主管部门批准。

(3)区内加工企业加工的制成品及其在加工过程中产生的边角余料运往境外时,应当按照国家有关规定向海关办理手续;除法律、行政法规另有规定外,免征出口关税。

区内加工企业将区内加工的制成品、副次品或者在加工过程中产生的边角余料运往非保税区时,应当按照国家有关规定向海关办理进口报关手续,并缴纳税费。

(4)区内加工企业全部用境外运入料、件加工的制成品销往非保税区时,海关按照进口制成品征税。

用含有境外运入料、件加工的制成品销往非保税区时,海关对其制成品按照所含境外运入料、件征税;对所含境外运入料、件的品名、数量、价值申报不实的,海关按照进口制成品征税。

(5)区内加工企业委托非保税区企业或者接受非保税区企业委托进行加工业务,应当事先经海关批准,并符合下列条件:

① 在区内拥有生产场所,并已经正式开展加工业务;

② 委托非保税区企业的加工业务,主要工序应当在区内进行;

③ 委托非保税区企业加工业务的期限为 6 个月;有特殊情况需要延长期限的,应当向海关申请延期,延期的最长期限为 6 个月。在非保税区加工完毕的产品应当运回保税区;需要从非保税区直接出口的,应当向海关办理核销手续;

④ 接受非保税区企业委托加工的,由区内加工企业向海关办理委托加工料、件的备案手续,委托加工的料、件及产品应当与区内企业的料、件及产品分别建立账册并分别使用。加工完毕的产品应当运回非保税区企业,并由区内加工企业向海关销案。

(6)海关对区内加工企业进料加工、来料加工业务,不实行加工贸易银行保证金台账制度。

委托非保税区企业进行加工业务的,由非保税区企业向当地海关办理合同登记备案手续,并实行加工贸易银行保证金台账制度。

(四)对进出保税区运输工具和个人携带物品的监管

(1)运输工具和人员进出保税区,应当经由海关指定的专用通道,并接受海关检查。

(2) 进出保税区的运输工具的负责人,应当持保税区主管机关批准的证件连同运输工具的名称、数量、牌照号码及驾驶员姓名等清单,向海关办理登记备案手续。

(3) 未经海关批准,从保税区到非保税区的运输工具和人员不得运输、携带保税区内的免税货物、物品、保税货物以及用保税料、件生产的产品。

四、对保税区进出境货物的限制

(1) 除国家指定的汽车进口口岸的保税区(天津、大连、上海、广州、福田)外,其他保税区均不允许运进转口方式的进口汽车。对保税区内企业自用的汽车,也应由指定的口岸办理进口手续。

(2) 进出口第三商品,如被动配额许可证管理的纺织品,可生产化学武器的化学品、化学武器关键前体、化学武器原料、易制毒化学品,一律凭主管部门的许可证验放。区内企业进口激光光盘生产设备,凭进口许可证验放。

(3) 区内设立以进口国家限制进口的可用作原料的废物进行加工、拆解等业务的企业时,包括国家限制过境的废物,要经主管部门批准,不允许区内企业以转口货物为名,将国家限制进口的可用作原料的废物存放于区内仓储。

五、保税区进出货物报关程序

(一) 境外货物进区流程描述

(1) 加工贸易所需进境料件、转口货物、仓储货物适用进境备案手续。

(2) 货物到达港后,收货人或其代理人到预录入点办理进境货物备案清单预录入手续(加工贸易进境料件在加工企业预录入,仓储、转口货物在仓库预录入),预录入按"进出境备案清单填制规范"填写。

(3) 无纸化通关。将预录入数据及报关所需单证作为附件上传,并向海关发送申报,待接到海关放行回执后,打印放行回执,办理提货手续。转有纸通关。若海关对单证或申报信息有疑问,则打印进境备案清单。在备案清单上签署报关员名字,并加盖报关章,随附报关员证、提单(包括小提单)、相关商业单证、运输单证、原产地证书等审批单证及其他海关认为必要时需交验的有关单证和资料到海关办理书面交单申报手续。海关接单后,经审核符合申报条件、手续齐全有效的,予以放行,并在有关单证上加盖放行章或验讫章,将盖章单证返还报关员,办理提货手续。

(4) 货物须由海关监管车辆从码头(机场等)承运至保税区内。

(二) 区内货物出境流程描述

(1) 保税区运往境外的货物适用出境备案手续。

(2) 发货人或其代理人到预录入点办理出境备案清单预录入手续,预录入按"进出境备案清单填制规范"填写。

(3) 无纸化通关。将预录入数据及报关所需单证作为附件上传,并向海关发送申报,待接到海关放行回执后,打印放行回执,办理提货手续。转有纸通关。① 若海关对单证或申报信息有疑问,则打印出境备案清单。在备案清单上签署报关员名字,并加盖报关章,随附报关员证、相关商业单证、运输单证、审批单证及其他海关认为必要时需交验的有关单证和资料到海关办理书面交单申报手续。② 海关接单后,经审核符合申报条件、手续齐全有效的,予以放行,并在报关单证上加盖放行章或验讫章,将盖章单证返还报关员,办理货物装船出运手续。

(4) 货物须由海关监管车辆从保税区承运至码头(机场等)。

(三) 其他境外货物进区或货物出区流程描述

(1) 除加工贸易进境料件、转口货物和仓储货物外的从境外运入保税区,或者从保税区运往非保税区,或者从境外通过保税区报关直接运往非保税区的货物适用进口报关手续。

(2) 收(发)货人或其他代理人到预录入点办理进口报关单预录入手续,按"报关单填制规范"填写。

(3) 无纸化通关。将预录入数据及报关所需单证作为附件上传,并向海关发送申报,待接到海关放行回执后,打印报关单放行通知书,办理提货手续。转有纸通关。① 若海关对单证或申报信息有疑问,则打印进口报关单。在报关单上签署报关员名字,加盖报关章,随附报关员证、相关商业单证、运输单证、审批单证及其他海关认为必要时需交验的有关单证和资料到海关办理书面交单申报手续。② 海关接单后,经审核符合申报条件、手续齐全有效的,予以放行,并在相关单证上加盖放行章或验讫章,将盖章单证返还报关员,办理货物运输手续。

(4) 入区货物须由海关监管车辆从码头(机场等)承运至保税区。

(四) 从非保税区运往保税区的货物适用出口报关手续

(1) 货物先运入保税区或直接运入码头后,发货人或其代理人到预录入点办理出口报关单预录入手续,预录入按"报关单填制规范"填写。

(2) 无纸化通关。将预录入数据及报关所需单证作为附件上传,并向海关发送申报,待接到海关放行回执后,打印报关单放行通知书,办理运输手续。转有纸通关。① 若海关对单证或申报信息有疑问,则打印出口报关单。在报关单上签署报关员名字,加盖报关章,随附报关员证、相关商业单证、运输单证、审批单证及其他海关认为必要时需交验的有关单证和资料到海关办理书面交单申报手续。② 海关接单后,经审核符合申报条件、手续齐全有效的,予以放行过机,并在相关单证上加盖放行章或验讫章,将盖章单证返还报关员,办理货物运输进区手续。

(3) 入区货物须由海关监管车辆从码头(机场等)承运至保税区。

进出境报关	与境外之间进出境货物,自用的	报关制:填写进出口报关单 【自用的机器设备、管理设备、办公用品】
	与境外之间进出境货物,非自用的	备案制:填写进出境备案清单 【加工贸易料件、转口贸易货物、仓储货物】
	管理: (1) 保税区与境外之间进出的货物,除特殊货物外,不实行进出口许可证件管理,免于交验许可证件。 (2) 保税加工、保税仓储、转口贸易、展示而从境外进入保税区的货物可以保税。 (3) 从境外进入保税的以下货物可以免税:(重点) ① 区内生产性的基础设施建设项目所需的机器、设备和其他基建物资。 ② 区内企业自用的生产、管理设备和自用合理数量的办公用品及所需的维修零配件等物资、设备,但交通工具和生活用品除外。 ③ 保税区行政管理机构自用合理数量的管理设备和办公用品及其所需的维修零配件。	

(续表)

进出区报关	保税加工货物进出区	进区	报出口,填写出口报关单,提供有关许可证件。出口应征收出口关税的商品,需缴纳出口关税, ※海关不签发报关单退税证明联
		出区	报进口,根据货物不同流向,填写不同的进口报关单
	设备进出区	进出区	1. 进出区都要向保税区海关备案 2. 设备进区,不填写报关单,不缴纳出口税,海关不签发出口报关单退税证明联。设备是从国外进口已征进口税的,不退进口税。 3. 设备退出区外,不必填写报关单,但要向保税区海关办理销案

六、保税区与其他特殊监管区域之间

保税区进出境仓储、转口货物是指从境外存入保税区、保税物流园区和从保税区、保税物流园区运出境的仓储、转口货物。

本监管方式代码"1234",简称"保税区仓储转口"。

保税区、保税物流园区进出境仓储、转口货物实行"备案制",区内企业凭"保税区、保税物流园区进(出)境货物备案清单"向保税区、保税物流园区海关办理申报手续。保税区仓储、转口货物无须填报征免性质。

相关申报要求如下:

（1）保税区、保税物流园区除仓储、转口货物以外的其他进出境货物,应按实际监管方式填报。如区内企业开展加工贸易业务所需进口料件和制成品出口,监管方式应填报为"来料加工"（0214）或"进料对口"（0615）。

（2）从保税区、保税物流园区运往境内非海关特殊监管区域、保税监管场所的货物,按实际监管方式填报,运输方式为"保税区"（7）。

（3）从境内非海关特殊监管区域、保税监管场所运入保税区、保税物流园区的货物,以及从境内非海关特殊监管区域、保税监管场所运入保税区、保税物流园区后又退回境内的货物,按实际监管方式填报,运输方式为"非保税区"（0）。

保税物流中心（A、B型）之间,或保税物流中心（A、B型）与保税区、出口加工区、保税物流园区、保税仓库、出口监管仓库等海关特殊监管区域或监管场所之间往来的货物应向海关申报,货物出口（转出）企业和货物进口（转入）企业均应同时填制《中华人民共和国出口货物报关单》或《中华人民共和国进口货物报关单》,监管方式应填报为"保税间货物"（"1200"）;运输方式为"其他"（代码9）;起运国或运抵国为"中国";原产国或最终目的国按照实际国别填报。

任务五　自由贸易区货物报关程序

一、概念及上海自贸区

（一）自贸区概念

自贸区分为两种，一种是广义的自贸区，指两个或两个以上国家或地区通过签署自贸协定（FT-Agreement），在 WTO 最惠国待遇基础上，相互进一步开放市场，分阶段取消绝大部分货物的关税和非关税壁垒，改善服务业市场准入条件，实现贸易和投资的自由化，从而形成促进商品、服务和资本、技术、人员等生产要素自由流动的"大区"（FT-Area）。中国近年来积极推动的中日韩自贸区，即是广义自贸区。

另一种是狭义的自贸区，1973 年国际海关理事会签订的《京都公约》将其定义如下："指一国的部分领土，在这部分领土内运入的任何货物就进口关税及其他各税而言，被认为在关境以外，并免于实施惯常的海关监管制度。"上海自贸区，即是狭义自由贸易园区。

（二）上海自贸区特点

上海自贸区由洋山保税港区、外高桥保税区（含外高桥保税物流园区）及浦东机场综合保税区组成，共占地 28 平方公里。

上海自贸区和保税区的区别：上海自贸区属于境内关外，海关对于进入自贸区的货物一般是不加干涉的，比如货物可以在自贸区内自由的买卖、存储，都不需要跟海关打交道。只有当自贸区的货物要进入境内非自贸区，才需要报关、交税。

保税区属于境内关内，也就是货物一旦进入保税区，就要收到海关的监管了。保税区相当于一个更大的保税仓库。

二、上海自由贸易区报关程序

上海自贸区实施"一线放开，二线管住，区内自由，分类监管，功能拓展"五大海关监管制度。

1. 一线放开

所谓"一线放开"，是"创新一线进出境通关模式"，其主要措施包括：先进区后报关，双轨制并行，简化进出境备案格式要素，通关作业无纸化以及支持开展国际中转、集拼和分拨业务。

先进区后报关的操作流程为：企业通过报关信息平台提交提货申请，信息平台对申请进行核准，通过核准的货物便将依次进入港区卡口监管、货物在途监管与自贸区卡口监管，目前货物在途监管与过去一样，依然是通过监管车辆进行全程监控，但在自贸区卡口监管环节，则实现了自动单证扫描，若监管信息未出现风险布控问题，货物则进入卡口查验管理、进境备案申报与区内后续管理环节。

不过，上述先进区后报关的模式目前仅在几家企业进行试点，还处于磨合、完善的阶段，其他大部分企业仍然采取旧的报关模式——新、旧通关模式并行即"双轨制"。

2. 二线管住

"二线管住"的具体要求为"二线安全高效管住",主要措施包括:智能化卡口改造,事前、事中、事后无缝监管链,建设中央监控平台与建设共管、综合监管机制。

智能化卡口改造无疑是这一方针的最重要工作,自贸区将对软件和硬件进行同步改造升级,在卡口设立专用的自动抬杆车道,配备 GPS 信息读取设备、单证条形码扫描系统、箱号识别系统、LED 信息显示屏、可视对讲系统、全程视频监控设备,运用"自贸区信息化管理系统"对车辆及货物进行管理,实现卡口电子管理、自动验放,从而使二线监管模式与一线监管模式相互衔接。

据了解,洋山保税港区、浦东机场保税区因为建设时间较晚、设备较新,目前已经完成了智能化卡口的改造,外高桥保税园区则还在完善过程当中。

建设中央监控平台这一措施又包含了统一化信息系统、同一卡口操作与可视化查验等。共管、综合监管机制,则是要联合企业、社会以及政府其他部门,对自贸区货物的进出进行协同管理。

3. 区内自由

"区内自由"主要强调的是区内货物便捷流转,主要包括:分送集报,自行运输试点,先行试点"保税货物流转管理系统",率先实现跨关区海关特殊监管区域之间货物的高效便捷流转。

其中分送集报指的是分批送货集中报关,这一改革是在自贸区设立以前就已经开始实行的,而自贸区设立后的创新亮点则主要是在自行运输。改变之前的必须由监管车辆运输,为企业可以自行选择符合运输要求的车辆进行运输,以为企业带来更多自主选择的权利,在成本运作方面更加灵活多元。

目前海关总署正在考虑在中国所有保税特殊监管区内实行货物流转的政策,以实现跨关区货物的高效流转。将通过在自贸区内的先行先验,积累可推广的经验。

4. 分类监管

分类监管主要包括建设信息化系统,多账册管理,以及针对保税加工、保税仓储、保税服务等不同业务开展不同形式的监管。

5. 功能拓展

功能拓展所涵盖的范围较广,包括:开展关检合作"三个一"试点,开展跨境贸易电子商务服务试点,拓展包税展示功能,拓展试验区内维修业务,拓展期货保税交割业务,开展国际船舶登记业务,开展融资租赁业务,支持服务贸易发展。

其中"三个一"是指一次申报、一次查验、一次放行。跨境电子商务试点主要在浦东机场保税区进行,目前系统正在测试之中。而维修业务的拓展则主要是洋山保税港区在进行,主要开展的还是无污染、高附加值的维修业务。至于国际船舶登记业务,则是由交通部主导,海关辅助,不过财政部方面目前还存在不同意见,因此推行较为缓慢。

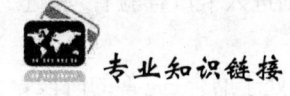

专业知识链接

(一)保税物流园区

保税物流园区指经国务院批准,在保税区规划面积或者毗邻保税区的特定港区内设立的、专门发展现代国际物流业的海关特殊监管区域。园区内不得开展商业零售、加工制造、翻新、拆解及其他与园区无关的业务。

（1）国内货物进入园区视同出口，办理报关手续，对出口到报税区的国内企业可以实行退税；

（2）园区内货物内销按货物进口办理报关手续、货物按实际状态征税；货物不可以更改初始入区的状态（税号不变），但可以更改包装和标志；

（3）园区内货物自由流通，不征增值税和消费税；到保税区海关稽查可办理海关备案手续后，自由转换货物所有权或在园区内的不同货物存放地。

园区主要功能：

① 存储进出口货物及其他未办结海关手续货物；
② 对所存货物开展流通性简单加工和增值服务；
③ 进出口贸易，包括转口贸易；
④ 国际采购、分销和配送；
⑤ 国际中转；
⑥ 检测、维修；
⑦ 商品展示；
⑧ 经海关批准的其他国际物流业务。

园区内不得开展商业零售、加工制造、翻新、拆解及其他与园区无关的业务。

(二) 保税港区

保税港区是指经国务院批准，设立在国家对外开放的口岸港区和与之相连的特定区域内，具有口岸、物流、加工等功能的海关特殊监管区域。保税港区的功能具体包括仓储物流，对外贸易，国际采购、分销和配送，国际中转，检测和售后服务维修，商品展示，研发、加工、制造，港口作业等9项功能。

保税港区享受保税区、出口加工区、保税物流园区相关的税收和外汇管理政策。主要为：国外货物入港区保税；国内货物入港区视同出口，实行退税；港区内企业之间的货物交易不征增值税和消费税。

(三) 保税物流中心

保税物流中心是指封闭的海关监管区域并且具备口岸功能，分A型和B型两种。A型保税物流中心，是指经海关批准，由中国境内企业法人经营、专门从事保税仓储物流业务的海关监管场所；B型保税物流中心，是指经海关批准，由中国境内一家企业法人经营，多家企业进入并从事保税仓储物流业务的海关集中监管场所。

保税物流中心的主要功能是：保税仓储；国际物流配送；简单加工和增值服务；检验检测；进出口贸易和转口贸易；商品展示；物流信息处理；口岸；入物流中心出口退税。

中心内企业不得在物流中心内开展商业零售；生产和加工制造；维修、翻新和拆解等业务。物流中心与境外间进出的货物，除另有规定外，不实行进出口配额、许可证件管理。从境外进入物流中心内的货物，除另有规定外，予以保税。物流中心货物进入境内视同进口，按照货物实际贸易方式和实际状态办理进口报关手续；货物属许可证件管理商品的，企业还应当向海关出具有效的许可证件。货物从境内进入物流中心已办结报关手续的，海关给予签发用于办理出口退税的出口货物报关单证明联，企业按规定办理退税手续。

※项目任务操作

项目引入 1 解析：

（1）中商华联贸易有限公司与上海奔腾国际物流公司签订委托协议，网上填写报关委托书，并将商业发票、装箱单、关税配额外优惠税率进口棉花配额证、合同交给上海奔腾国际物流公司。

（2）向保税仓库主管地海关申报：保税仓库储存货物在出仓前，受中商华联贸易有限公司委托，李想登录中国电子口岸向入境地海关申报，填写"进口货物报关单"，在报关单上注明"来自××保税仓库"，保税仓库填制出口监管仓库出仓清单。

（3）提交随附单据 PDF 格式，和报关单一同上传申报。

（4）网上审核通过，交验相关关税和增值税后，保税仓库经营人核对报关单上申报出口货物与实际出库货物无误后，办理货物出仓手续。

项目引入 2 解析：

（1）上海兰生股份有限公司与上海奔腾国际物流公司签订委托协议，网上填写报关委托书，并将商业发票、装箱单、电子版加工贸易手册、合同等交给上海奔腾国际物流公司。

（2）向出口监管仓库海关申报：报关人员李想想登录中国电子口岸向上海出口监管仓库吴淞海关申报出口，并上传上述单证和加盖出口监管仓库经营企业报关专用章的《出口监管仓库货物入仓清单》的 PDF 格式及海关认为需要提交的其他随附单证。

（3）上海出口监管仓库吴淞海关审核通过后，仓库核对货物通过后，从中国电子口岸传来交验关税和增值税的通知。

（4）在网上税费支付系统完成税费支付后，中国电子口岸系统传来入仓通知。

（5）货物正式进入出口监管仓库查收，对于入仓即退税的货物，海关向税费部门发送货物入仓退税通知，上海兰生股份有限公司凭此办理退税。

项目引入 3 解析：

1. 结转审批

转出企业宁波富瑞电子科技有限公司申请出口加工区管委会批复，凭出口加工区管委会批复办理结转，转入企业晶达电子（苏州）有限公司向苏州园区出口加工区管委会申请，凭其所在区管委的批复办理结转手续。

2. 结转备案

转出企业宁波富瑞电子科技有限公司、转入企业晶达电子（苏州）有限公司向海关申报结转计划时应当提交《中华人民共和国海关出口加工区货物出区深加工结转申请表》（以下简称《申请表》），并按照要求如实填写《申请表》的各项内容。

转入企业晶达电子（苏州）有限公司在《申请表》（一式四联）中填写本企业的转入计划，凭《申请表》向转入地苏州海关备案；转入地苏州海关备案后，留存《申请表》第一联，其余三联退转入企业交转出企业；转出企业宁波富瑞电子科技有限公司自转入地苏州海关备案之日起三十日内，持《申请表》其余三联，填写本企业的相关内容后，向转出地海关宁波出口加工区海关办理备案手续。转出地海关宁波出口加工区海关审核后，将《申请表》第二联留存，第三联、第四联交转出企业,转入企业凭此办理结转收发货登记及报关手续。

3. 实际收发货

转出企业、转入企业办理结转备案手续后,应当按照经双方海关核准后的《申请表》进行实际收发货。转出企业宁波富瑞电子科技有限公司的每批次发货记录应当在一式三联的《出口加工区货物实际结转情况登记表》(以下简称《登记表》)上进行如实登记。由海关在转出地卡口签注《登记表》后货物出区。

4. 实际收发货报关

转出企业、转入企业每批实际发货、收货后,转出企业、转入企业可以凭《申请表》和转出地卡口签注的《登记表》分批或者集中办理报关手续。转出、转入企业每批实际发货、收货后,应当在实际发货、收货之日起三十日内办结该批货物的报关手续。一份结转进口报关单对应一份结转出口备案清单。转出、转入企业应当按照海关规定如实、准确地向海关申报结转货物的品名、商品编号、规格、数量、价格等项目。宁波富瑞电子科技有限公司向转出地宁波出口加工区海关、晶达电子(苏州)有限公司向转入地海关苏州海关申报,转出地和转入地海关应当对申报数据进行审核。

ABC广州有限公司位于广州保税区,海关注册编号为440124XXXX,所申报商品位列B52084400153号登记手册备案料件第13项,法定计量单位为千克,货物于2004年7月16日运抵口岸,当日向黄埔海关新港办(关区代码为5202)办理进口申报手续。保险费率为0.27%。入境货物通关单编号为442100104064457,请上海奔腾国际物流公司李想办理这批保税区货物的报关手续。

项目引入4解析:

(1) 加工贸易所需进境料件、转口货物、仓储货物适用进境备案手续。本案商品是备案料件,属于非自用。

(2) 货物到达港口后,收货人或其代理人到预录入点办理进境货物备案清单预录入手续(加工贸易进境料件在加工企业预录入,仓储、转口货物在仓库预录入),预录入按"进出境备案清单填制规范"填写。

(3) 无纸化通关和转有纸通关。无纸化通关将预录入数据及报关所需单证作为附件上传,并向海关发送申报,待接到海关放行回执后,打印放行回执,办理提货手续。

转有纸通关分两种情况:一是若海关对单证或申报信息有疑问,则打印进境备案清单。在备案清单上签署报关员名字,并加盖报关章,随附报关员证、提单(包括小提单)、相关商业单证、运输单证、原产地证书等审批单证及其他海关认为必要时需交验的有关单证和资料到海关办理书面交单申报手续。二是海关接单后,经审核符合申报条件、手续齐全有效的,予以放行,并在有关单证上加盖放行章或验讫章,将盖章单证返还报关员,办理提货手续。

4. 货物需由海关监管车辆从码头(机场等)承运至保税区内。

※思考与练习

一、选择题

1. 出口监管仓库所存货物的储存期限为,如因特殊情况需要延长储存期限,应在到期之前向主管海关申请延期,延长的期限最长不超过( )。
   A. 6个月;6个月　　　　　B. 6个月;3个月
   C. 1年;1年　　　　　　　D. 2年;1年

2. 保税区进出境货物备案清单适用于( )。
   A. 保税区与境内非保税区之间进出口的货物
   B. 保税区从境外进口的转口货物
   C. 保税区内企业从境外进口自用的机器设备
   D. 保税区内工作人员从境外进口的自用应税物品

3. 从境内区外进入( )的一般出口货物,可享受出口退税。
   A. 保税区、保税物流中心
   B. 保税物流园区、保税区
   C. 保税区、保税港区
   D. 保税物流园区、保税物流中心

4. ( )可以存放于保税仓库。
   A. 加工贸易进口货物
   B. 加工贸易出口货物
   C. 外商进境暂存货物
   D. 未办结海关手续的一般进口货物

5. 某出口加工区企业从香港购进台湾产的薄型尼龙布一批,加工成女式服装后,经批准运往区外内销,该批服装向海关申报出区时,其原产地应申报为( )。
   A. 香港　　　　　　　　　B. 台湾
   C. 中国　　　　　　　　　D. 国别不详

6. 自境内区外运入出口加工区的货物,正确的报关程序应当是( )。
   A. 区外企业填制出口报关单→区内企业填制进境备案清单→海关向区外企业签发报关单退税、收汇证明联,向区内企业签发进境备案清单付汇证明联
   B. 区外企业填制进口报关单→区内企业填制出境备案清单→海关向区外企业签发报关单付汇证明联,向区内企业签发出境备案清单收汇证明联
   C. 区外企业填制出口报关单→区内企业填制出境备案清单→海关向区外企业签发报关单退税、收汇证明联,向区内企业签发出境备案清单收汇证明联
   D. 区外企业填制出境备案清单→区内企业填制进口报关单→海关向区外企业签发出境备案清单退税、收汇证明联,向区内企业签发报关单付汇证明联

7. 经海关批准设立的保税仓库可以存放的货物是( )。
   A. 进口货物　　　　　　　B. 进口货物、出口货物

C. 出口货物　　　　　　　　　　D. 加工贸易进出口货物

8. 以下关于保税区与境外之间进出货物的报关制度,正确的表述应当是(　　)。
   A. 保税区与境外之间进出境货物采取报关制,填写进出口货物报关单
   B. 保税区与境外之间进出境货物采取备案制,填写进出境货物备案清单
   C. 保税区与境外之间进出境货物,属自用的,采取备案制,填写进出境货物备案清单;属非自用的,采取报关制,填写进出口货物报关单
   D. 保税区与境外之间进出境货物,属自用的,采取报关制,填写进出口货物报关单;属非自用的,采取备案制,填写进出境货物备案清单

9. 某企业经营单位编码"312254×××"表示其所在市内经济区划是(　　)。
   A. 保税区　　　　　　　　　　B. 物流园区
   C. 出口加工区　　　　　　　　D. 经济技术开发区

10. 出口加工区区内开展加工贸易业务,适用电子账册管理,实行备案电子账册滚动累扣,核扣,每(　　)核销一次。
    A. 3个月　　　　　　　　　　B. 6个月
    C. 9个月　　　　　　　　　　D. 12个月

11. 出口加工区区内企业经主管海关批准,运往境内区外维修、测试或检验的机器,应自运出之日起(　　)内运回加工区。
    A. 60天　　　　　　　　　　B. 90天
    C. 30天　　　　　　　　　　D. 15天

12. 出口加工区区内企业经主管海关批准,运往境内区外维修、测试或检验的机器,因特殊情况不能如期运回的,区内企业应于期限届满前(　　)内,向主管海关说明情况,并申请延期。申请延期以1次为限,延长期不得超过(　　)。
    A. 10天;30天　　　　　　　　B. 7天;30天
    C. 14天;15天　　　　　　　　D. 15天;60天

13. 下列关于出口加工区,下列说法错误的是(　　)。
    A. 从境内区外运进加工区供区内企业使用的国产机器、设备、原材料、零部件、元器件等,按照对出口货物的管理规定办理出口报关手续,海关签发出口退税报关单
    B. 出口加工区运往境内区外维修的机器、设备、模具和办公用品等,运回加工区时,要以海关能辨认其为原物或同一规格的新零件、配件或附件为限,但更换新零件、配件或附件的,原零件、配件或附件应一并运回加工区
    C. 出口加工区货物运往境内区外,由区外企业录入进口货物报关单,向出口加工区海关办理进口报关手续
    D. 出口加工区货物运往境内区外,由区内企业填制出口货物报关单,向出口加工区海关办理出区报关手续

14. 下列关于珠海园区说法不正确的是(　　)。
    A. 区内企业开展加工贸易不实行加工贸易银行保证金台账制度
    B. 区内加工贸易货物内销征收缓税利息
    C. 珠海园区货物运往境内区外,由区内企业填写"出境货物备案清单",区外收货人填制进口货物报关单

D. 从区外进入珠海园区供区内企业使用的国产机械、设备,签发出口货物报关单证明联

15. 自境内区外运入出口加工的货物,正确的报关程序应当是(　　)。
   A. 区外企业填制出口报关单→区内企业填制进境备案清单→海关向区外企业签发报关单退税、收汇证明联,向区内企业签发进境备案清单付汇证明联
   B. 区外企业填制进口报关单→区内企业填制进境备案清单→海关向区外企业签发报关单付汇证明联,向区内企业签发出境备案清单收汇证明联
   C. 区外企业填制出口报关单→区内企业填制进境备案清单→海关向区外企业签发报关单退税、收汇证明联,向区内企业签发出境备案清单收汇证明联
   D. 区外企业填制出境备案清单→区内企业填制进口备案清单→海关向区外企业签发出境备案清单退税、收汇证明联,向区内企业签发报关单付汇证明联

二、判断题

1. 保税区内企业进口属于两用物项和技术进出口许可证管理的监控化学品用于区内加工,可免予办理"两用物项和技术进出口许可证"。　　　　　　　　　(　　)
2. 保税区内的加工企业内销的制成品,海关以接受内销申报的同时或大约同时进口的相同或者类似货物的进口成交价格为基础审查确定完税价格。　　　(　　)
3. 对已存入出口监管仓库因质量等原因要求更换的货物,经仓库所在地主管海关批准,可以更换货物。更换货物入仓前,被更换货物应当先行出仓。　　(　　)
4. 海关特殊监管区域和保税监管场所之间进出的黄金及其产品,应办理黄金及其制品进出口准许证,并由海关实施监管。　　　　　　　　　　　　　　(　　)
5. 出口加工区的深加工结转,对转入特殊监管区域外加工贸易企业的,转入企业凭商务主管部门的批复办理结转手续。　　　　　　　　　　　　　　　(　　)
6. 出口加工区的深加工结转,对转入特殊监管区域外加工贸易企业的,在办理备案阶段,转入转出企业都是向各自所在地主管海关办理备案。　　　　　(　　)
7. 出口加工区的深加工结转,对转入特殊监管区域外加工贸易企业的,转出、转入企业在出口加工区主管海关办理结转手续。　　　　　　　　　　　　(　　)
8. 出口加工区的深加工结转,对转入特殊监管区域外加工贸易企业的,转出、转入企业在出口加工区主管海关办理结转手续。　　　　　　　　　　　　(　　)
9. 对加工区运往境内区外的货物,按进口货物报关,缴纳进口关税、增值税、消费税,免交付缓税利息,属许可证件管理的,免交验进口许可证件。　　(　　)
10. 珠海园区既可以从事保税物流,又可以从事保税加工,还可以从事国际贸易,是海关综合保税监管的特殊区域。　　　　　　　　　　　　　　　　　(　　)
11. 保税仓库货物出库内销时保税物流货物需征收缓税利息。　　　　　(　　)
12. 企业设立保税仓库应向仓库所在地主管海关提交书面申请,由主管海关初审,报海关总署审批。　　　　　　　　　　　　　　　　　　　　　　　　(　　)
13. 可以在保税仓库内进行实质性加工。　　　　　　　　　　　　　　(　　)
14. 出口配送型仓库指存储用于国内结转的出口货物的仓库。　　　　　(　　)
15. 某保税物流中心(A型)企业从境外进口自用办公用品以及为开展综合物流服务所需进口的机器、装卸设备等,按照规定,进口这些物资可予以免税。　　(　　)

16. 从境内运入物流中心已办结报关手续或者从境内运入物流中心供中心内企业自用的各种国产设备以及转关出口货物,海关签发出口货物报关单退税证明联。（ ）

17. 申请设立保税物流中心(B型)的经营企业应当向所在地直属海关提出申请设立,直属海关受理,报海关总署审批。（ ）

18. 保税区与境外之间进出境货物,属自用的,填写进出境备案清单。（ ）

19. 保税区内的加工企业内销的制成品,海关以接受内销申报的同时或大约同时进口的相同或者类似货物的进口成交价格为基础审查确定完税价格。（ ）

项目五　减免税货物报关

知识目标

1. 熟悉减免税货物的含义、特点和范围；
2. 掌握减免税货物通关程序及报关单证特殊填制。

能力目标

1. 能判断货物类别，并明确海关管理基本规定；
2. 能办理减免税货物报关的基本手续。

项目引入

广州格林模具有限公司（经营单位代码：4401946230）属于鼓励类外商投资项目企业，委托广东省对外贸易集团公司（经营单位代码：4401916732）进口投资设备一批，该批设备与2014年6月18日进口，次日广州对外贸易集团公司委托广东顺风货运有限公司持"入境货物通关单"（证件代码及编号 A：440150106121804）和"征免税证明"（证明号：Z51011A00422）以及其他相关单证向佛山新港海关（关区代码5189）报关。该设备的商品编码为84629110，该批设备分列手册(征免税证明)1~3项，法定计量单位：台。

报关材料包括：

1. 商业发票；
2. 装箱单；
3. 入境货物通关单。

李想接到这笔业务后，要根据以上材料完成该批设备的进口报关工作，具体工作任务：

1. 完成进口申报。帮客户进行代理报关时，要确定具体申报需要哪些材料，并进行网上申报和现场申报。
2. 如果有海关查验通知，要配合海关查验。
3. 按规定办理缴纳税款的手续。海关放行后，要提取货物。

任务一　认知减免税货物

一、关税减免的含义

关税减免又称为关税优惠，是减征关税和免征关税的合称。关税减免是关税政策的重要组成部分，减税免税是联系征税对象及其他条件，在一定时期内对某些纳税人给予鼓励和照顾的一种特殊规定。它反映了税收制度严肃性和灵活性的结合。

根据我国《海关法》第五十六条、五十七条和第五十八条的规定,关税减免分为 3 大类,即法定减免税、特定减免税和临时减免税。

(一)法定减免

法定减免是指《海关法》、《关税条例》和《进出口税则》,以及其他法律、法规所实施的关税减免,大多与国际通行规则相一致,除外国政府、国际组织无偿赠送的物资外,其他法定减免税货物一般无须办理减免税审批手续,海关征税人员可凭有关证明文件和报关单证按规定直接给予减免税,海关对法定减免税货物一般不进行后续管理,也不作减免税统计。

1. 免税物品

(1) 关税税额在人民币 50 元以下的一票货物;

(2) 无商业价值的广告和货样;

(3) 外国政府、国际组织无偿赠送的物资;

(4) 进出境运输工具装载的途中必需的燃料、物料和饮食用品;

(5) 出口货物因故退回,由原发货人或其代理人申报进口,并能提供原出口单证,经海关审核属实的可免征进口关税,但已征的出口关税不予退还;

(6) 进口货物因故退回,由原发货人或其代理人申报出境,并能提供原进口单证,经海关核实可免征出口关税,但已征的进口关税不予退还;

(7) 经核准暂时出口或进口,并保证在 6 个月内复运出、进口的应税货物,免于征税;

(8) 无代价抵偿的进口货物,符合无代价抵偿进口货物的规定并且原进口货物已征进口税的,可予免税。

2. 酌情减免税的物品

(1) 在境外运输途中或者在起卸时,遭受损坏或者损失的;

(2) 起卸后海关放行前,因不可抗力而遭受损坏或者损失的;

(3) 海关查验时已经破漏、损坏或者腐烂,经证明不是保管不慎造成的。

中华人民共和国缔结或者参加的国际条约规定减征或免征关税的货物、物品,海关应当按照规定予以减免关税。

(二)特定减免

特定减免是政策性减免税,指海关根据国家规定,对特定地区、特定用途、特定企业给予的减免关税和进口环节海关代征税的优惠。在《海关法》、《关税条例》和《进出口税则》中虽然已作了法定减免税的规定,但在实际工作中对一些法定减免税规定中没有予以解决的,而根据我国经济发展情况和对外开放政策又很需要的,还需做出进一步的关税优惠规定。实行改革开放以来,为了适应和支持对外开放,鼓励利用外资和引进技术,扩大对外贸易,发展工农业生产和科学、教育事业,国家陆续制定了诸如经济特区、经济技术开发区等特定地区、外商投资企业等特定企业,国内企业技术改造、国外贷款项目等特定用途的进出口货物的一系列配套的优惠政策,对促进改革开放,促进技术进步,发展国民经济发挥了积极作用。随着我国对外开放的进一步发展和社会主义市场经济体制的逐步建立,一些优惠政策已经与国际惯例和建立社会主义市场经济体制的要求不相适应。因此,从 1993 年起,国务院开始对减免税政策进行清理,采取"一次清理,分步到位"的做法,对不违反国际惯例而对我国经济发展和对外开放有较好促进作用的减免税政策、规定予以保留,继续执行;对不符合国际惯例和社会主义市场经济要求,不利于平等竞争或明显不合理的减免税政策、规定,一般到期或额满为止,不再延长时间或增加数额。截至目前,我国已多次对特定减免税政策进行了调整,最新的特定减免税政策规定如下。

第一类,按特定地区实施的关税优惠。目前,按地区实施的关税优惠政策已大部分取消,仅保留了对保税区进出口货物、出口加工区进出口货物、边民互市和边境小额贸易进口货物、物品的免税规定。具体包括:① 保税区、出口加工区进口用于基础设施建设的物资、机器、设备,区内行政管理机构进口自用合理数量的管理设备和办公用品,以及区内企业进口的生产、管理设备和其他企业自用物资;② 边民互市贸易中规定的金额或数量范围内进口的商品。指边境地区边民在我国陆路边境20公里以内,经政府批准的开放点或指定的集市上,在不超过规定的金额或数量内进行的商品交换活动。

第二类,按特定企业实施的关税优惠。属于国家鼓励发展产业的外商投资企业(外国投资者的投资比例不低于25%)、外商研究开发中心、先进技术型、产品出口型的外商投资企业,在企业投资额以外的自有资金(指企业储备基金、发展基金、折旧、税后利润)内,对原有设备更新(不包括成套设备和生产线)和维修进口国内不能生产或性能不能满足需要的设备,以及与上述设备配套的技术、配件、备件,可以免征进口关税,进口环节增值税照章征收包。

第三类,按特定用途实施的关税优惠。包括以下几种。

1. 国内投资项目

属于《当前国家重点鼓励发展的产业、产品和技术目录》的国内投资,包括利用国外商业贷款的基建或技改项目,在投资总额内的自用机器及随附的技术、配件,免征进口关税,进口环节增值税照章征收。

2. 利用外资项目

属于《外资投资产业指导目录》鼓励类,并转让技术的外商投资项目,在投资总额内进口的自用机器设备及随附的技术、配件,以及利用外国政府贷款和国际金融组织贷款进口的机器设备,免征进口关税,进口环节增值税照章征收。

3. 进口科教用品

经国务院批准,海关总署于1997年4月10日发布实施《科学研究和教学用品免征进口税收暂行规定》。《规定》指出,科研机构和学校在合理数量范围内进口国内不能生产的科研和教学用品,直接用于科研或教学的,免征进口关税和进口环节增值税、消费税。

专业知识链接

免税进口科教用品清单:

(1) 研究开发、科学试验用的分析、测量、检查、计量、观测、发生信号的仪器、仪表及其附件;

(2) 为科学研究、技术开发提供必要条件的科研实验用设备(用于中试和生产的设备除外);

(3) 计算机工作站,中型、大型计算机;

(4) 在海关监管期内用于维修依照本规定已免税进口的仪器、仪表和设备或者用于改

进、扩充该仪器、仪表和设备的功能而单独进口的专用零部件及配件;

(5) 各种载体形式的图书、报刊、讲稿、计算机软件;

(6) 标本、模型;

(7) 实验用材料;

(8) 实验用动物;

(9) 研究开发、科学试验和教学用的医疗检测、分析仪器及其附件(限于医药类科学研究、技术开发机构);

(10) 优良品种植物及种子(限于农林类科学研究、技术开发机构);

(11) 专业级乐器和音像资料(限于艺术类科学研究、技术开发机构);

(12) 特殊需要的体育器材(限于体育类科学研究、技术开发机构);

(13) 研究开发用的非汽油、柴油动力样车(限于汽车类研究开发机构)。

上述货物进口前,应持下列单证向海关提出免税申请:填好的《科教用品免税申请表》一式两份、订货合同副本及清单、货物属归口管理的提交归口部门证明文件、其他有关说明资料。

4. 残疾人组织及个人进口物品

经国务院批准,海关总署于1997年发布《残疾人专用品免征进口税收暂行规定》及其实施办法。该办法规定,以下残疾人专用物品免征进口关税和进口环节增值税、消费税。

(1) 个人进口残疾人专用物品在自用合理数量范围内,由纳税人直接在进口地海关办理免税进口手续。批量进口残疾人专用品,进口单位在进口前应提供用途说明等文件,向所在地主管海关申请,经所在地主管海关审核同意后,出具《进出口货物征免税证明》(三联单)通知进口地海关办理免税手续。

(2) 福利、康复机构进口国内不能生产的残疾人专用品的免税手续按以下规定办理。进口前,有关福利、康复机构应按隶属关系,填写《残疾人免税进口专用品申请表》一式三份,分别向民政部或中国残疾人联合会提出申请;经民政部或中国残疾人联合会审核无误后,应在《申请表》上签章,将其中一份存档,另两份报送海关总署;经海关总署关税司审核无误后,通知福利、康复机构所在地主管海关。

福利、康复机构所在地主管海关凭关税司下发的批准文件,填写《进出口货物征免税证明》三联单,其中第一联交福利、康复机构所在地主管海关留存;第二、三联送交进口地海关凭以免税,进口地海关在免税验放后,及时将第三联退福利、康复机构所在地主管海关。

(3) 境外捐赠给残疾人个人或有关福利、康复机构的国内不能生产的残疾人专用品,凭捐赠证明按该法办理。

凡是特定减免税进出口的货物,其收发货人或代理人都必须在货物进口前,按照规定的程序向海关办理申请减免税审批手续。经海关核准,对符合特定减免税规定的,由海关核发减免税证明,凭此办理进出口海关手续;无减免税证明的,由海关在进出口环节照章征税。

5. 无偿援助项目进口物资、救灾捐赠物资

外国政府、国际组织无偿赠送的进口物资;外国民间团体、企业、友好人士和港、澳、台、侨胞无偿向我境内受灾地区捐赠的直接用于救灾的物资,在合理数量范围内,免征关税和进口环节增值税、消费税。

6. 扶贫慈善捐赠物资

为促进公益事业的健康发展,经国务院批准,对境外捐赠人无偿捐赠的直接用于扶贫、

慈善事业的物资,免征进口关税和进口环节增值税。

此外,远洋渔业项目进口自捕水产品,海上石油、陆上石油项目进口用于开采作业的设备、仪器、零附件、专用工具,免征进口关税和进口环节增值税。集成电路项目进口自用生产性原材料、净化室专用建筑材料、生产设备零件;贷款中标项目进口机电产品零部件,免征进口关税,进口环节增值税(或消费税)照章征收。国家还根据不同时期的需要制定相关的减免税政策。

专业知识链接

一般来说,政策性减免税进口货物有以下几个特点:

纳税义务人必须在货物进出口前办理减免税审批手续;政策性减免税货物放行后,在其监管年限内应当接受海关监管,未经海关核准并交纳关税,不得移作他用;可以在两个享受同等税收优惠待遇的单位之间转让并无须补税。

自2009年1月1日起,国家实施增值税转型改革后,大部分进口减免税货物恢复征收进口增值税,只免征进口关税。

(三)临时减免

临时减免也称特案减免,是指法定减免税和特定减免税以外的其他形式的减免税。临时减免由海关总署或会同财政部按照国务院的规定,根据某个单位、某类商品、某个时期或某批进出口货物的特殊情况,需要对其进口应税货物特案予以关税减免。对于临时减免税的进出口货物,除海关总署批复有用途限制的要加以管理外,其余货物海关一般不需要进行后续管理,但要进行免税统计。临时减免税一般是"一案一批"。临时减免税已于1993年6月停止审批。

二、减免税货物的管理

(一)减免税货物监管期限

除海关总署另有规定外,在海关监管年限内,减免税申请人应当按照海关规定保管、使用进口减免税货物,并依法接受海关监管。

进口减免税货物的监管年限为:

(1) 船舶、飞机:8年;

(2) 机动车辆:6年;

(3) 其他货物:5年。

监管年限自货物进口放行之日起计算。

动一动脑筋

> 上海某高校从德国进口一台先进的机电设备用于教学科研,上海某企业从美国进口飞机制造设备一套。
>
> 请思考:海关对这台机电设备、对这套飞机制造设备的监管年限各应为多久?

（二）减免税货物办理手续

减免税申请人可以自行向海关申请办理减免税备案、审批、税款担保和后续管理业务等相关手续，也可以委托他人办理前述手续。

进口货物减免税申请人是指根据有关进口税收优惠政策和有关法律法规的规定，可以享受进口税收优惠，并依法向海关申请办理减免税相关手续的具有独立法人资格的企事业单位、社会团体、国家机关；符合规定的非法人分支机构；经海关总署审查确认的其他组织。

已经在海关办理注册登记并取得报关注册登记证书的报关企业或者进出口货物收发人可以接受减免税申请人委托，代为办理减免税相关事宜。

有下列情形之一的，减免税申请人可以向海关申请凭税款担保先予办理货物放行手续：

1. 主管海关按照规定已经受理减免税备案或者审批申请，尚未办理完毕的；
2. 有关进口税收优惠政策已经国务院批准，具体实施措施尚未明确，海关总署已确认减免税申请人属于享受该政策范围的；
3. 其他经海关总署核准的情况。

国家对进出口货物有限制性规定，应当提供许可证件而不能提供的，以及法律、行政法规规定不得担保的其他情形，不得办理减免税货物凭税款担保放行手续。

减免税申请人需要办理税款担保手续的，应当在货物申报进口前向主管海关提出申请，主管海关准予担保的，出具"中华人民共和国海关准予办理减免税货物税款担保证明"，进口地海关凭主管海关出具的准予担保证明，办理货物的税款担保和验放手续。

税款担保期限不超过 6 个月，经直属海关关长或其授权人批准可以予以延期，延期时间自税款担保期限届满之日起算，延长期限不超过 6 个月。特殊情况仍需要延期的，应当经海关总署批准。海关按规定延长减免税备案、审批手续办理时限的，减免税货物税款担保时限可以相应延长，主管海关应当及时通知减免税申请人向海关申请办理减免税货物税款担保延期的手续。

（三）其他管理规定

在海关监管年限内，减免税申请人应当自进口减免税货物放行之日起，在每年的第 1 季度向主管海关递交减免税货物使用状况报告，报告减免税货物使用状况。在海关监管年限及其后 3 年内，海关依照《海关法》和《稽查条例》的有关规定对减免税申请人进口和使用减免税货物情况实施稽查。

在海关监管年限内，减免税申请人将进口减免税货物转让给进口同一货物享受同等减免税优惠待遇的其他单位的，不予恢复减免税货物转出申请人的减免税额度，减免税货物转入申请人的减免税额度按照海关审定的货物结转时的价格、数量或者应缴税款予以扣减。减免税货物因品质或者规格原因原状退运出境，减免税申请人以无代价抵偿方式进口同一类型货物的，不予恢复其减免税额度；未以无代价抵偿方式进口同一类型货物的，减免税申请人在原减免税货物退运出境之日起 3 个月内向海关提出申请，经海关批准，可以恢复其减免税额度。对于其他提前解除监管的情形，不予恢复减免税额度。

任务二 减免税货物的报关程序

一、减免税备案和审批

(一)特定地区减免税货物备案和审批
减免税备案和减免税证明申领,均向其主管海关办理。

1. 保税区

(1) 备案登记。向海关办理减免税备案登记时,应提交:
① 企业批准证书;
② 营业执照;
③ 企业合同;
④ 章程。

海关审核后准予备案的,签发企业征免税登记手册。

(2) 申领"进出口货物征免税证明"。在进口特定减免税货物以前,向保税区海关提交企业征免税登记手册、发票、装箱单等,录入海关计算机系统。核发"进出口货物征免税证明"。

2. 出口加工区减免税货物

(1) 备案登记。向海关办理减免税备案登记时,应提交:
① 出口加工区管理委员会的批准文件;
② 营业执照。

海关审核后批准建立企业设备电子账册。

(2) 申领"进出口货物征免税证明"。在进口特定减免税货物以前,向出口加工区海关提交发票、装箱单等,海关在电子账册中进行登记,不核发"进出口货物征免税证明"。

(二)特定企业减免税货物备案和审批(主要是指外商投资企业)
减免税申请人应向其所在地海关申请办理减免税备案、审批手续特殊情况除外。

投资项目所在地海关与减免税申请人所在地海关不是同一海关的,减免税申请人应当向投资项目所在地海关申请办理减免税备案、审批手续。

投资项目所在地涉及多个海关的,减免税申请人可以向其所在地海关或者有关海关的共同上级海关申请办理减免税备案、审批手续。有关海关的共同上级海关可以指定相关海关办理减免税备案、审批手续。

投资项目由投资项目单位所属非法人分支机构具体实施的,在获得投资项目单位的授权并经投资项目所在地海关审核同意后,该非法人分支机构可以向投资项目所在地海关申请办理减免税备案、审批手续。

1. 备案登记

减免税备案后,减免税申请人应当在货物申报进口前,向主管海关申请办理进口货物减免税审批手续,并同时提交下列材料:

(1) 进出口货物征免税申请表(见表 5-1);

(2) 企业营业执照或者事业单位法人证书、国家机关设立文件、社团登记证书、民办非企业单位登记证书、基金会登记证书等证明材料；

(3) 进出口合同、发票及相关货物的产品情况资料；

(4) 相关政策规定的享受进出口税收优惠政策资格的证明材料；

(5) 海关认为需要提供的其他材料。

表 5-1 进出口货物征免税申请表

企业代码			企业名称			
审批依据		进(出)口标志			征免性质/代码	
项目统一编号		产业政策审批条目/代码		见确认书		
审批部门/代码		许可证号			合同号	
经营单位/代码			成交方式			
项目性质			进(出)口岸			
货物是否已向海关申报进口			有效日期			

序号	商品编码	商品名称	规格型号	法定数量	法定计量单位	申报数量	申报计量单位	金额	币制	原产地

备注	
减免税申请人签章　　　　　　　　年　月　日	联系人： 电话：

减免税申请人按照本条规定提交证明材料的,应当交验原件,同时提交加盖减免税申请人有效印章的复印件。

海关审核后准予备案的,签发"外商投资企业征免税登记手册"。

2. 申领"进出口货物征免税证明"

在进口特定减免税货物以前,向主管海关提交"外商投资企业征免税登记手册"、发票、装箱单等,经海关核准后,签发"进出口货物征免税证明"。

（三）特定用途减免税货物备案和审批

1. 国内投资项目减免税申请

国内投资项目，经批准后，凭国家鼓励发展的内外资项目确认书、发票、装箱单等向主管海关提出减免税申请。海关审核后，签发"进出口货物征免税证明"。

2. 利用外资项目减免税申请

利用外资项目，经批准后，凭国家鼓励发展的内外资项目确认书、发票、装箱单等向主管海关提出减免税申请。海关审核后，签发"进出口货物征免税证明"。

3. 科教用品减免税进口申请

（1）备案登记。办理科学研究和教学用品免税进口申请时，应当持有关主管部门的批准文件，向主管海关申请办理资格认定手续。海关审核后，签发"科教用品免税登记手册"。

（2）申领"进出口货物征免税证明"。在进口特定减免税科教用品以前，向主管海关提交科教用品免税登记手册、合同等单证。经海关核准后，签发"进出口货物征免税证明"。

4. 残疾人专用品减免税申请

（1）残疾人在进口特定减免税专用品之前，向主管海关提交民政部门的批准文件，海关审核后，签发"进出口货物征免税证明"。

（2）民政部门或中国残疾人联合会所属单位批量进口残疾人专用品，应向直属海关申请，提交民政部门或残联（包括：省、自治区、直辖市的民政部门）出具的证明函，海关凭此审核签发"进出口货物征免税证明"。

（四）进出口货物征免税证明效期与延续

"进出口货物征免税证明"的有效期按照具体政策规定签发，但最长不得超过半年，持证人应当在征免税证明的有效期内办理有关进口货物通关手续。如情况特殊，可以向海关申请延期一次，延期时间自有效期届满之日起算，延长期限不得超过 6 个月。海关总署批准的特殊情况除外。

"进出口货物征免税证明"使用一次有效，即一份征免税证明上的货物只能在一个进口口岸一次性进口。如果同一合同项下货物分口岸进口或分批到货的，应向审批海关申明，并按到货口岸、到货日期分别申请征免税证明。

动一动脑筋

请思考：
北京某外资企业从美国购进大型机器成套设备，分三批运输进口，其中两批从天津进口，另一批从青岛进口。该企业在向海关申请办理该套设备的减免税手续时，应如何办理减免税备案和审批手续？

表 5-2 进出口货物征免税证明

编号：

申请单位：						项目名称：			
发证日期： 年 月 日						有效期： 年 月 日止			
到货口岸：						合同号：			
序号	货名	规格	数量	单位	金额	币制	主管海关审批征免意见		
1									
2									
3									
4									
备注									
注意事项： 1. 本表使用一次有效。如同一合同货物分口岸进口的，应分别填写，一份合同内货物分期到货，应向审批海关申明，并按到货期分填此表。 2. 此表中"项目名称"栏应按减免税项目填写，如：技术改造、世行贷款等。 3. 货物进口时应向海关交验本表，复印件无效。 4. 自签发之日起半年内有效，逾期应向原审批海关申请展期或退单。 5. 经批准进口的货物，如拟移作他用、转让或出售，原申请免税单位应事先报请原批准海关核准，并应按法语补税；否则，海关将依法处理。						审批海关签章 负责人 年 月 日		核放海关批注 负责人 年 月 日	

二、减免税货物的进口报关

政策性减免税货物进口报关程序，可参见项目五"办理一般进出口货物报关"中的有关内容。但是政策性减免税货物进口报关的有些具体手续与一般进出口货物的报关有所不同：

（1）减免税货物进口报关时，进口货物收货人或其代理人除了向海关提交报关单及随附单证以外，还应当向海关提交"进出口货物征免税证明"。海关在审单时从计算机查阅征免税证明的电子数据，核对"进出口货物征免税证明"。

（2）减免税货物进口填制报关单时，报关员应当特别注意报关单上"备案号"栏目的填写。"备案号"栏内填写"进出口货物征免税证明"上的 12 位编号，12 位编号写错将不能通过海关计算机逻辑审核，无法顺利通过海关审单。

三、减免税货物的处置

（一）变更使用地点

在海关监管年限内，减免税货物应当在主管海关核准的地点使用。需要变更使用地点的，减免税申请人应当向主管海关提出申请，说明理由，经海关批准后方可变更使用地点。减免税货物需要移出主管海关管辖地使用的，减免税申请人应当事先持有关单证及需要异地使用的说明材料向主管海关申请办理异地监管手续，经主管海关审核同意并通知转入地海关后，减免税申请人可以将减免税货物运至转入地海关管辖地，转入地海关确认减免税货物情况后进行异地监管。

减免税货物在异地使用结束后，减免税申请人应当及时向转入地海关申请办结异地监管手续，经转入地海关审核同意并通知主管海关后，减免税申请人应当将减免税货物运回主管海关管辖地。

> **动一动脑筋**
>
> 东部地区 A 企业特定减免税进口飞机制造设备一套，2 年后经批准按折旧价格转让给同样享受特定减免税的西部地区 B 企业。
> 请思考：
> 海关对 B 企业的飞机制造设备的监管期限应为多少年？

（二）结转

在海关监管年限内，减免税申请人将进口减免税货物转让给进口同一货物享受同等减免税优惠待遇的其他单位的，应当按照下列规定办理减免税货物结转手续：

（1）减免税货物的转出申请人持有关单证向转出地主管海关提出申请，转出地主管海关审核同意后，通知转入地主管海关。

（2）减免税货物的转入申请人向转入地主管海关申请办理减免税审批手续。转入地主管海关审核无误后签发征免税证明。

（3）转出、转入减免税货物的申请人应当分别向各自的主管海关申请办理减免税货物的出口、进口报关手续。

（4）转出地主管海关办理转出减免税货物的解除监管手续。结转减免税货物的监管年限应当连续计算，转入地主管海关在剩余监管年限内对结转减免税货物继续实施后续监管。

（5）转入地海关和转出地海关为同一海关的，按照第 1 点办理。

> **动一动脑筋**
>
> 外商投资企业甲公司在我国东部地区进行项目投资，经海关审定该项目的减免税额度为 5 000 万元。该公司进口一套价值 200 万元的制造设备。2 年后，经批准按折旧价格（100 万元）转让给同样享受减免税待遇的乙公司（该公司的减免税额度为 3 000 万元），在海关办理了有关的结转手续。
> 请思考：
> 现甲公司的减免税额度为多少？乙公司的减免税额度为多少？该套设备海关对其还需监管多少年？

（三）转让

在海关监管年限内，减免税申请人将进口减免税货物转让给不享受进口税收优惠政策或者进口同一货物不享受同等减免税优惠待遇的其他单位的，应当事先向减免税申请人主管海关申请办理减免税货物补缴税款和解除监管手续。

（四）移作他用

在海关监管年限内，减免税申请人需要将减免税货物移作他用的，应当事先向主管海关提出申请。经海关批准，减免税申请人可以按照海关批准的使用地区、用途、企业将减免税货物移作他用。主要包括以下情形：

（1）将减免税货物交给减免税申请人以外的其他单位使用；

（2）未按照原定用途、地区使用减免税货物；

（3）未按照特定地区、特定企业或者特定用途使用减免税货物的其他情形。

按照以上规定将减免税货物移作他用的，减免税申请人应当按照移作他用的时间补缴相应税款；移作他用时间不能确定的，应当提交相应的税款担保，税款担保不得低于剩余监管年限应补缴税款总额。

动一动脑筋

> 经济特区内的一家外商投资企业以企业自用的名义进口了一辆旅行车，进口后即无偿捐赠给当地的一个社会福利院，半年后被海关发现。该企业认为自己是从事公益活动，海关不得对此进行处罚。
> 请思考：该企业的观点是否正确？为什么？

（五）变更、终止

1. 变更

在海关监管年限内，减免税申请人发生分立、合并、股东变更、改制等变更情形的，权利义务承受人应当自营业执照颁发之日起30日内，向原减免税申请人的主管海关报告主体变更情况及原减免税申请人进口减免税货物的情况。

经海关审核，需要补征税款的，承受人应当向原减免税申请人主管海关办理补税手续；可以继续享受减免税待遇的，承受人应当按照规定申请办理减免税备案变更或者减免税货物结转手续。

2. 终止

在海关监管年限内，因破产、改制或者其他情形导致减免税申请人终止，没有承受人的，原减免税申请人或者其他依法应当承担关税及进口环节海关代征税缴纳义务的主体应当自资产清算之日起30日内向主管海关申请办理减免税货物的补缴税款和解除监管手续。

（六）退运、出口

在海关监管年限内，减免税申请人要求将进口减免税货物退运出境或者出口的，应当报主管海关核准。

减免税货物退运出境或者出口后，减免税申请人应当持出口货物报关单向主管海关办理原进口减免税货物的解除监管手续。

减免税货物退运出境或者出口的,海关不再对退运出境或者出口的减免税货物补征相关税款。

(七) 贷款抵押

在海关监管年限内,减免税申请人要求以减免税货物向金融机构办理贷款抵押的,应当向主管海关提出书面申请。经审核符合有关规定的,主管海关可以批准其办理贷款抵押手续。

减免税申请人不得以减免税货物向金融机构以外的公民、法人或者其他组织办理贷款抵押。

减免税申请人以减免税货物向境内金融机构办理贷款抵押的,应当向海关提供下列形式的担保:

(1) 与货物应缴税款等值的保证金;
(2) 境内金融机构提供的相当于货物应缴税款的保函;
(3) 减免税申请人、境内金融机构共同向海关提交"进口减免税货物贷款抵押承诺保证书",书面承诺当减免税申请人抵押贷款无法清偿需要以抵押物抵偿时,抵押人或者抵押权人先补缴海关税款,或者从抵押物的折(变)价款中优先偿付海关税款。

减免税申请人以减免税货物向境外金融机构办理贷款抵押的,应当向海关提交与货物应缴税款等值的保证金或者境内金融机构提供的相当于货物应缴税款的保函。

(八) 解除监管

减免税货物海关监管年限届满的,自动解除监管;减免税申请人可以不用向海关申请领取"中华人民共和国海关进口减免税货物解除监管证明"。减免税申请人需要海关出具解除监管证明的,可以自办结补缴税款和解除监管等手续之日或者自海关监管年限届满之日起1年内,向主管海关申请领取解除监管证明。海关审核同意后出具"中华人民共和国海关进口减免税货物解除监管证明"。

在海关监管年限内的进口减免税货物,减免税申请人书面提前解除监管的,应当向主管海关申请办理补缴税款和解除监管手续。按照国家有关规定在进口时免于提交许可证件的进口减免税货物,减免税申请人还应当补交有关许可证件。

> **动一动脑筋**
>
> 出口加工区内的某服装厂承接1万套服装来料加工合同,加工期三年,成品全部返销日本,合同规定外商无偿提供一套价值2.5万美元的专用设备。
> 该合同执行期满加工成品全部返销出口,该厂在海关办理了该合同返销手续。
> 请思考:该设备也能随之解除海关监管吗?

※项目任务操作

根据前述项目的开始要求,李想认真设计了该批货物的报关方案,按照以下步骤申报:减免税申请(货物进口之前的前期阶段)——进出口报关——申请解除监管(后续阶段)

一、减免税申请

李想提醒客户该货物属于减免税货物,需要办理减免税货物备案登记和减免税进出口货物征免税证明申领手续。

1. 备案登记

客户向海关办理减免税备案登记时,应提交:① 商务主管部门的企业批准证;② 营业执照;③ 企业合同;④ 章程,海关审核后准予备案的,签发企业征免税登记手册。

2. 申领"进出口货物征免税证明"

在进口特定减免税货物以前,向投资地海关提交企业征免税登记手册、发票、装箱单等,录入海关计算机系统。核发"进出口货物征免税证明"。

二、进口申报

(一)签署协议

李想完成和客户的报关委托,签署好委托报关协议,如下图所示:

代理报关委托书

广东顺风货运有限公司:

编号:312012 *********

我单位现 A(A 逐票、B 长期)委托贵公司代理 A 等通关事宜。(A. 填单申报 B. 辅助查验 C. 垫缴税款 D. 办理海关证明联 E. 审批手册 F. 核销手册 G. 申办减免税手续 H. 其他)详见《委托报关协议》。

我单位保证遵守《海关法》和国家有关法规,保证所提供的情况真实、完整、单货相符。否则,愿承担相关法律责任。

本委托书有效期自签字之日起至 ** 年 ** 月 ** 日止。

委托方(盖章):广州对外贸易集团公司
法定代表人或其授权签署《代理报关委托书》的人(签字)
2014 年 1 月 20 日

委托报关协议

为明确委托报关具体事项和各自责任,双方经平等协商签订协议如下:

委托方	广东省对外贸易集团公司	被委托方	广东顺风货运有限公司
主要货物名称	型材压力机	*报关单编码	No.220220141********
HS 编码	8462.9110、8462.9110 8462.9110	收到单证日期	2014年1月20日
货物总价	USD 53 158.86	收到单证情况	合同☑ 发票☑ 装箱清单☑ 提(运)单☑ 加工贸易手册☐ 许可证件☐ 其他:征免税证明
进出口日期	2014年6月18日		
提单号	LD010182		
贸易方式	外资设备物品		
原产地/货源地	英国	报关收费	人民币: ** 元
其他要求:		承诺说明:	
背面所列通用条款是本协议不可分割的一部分,对本协议的签署构成了对背面通用条款的同意。		背面所列通用条款是本协议不可分割的一部分,对本协议的签署构成了对背面通用条款的同意。	
委托方业务签章: 经办人签章: 联系电话:020-******** 年 月 日		被委托方业务签章: 经办报关员签章: 联系电话:020-******* 年 月 日	

(白联:海关留存、黄联:被委托方留存、红联:委托方留存)　　中国报关协会监制

(二)明确申报地点和申报期限

由于装载该商品的运输工具于2014年6月18日(周一)抵达佛山新港,卸货港为佛山新港,报关公司决定向佛山新港进行申报。次日广东省对外贸易集团公司委托广东顺风货运有限公司向佛山新港海关申报。

(三)准备单证

所报商品是型材压力机,李想将报关单连同下列随附单据准备好:

(1)提(运)单;

(2)货物装箱清单;

(3)发票;

(4)销售合同;

(5)代理委托报关协议书。

(四)无纸化申报

根据广东省对外贸易集团公司提供的材料,委派李想逐一核实,广东顺风货运有限公司于2014年6月18日然后登录中国电子口岸进行预录入申报,"备案号"栏内填写"进出口货物征免税证明"上的12位编号,报关单填制好后,同时扫描随附单据,做成PDF格式,上传。佛山新港海关接受了申报。

三、配合查验

在报关单申报后,该货物属于布控查验货物,在中国电子口岸李想收到了佛山新港海关签发的海关查验通知单,在约好查验时间和地点后,公司派李想携带相关材料,到口岸海关办理了查验手续,并配合海关进行了查验,如实回答了海关查验关员的询问。查验结束后,李想认真阅读了查验关员填写的"海关进出境货物查验记录单",认为查验记录准确、清楚,然后进行了签名确认。

四、缴纳税费

海关审结报关单并查验完毕后,在中国电子口岸生成电子税款信息之日起10日内,李想可在电子口岸税费支付系统发出支付指令(因大部分进口减免税货物只免征进口关税,恢复征收增值税),银行接到支付指令后,可直接从用户在银行开设的预储账号中划转税费。支付成功,中国电子口岸数据中心会接收到银行"支付成功"回执。

五、办理通关手续

支付成功,中国电子口岸数据中心会接收到银行"支付成功"回执。海关对进出口货物做出结束海关现场监管的决定,允许进出口货物离开海关监管场所的工作环节。海关通过中国电子口岸发来通关无纸化进口放行通知书,广东顺风货运有限公司打印通关无纸化进口放行通知书,凭以办理进口提货手续,并将其交给广州格林模具有限公司,最终完成了该笔进口货物的报关手续。

六、海关的后续监管及监管解除

广州格林模具有限公司提取了该批投资设备后,海关将自进口放行之日起,对其进行后续监管,监管期限为5年。

5年监管期限届满,海关将自动解除监管。

在5年监管年限内,如广州格林模具有限公司需变更该批设备使用地点或结转、转让该批设备或移作他用等,可向主管海关提出申请,经海关批准后,按海关规定办理相关手续(补缴税款、解除监管)后,可以提前解除监管。

※ 思考与练习

一、选择题

1. 作为特定减免税货物的机动车辆,海关的监管年限为(　　)年。
   A. 1年　　　　B. 5年　　　　C. 6年　　　　D. 8年
2. 出口加工区企业进口免税的机器设备等应填制(　　)。
   A. 出口加工区出境备案清单
   B. 出口加工区进境备案清单
   C. 进口货物报关单

D. 出口货物报关单
3. 保税区企业进口免税的机器设备应填制（　　）。
   A. 进口货物报关单　　　　B. 出口货物报关单
   C. 进境备案清单　　　　　D. 出境备案清单
4. 残疾人在进口特定减免税专用品以前，向主管海关提交（　　）的批准文件，海关审核后，签发"进出口货物征免税证明"。
   A. 商务部门　B. 检疫部门　C. 工商部门　D. 民政部门
5. 进出口货物征免税证明的有效期（　　）。
   A. 3 个月　　B. 6 个月　　C. 9 个月　　D. 1 年
6. A 与 B 企业都属于享受进口减免税优惠的企业，A 企业将特定减免说货物转让给 B 企业，由（　　）应当先向主管海关申领"进出口货物征免税证明"，凭此办理货物的结转手续。
   A. A 企业　　B. B 企业　　C. 其他企业　D. 以上答案都不对
7. 特定减免税货物在海关监管期内销售、转让的，企业应向海关办理（　　）。
   A. 缴纳进口税费的手续　　B. 缴纳出口税费的手续
   C. 不需要办理纳税手续　　D. 以上答案都不对
8. 享受特定减免税优惠进口的钢材，必须按照规定用途使用，未经海关批准不得擅自出售、转让、移作他用，按照现行规定，海关对其的监管年限为（　　）。
   A. 8 年　　　B. 6 年　　　C. 5 年　　　D. 3 年

二、实务操作题

天津凯鑫货运代理有限公司受北京荣达进出口有限公司委托，向天津新港海关申报进口机械设备一批。该批设备向海关申报时，报关单"经营单位"栏填报北京荣达进出口有限公司的名称及海关注册编码，贸易方式栏填报为"2225"，征免性质栏填报为"789"。经海关审核接受申报后，该批设备向海关缴纳保证金后获得海关放行。北京荣达进出口有限公司在规定的时间办结了担保销案手续。进口机械设备在使用两年后，经主管部门批准，缴纳相关进口税费后转售给国内另一企业使用。

请回答：
1. 这批机械设备进口前是否需要办理备案手续？如果需要，应如何办理？
2. 海关对该批货物的监管条件有哪些？
3. 进口申报时，凯鑫货运代理有限公司应向海关提交哪些材料？
4. 两年后，该批设备转售需要办理什么海关手续？

项目六　暂准进出境货物报关

知识目标

1. 熟悉暂准进出境货物的含义、范围、特征和类别；
2. 掌握使用 ATA 单证册的准进出境货物的报关程序及基本规定；
3. 掌握不使用 ATA 单证册的展览品的报关程序及基本规定。

能力目标

1. 能判断货物类别，并明确海关管理基本规定；
2. 能办理暂准进出境货物报关的基本手续。

项目引入

上海举办国际汽车展览会(2015年4月22日到4月29日)，德国大众汽车有限公司参展品有最新款汽车、概念车模型等，另准备了供展览宣传用的光盘、广告和免费分送给观众的纪念品钥匙链等，展览品及其他相关用品于2015年3月20日从上海吴淞口岸入境。进口收货人上海大众汽车有限公司(129093****)委托上海飞达货运有限公司(310898****)向吴淞海关(关区代码2202)申报进口。

报关材料包括：

1. 提单/装箱单；
2. 商业发票；
3. 合同。

李想接到这笔业务后，要根据以上材料完成该批参展品的进口报关工作，具体工作任务：

1. 完成进口申报。帮客户进行代理报关时，要确定具体申报需要哪些材料，并进行网上申报和现场申报。
2. 如果有海关查验通知，要配合海关查验。
3. 按规定办理缴纳税款的手续。
4. 海关放行后，要提取货物。

任务一　认知暂准进出境货物

（一）暂准进出境货物的含义

暂准进出境货物是暂准进境货物和暂准出境货物的合称。

暂准进境货物是指为了特定的目的，经海关批准暂时进境，按规定的期限原状复运出境的货物。

暂准出境货物是指为了特定的目的，经海关批准暂时出境，按规定的期限原状复运进境的货物。

（二）暂准进出境货物的范围

按照《关税条例》的表述，暂准进出境货物分为两大类：

第一类暂准进出境货物是指经海关批准暂时进境，在进境时纳税义务人向海关缴纳相当于应纳税款的保证金或者提供其他担保可以暂不缴纳税款，并按规定的期限复运出境的货物和经海关批准暂时出境，在出境时纳税义务人向海关缴纳相当于应纳税款的保证金或者提供其他担保可以暂不缴纳税款，并按规定的期限复运进境的货物。

第一类暂准进出境货物的范围有：

（1）在展览会、交易会、会议及类似活动中展示或者使用的货物；

（2）文化、体育交流活动中使用的表演、比赛用品；

（3）进行新闻报道或者摄制电影、电视节目使用的仪器、设备及用品；

（4）开展科研、教学、医疗活动使用的仪器、设备和用品；

（5）上述4项所列活动中使用的交通工具及特种车辆；

（6）货样；

（7）供安装、调试、检测、修理设备时使用的仪器及工具；

（8）盛装货物的容器；

（9）其他用于非商业目的的货物。

第二类暂准进出境货物是指第一类以外的暂准进出境货物，如工程施工中使用的设备、仪器及用品。第二类暂准进出境货物应当按照该货物的完税价格和其在境内、境外滞留时间与折旧时间的比例计算按月缴纳进、出口税。

动一动脑筋

下列哪些货物可以按照暂时进出口货物进行管理：（　　）。
  A. 进出境修理货物
  B. 参加巴黎博览会的出境货物
  C. 来华参加国际科技展览会运进的展示货物
  D. 俄罗斯大马戏团来华表演运进的器材、服装、道具
  E. 盛装一般进口货物进境的外国集装箱
  F. 进行新闻报道使用的设备、仪器

专业知识链接

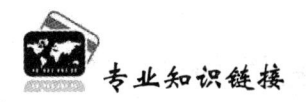

暂准进出境货物监管模式

各项暂准进出境货物按照我国海关的监管方式,主要分为以下4类监管模式:

第一,使用ATA单证册报关的暂准进出境货物(使用ATA单证册报关的第1项货物);

第二,不使用ATA单证册报关的展览品(不使用ATA单证册报关的上述第1项货物);

第三,集装箱箱体(指包含在"盛装货物的容器"中暂准进出境的集装箱箱体);

第四,其他暂时进出境货物。

(三)暂准进出境货物的特征

1. 有条件暂时免予缴纳税费

第一类暂准进出境货物,在向海关申报进出境时,向海关缴纳相当于应纳税款的保证金或提供其他担保的,暂时免于缴纳全部税费;第二类暂准进出境货物,应当按照该货物的完税价格和其在境内滞留时间与折旧时间的比例计算征收进口关税。

2. 免予提交进出口许可证件

暂准进出境货物不是实际进出口货物,只要按照暂准进出境货物的有关法律、行政法规办理进出境手续,可以免予交验进出口许可证件。但是,涉及公共道德、公共安全、公共卫生所实施的进出境管制制度的暂准进出境货物应当凭许可证件进出境。

3. 规定期限内按原状复运进出境

暂准进出境货物应当自进境或者出境之日起6个月内复运出境或者复运进境;经收发货人申请,海关可以根据规定延长复运出境或者复运进境的期限。

4. 按货物实际使用情况办结海关手续

暂准进出境货物都必须在规定期限内,由货物的收发货人根据货物不同的情况向海关办理核销结关手续。

动一动脑筋

我国的旅游爱好者王某从云南出发,经老挝至泰国自驾游。

请思考:王某在边境海关出境时,海关会以何种监管方式对其自驾车办理出境手续?

任务二　使用 ATA 单证册的暂准进出境货物的报关

一、ATA 单证册概述

（一）含义

ATA 单证册是"暂准进口单证册"的简称，是指世界海关组织通过的《货物暂住进口公约》及其附约 A 和《关于货物暂准进口的 ATA 单证册海关公约》（以下简称《ATA 公约》）中规定使用的，用于替代各缔约方海关暂准进出口货物报关单和税费担保的国际性通关文件。

专业知识链接

ATA 由法文 Admission Temporaire 与英文 Temporary Admission 的首字母组成，表示暂准进口，从其字面可知，使用 ATA 单证册的货物有别于普通进口货物，这类货物在国际流转时，其所有权不发生转移。

ATA 单证册制度为暂准进口货物建立了世界统一的通关手续，使暂准进口货物可以凭 ATA 单证册，在各国海关享受免税进口和免予填写国内报关文件等通关便利，因此，ATA 单证册又被国际经贸界称之为货物护照和货物免税通关证。ATA 单证册制度的确立，有助于促进产业专门化和工业现代化，加快国际的信息交流，加强世界各民族间文化的认知和融合，推动各国政府和民间的交往与合作。在国际商务活动中，凭借便利的货物临时进出口手续，外贸公司、企业可以创造和巩固与外国商业伙伴的合作，增强产品在国外市场上的影响，在全球贸易竞争中占据主动地位。

（二）格式

一份 ATA 单证册一般由 8 页 ATA 单证组成：一页绿色封面单证、一页黄色出口单证、一页白色进口单证、一页白色复出口单证、两页蓝色过境单证、一页黄色复进口单证、一页绿色封底。

我国海关只接受中文或者英文填写的 ATA 单证册

（三）适用

我国海关对我国加入《ATA 公约》和《伊斯坦布尔公约》的 ATA 单证册项下暂时进境货物及中国国际商会签发的 ATA 单证册项下的暂时出境货物适用 ATA 单证册暂准进出境。适用 ATA 单证册的仅限于展览会、交易会会议及类似活动项下的货物。展览会、交易会会议及类似活动是指：

(1) 贸易、工业、农业、工艺展览会及交易会、博览会；
(2) 因慈善目的而组织的展览会或者会议；
(3) 为促进科技、教育、文化、体育交流，开展旅游活动或者民间友谊而组织的展览会或者会议；
(4) 国际组织或者国际团体组织代表会议；
(5) 政府举办的纪念性代表大会。

在商店或者其他营业场所以销售国外货物为目的而组织的非公共展览会,不属于本办法所称的展览会、交易会、会议及类似活动。

我国海关不接受邮运渠道的货物使用 ATA 单证册。

专业知识链接

ATA 单证册所提供了以下便利:

1. 简化通关手续。持证人使用 ATA 单证册,无须填写各国国内报关文件,并免交货物进口各税的担保,从而极大地简化了货物通关手续。

2. 节约通关费用和时间。ATA 单证册由持证人在本国申请,从而使持证人在出国前就预先安排好去一个或多个国家的海关手续,无须向外国海关提交担保,并可以确保快捷通关。

3. ATA 单证册可以重复使用

ATA 单证册的有效期为一年,其项下的货物可以在有效期内多次进出口。

4. 适用对象广泛。从事商务活动人员、各行专业人士以及从事贸易、教育、科学技术、文化体育交流活动的机构,均可受益于 ATA 单证册。会议代表、销售人员、参展厂家、广播电视台、演艺团体、记者、医生、科研人员、旅游者等各界人士及相关机构均可为其所使用的货品申办 ATA 单证册。

目前,世界上已有 62 个国家实施了 ATA 单证册制度,75 个国家和地区接受 ATA 单证册,大部分发达国家都已加入了《ATA 公约》,每年使用 ATA 单证册通关的货物总值超过 120 亿美元。

动一动脑筋

> 我国政府已经部分加入了《ATA 公约》和《货物暂准进口公约》,目前 ATA 单证册在我国仅适用于部分货物,按照现行的规定下列不属于 ATA 单证册书用范围的货物是:
> A. 昆明世界园艺博览会上的进口展览品
> B. 广州商品交易会上的暂准进口货物
> C. 财富论坛年会暂准进口的陈列品
> D. 美国政府代表团访华人员随身携带的物品
> 请思考:上述哪种货物适用一般进出口通关制度?为什么?

(四)管理

1. 出证担保机构

中国国际商会是我国 ATA 单证的出证和担保机构,负责签发出境 ATA 单证册,向海关报送所签发 ATA 单证册的中文电子文本,协助海关确认 ATA 单证册的真伪,并且向海关承担 ATA 单证册持证人因违反暂准进出境规定而产生的相关税费、罚款。

专业知识链接

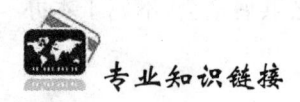

我国 ATA 单证册申办程序

(1) 填写申请表,并附申请人的身份证明文件。申请人为自然人的,提供身份证或护照复印件;申请人为企业法人的,提供企业法人营业执照的复印件;申请人为事业单位的,提供事业单位法人证书的复印件。

(2) 填写货物总清单。

(3) 提供担保。担保形式可以是押金、银行或保险公司保函或者中国贸促会认可的书面保证。担保金额为货物进口各税总额的 110%。担保期限为自 ATA 单证册签发之日起 33 个月。

(4) 缴纳 ATA 单证册申办手续费。

2. 管理机构

海关总署在北京海关设立 ATA 核销中心。ATA 核销中心对 ATA 单证册的进出境凭证进行核销、统计及追索,应成员方担保人的要求,依据有关原始凭证,提供 ATA 单证册项下暂准进出境货物已经进境或者从我国复运出境的证明,并且对全国 ATA 单证册的有关核销业务进行协调和管理。

3. 延期审批

使用 ATA 单证册报关的货物暂准进出境期限为自货物进出境之日起 6 个月。超过 6 个月的,ATA 单证册持证人可以向海关申请延期。延期最多不超过 3 次,每次延长期限不超过 6 个月。延长期限届满应当复运出境、进境或者办理进出口手续。

ATA 单证册项下货物延长复运出境、进境期限的,ATA 单证册持证人应当在规定期限届满 30 个工作日前向货物暂准进出境申请核准地海关提出延期申请,并提交"货物暂时进/出境延期申请书"及相关申请资料。

直属海关受理延期申请的,于受理申请之日起 20 个工作日内制发"中华人民共和国海关货物暂时进/出境延期申请批准决定书"(或"中华人民共和国海关货物暂时进/出境延期申请不批准决定书")。

参展期在 24 个月以上的,在 18 个月的延长期届满后仍需要延期的,由主管地直属海关报海关总署审批。

ATA 单证册项下暂时进境货物申请延长期限超过 ATA 单证册有效期的,ATA 单证册持证人应当向原出证机构申请续签 ATA 单证册。续签的 ATA 单证册经主管地直属海关确认后可替代原 ATA 单证册。

续签的 ATA 单证册只能变更单证册有效期限,其他项目均应当与原单证册一致。续签的 ATA 单证册启用时,原 ATA 单证册失效。

4. 追索

ATA 单证册下暂时进境货物未能按规定复运出境或过境的,ATA 核销中心向中国国际商会提出追索。自提出追索之日起 9 个月内,中国国际商会向海关提供货物已经在规定期限内复运出境或者已经办理进口手续证明的,ATA 核销中心可撤销追索;在 9 个月期满后未能提供证明的,中国国际商会应当向海关支付税款和罚款。

二、报关程序

(一) 进出口申报

持ATA单证册向海关申报进出境货物,不需要向海关提交进出口许可证件,也不需另外再提供担保。但如果进出境货物受公共道德、公共安全、公共卫生、动植物检疫、濒危野生动植物保护、知识产权保护等限制的,展览品收发货人或其代理人应当向海关提交相关的进出口许可证件。

1. 进境申报

进境货物收货人或其代理人持ATA单证册向海关申报进境展览品时,先在海关核准的出证协会中国国际商会及其他商会,将ATA单证册上的内容预录进海关与商会联网的ATA单证册电子核销系统,然后向展览会主管海关提交纸质ATA单证册、提货单等单证。

海关在白色进口单证上签注,并留存白色进口单证(正联),将存根联和ATA单证册其他各联退还给货物收货人或其代理人。

2. 出境申报

出境货物发货人或其代理人持ATA单证册向海关申报出境展览品时,向出境地海关提交国家主管部门的批准文件、纸质ATA单证册、装货单等单证。

海关在绿色封面单证和黄色出口单证上签注,并留存黄色出口单证(正联),将存根联和ATA单证册其他各联退还给出境货物发货人或其代理人。

3. 异地复运出境、进境申报

使用ATA单证册进出境的货物异地复运出境、进境申报,ATA单证册持证人应当持主管地海关签章的海关单证向复运出境、进境地海关办理手续。货物复运出境、进境后,主管地海关凭复运出境、进境地海关签章的海关单证办理核销结案手续。

4. 过境申报

过境货物承运人或其代理人持ATA单证册向海关申报将货物通过我国转运至第三国参加展览会的,不必填制过境货物报关单。海关在两份蓝色过境单证上分别签注后,留存蓝色过境单证(正联),将存根联和ATA单证册其他各联退还给运输工具承运人或其代理人。

(二) 结关

1. 正常结关

持证人在规定期限内将进境展览品和出境展览品复运进出境,海关在白色复出口单证和黄色复进口单证上分别签注,留存单证(正联),将存根联和ATA单证册其他各联退还给持证人,正式核销结关。

2. 非正常结关

ATA单证册项下暂时进境货物复运出境时,因故未经我国海关核销、签注的,ATA核销中心凭由另一缔约国海关在ATA单证上签注的该批货物从该国进境或者复运进境的证明,或者我国海关认可的能够证明该批货物已经实际离开我国境内的其他文件,作为已经从我国复运出境的证明,对ATA单证册予以核销。

发生上述情形的,ATA单证册持证人应当按照规定向海关交纳调整费。在我国海关尚未发出"ATA单证册追索通知书"前，如果持证人凭其他国海关出具的货物已经运离我国关境的证明，要求予以核销单证册的，免予收取调整费。

使用ATA单证册暂准进出境货物，因不可抗力的原因受损，无法原状复运出境、进境的，ATA单证册持证人应当及时向主管地海关报告，可以凭有关部门出具的证明材料办理复运出境、进境手续；因不可抗力的原因灭失或者失去使用价值的，经海关核实后可以视为该货物已经复运出境、进境。

使用ATA单证册暂准进出境货物，因不可抗力以外的原因灭失或者受损的，ATA单证册持证人应当按照货物进出口的有关规定办理海关手续。

表6-1　中国国际商会ATA单证册申请表

一、申请人基本情况
　1. 申请人名称、地址（中文）_____
　　（英文）_____
　　_____
　2. 身份证明文件名称：_____　号码：_____
　3. 授权代表：（中文）_____　（英文）_____
　4. 联系人：_____　电话：_____　传真：_____

二、单证册基本情况
　1. 货物用途
　　□展览会和交易会（名称、地点、组织者）_____
　　□专业设备　□商业样品　□其他_____
　2. 预定从中国离境日期：_____，出口报关口岸_____
　3. 运输方式：□货运　□随身携带
　4. 在拟暂准进口的国家和地区前面横线处注明预计进口的次数
　　在拟过境的国家和地区前面横线处写"T"，并注明预计过境的次数

_____阿尔及利亚(DZ)	_____直布罗陀(GI)	_____卢森堡(LU)	_____斯洛伐克(SK)
_____安道尔(AD)	_____希腊(GR)	_____马其顿(MK)	_____斯洛文尼亚(SI)
_____澳大利亚(AU)	_____香港(HK)	_____马来西亚(MY)	_____南非(ZA)
_____奥地利(AT)	_____匈牙利(HU)	_____马耳他(MT)	_____西班牙(ES)
_____比利时(BE)	_____冰岛(IS)	_____毛里求斯(MU)	_____斯里兰卡(LK)
_____保加利亚(BG)	_____印度(IN)	_____摩洛哥(MA)	_____瑞典(SE)
_____加拿大(CA)	_____爱尔兰(IE)	_____荷兰(NL)	_____瑞士(CH)
_____克罗地亚(HR)	_____以色列(IL)	_____新西兰(NZ)	_____泰国(TH)
_____塞浦路斯(CY)	_____意大利(IT)	_____挪威(NO)	_____突尼斯(TN)
_____捷克(CZ)	_____科特迪瓦(CI)	_____波兰(PL)	_____土耳其(TR)
_____丹麦(DK)	_____日本(JP)	_____葡萄牙(PT)	_____英国(GB)
_____爱沙尼亚(EE)	_____韩国(KR)	_____罗马尼亚(RO)	_____美国(US)
_____芬兰(FI)	_____拉脱维亚(LV)	_____俄罗斯(RU)	_____塞尔维亚(CS)
_____法国(FR)	_____黎巴嫩(LB)	_____塞内加尔(SN)	_____白俄罗斯(BY)
_____德国(DE)	_____立陶宛(LT)	_____新加坡(SG)	_____蒙古(MN)
_____智利(CL)	_____伊朗(IR)		

三、单证册签发后交付办法
　　1. □自取　2. □挂号　3. □特快专递
四、签发单证册期限
　　1. □五个工作日　2. □两个工作日(加急)
五、担保
　　1. 担保金额：_____
　　2. 担保形式：(1) □现金/支票　(2) □信汇/电汇
　　　　　　　　(3) □银行保函　(4) □保险公司保函
六、保证
　　我作为ATA单证册持有人,保证货物总清单上的内容真实无误。我承诺在任何暂准进口国海关规定的期限内将这些货物复出口,在中国海关规定的期限内将这些货物复进口回中国,并遵守《ATA公约》、《伊斯坦布尔公约》和有关公约/附约的规定、中国和其他国家的海关规章和要求,以及中国国际商会制定的使用ATA单证册的各项规定。

　　我承诺,接到中国国际商会的索赔请求后,在十个工作日内无条件支付因ATA单证册项下货物未在规定期限内复出口或未遵守《ATA公约》、《伊斯坦布尔公约》和有关公约/附约的规定、中国或外国海关的有关规章或要求而产生的所有税款和其他费用,以及中国国际商会因签发和调整单证册所支付的任何专业费用或其他费用。我承诺对中国国际商会为此同有关商会、海关或其他组织进行协商或处理的结果承担全部责任。我同意,将交纳的担保用以赔付中国国际商会因上述情事而被要求支付的任何税款或费用。

　　我承诺,在旅行结束后十五天内,将ATA单证册退还给中国国际商会或其授权的签证机构,并留一份复印件存档。

　　我确认,如及时将使用过的ATA单证册交还给中国国际商会或其授权的签证机构,并且经其核定使用正确,则中国国际商会或其授权的签证机构将及时有条件核销ATA单证册,并退还担保。

申请人签字：_____

申请日期：_____年___月___日

申请单位盖章：

表 6-2 中国国际商会 ATA 单证册样式

任务三　不使用 ATA 单证册的进出境展览品的报关

进出境展览品的海关监管有使用 ATA 单证册的,也有不使用 ATA 单证册直接按展览品填制进出口货物报关单报关的。以下介绍不使用 ATA 单证册报关的展览品。

一、进出境展览品的范围

(一) 进境展览品

进境展览品包含在展览会中展示或示范用的货物、物品,为示范展出的机器或器具所需用的物品,展览者设置临时展台的建筑材料及装饰材料,供展览品作示范宣传用的电影片、幻灯片、录像带、录音带、说明书、广告、光盘、显示器材等。

下列在境内展览会期间供消耗、散发的用品(以下简称展览用品),由海关根据展览会性质、参展商规模、观众人数等情况,对其数量和总值进行核定,在合理范围内的,按照有关规定免征进口关税和进口环节税:

① 在展览活动中的小件样品,包括原装进口的或者在展览期间用进口的散装原料制成的食品或者饮料的样品;

② 为展出的机器或者器件进行操作示范被消耗或者损坏的物料;

③ 布置、装饰临时展台消耗的低值货物;

④ 展览期间免费向观众散发的有关宣传品;

⑤ 供展览会使用的档案、表格及其他文件。

上述货物、物品应当符合下列条件:

① 由参展人免费提供并在展览期间专供免费分送给观众使用或者消费的;

② 单价较低,作为广告样品用的;

③ 不适用于商业用途,并且单位容量明显小于最小零售包装容量的;

④ 食品及饮料的样品虽未包装分发,但确实在活动中消耗掉的。

展览用品中的酒精饮料、烟草制品及燃料不适用有关免税的规定。

展览会期间出售的小卖品,属于一般进口货物范围,进口时应当缴纳进口关税和进口环节海关代征税,属于许可证件管理的商品,应当交验许可证件。

动一动脑筋

> 在展览活动中使用了以下五种进口货物:
> A. 某进口汽车参展商在上海车展中免费散发的宣传印刷品
> B. 在车博会期间出售的汽车模型
> C. 在展览过程中为示范榨汁机功能而消耗的橙子
> D. 展览会期间招待使用的烟叶制品
> E. 因修建、布置展台等进口的一次性廉价物品
> 请思考:上述哪些货物不是展览品?为什么?

（二）出境展览品

出境展览品包含国内单位赴国外举办展览会或参加外国博览会、展览会而运出的展览品，以及与展览活动有关的宣传品、布置品、招待品、其他公用物品。

与展览活动有关的小卖品、展卖品，可以按展览品报关出境；不按规定期限复运进境的办理一般出口手续，交验出口许可证件，缴纳出口关税。

二、展览品的暂准进出境期限

进境展览品的暂准进境期限是6个月，即自展览品进境之日起6个月内复运出境。出境展览品的暂准出境期限为自展览品出境之日起6个月内复运进境。超过6个月的，进出境展览品的收发货人可以向海关申请延期。延期最多不超过3次，每次延长期限不超过6个月。延长期届满应当复运出境、进境或者办理进出口手续。

展览品申请延长复运出境、进境期限的，展览品收发货人应当在规定期限届满30个工作日前向货物暂准进出境申请核准地海关提出延期申请，并提交"货物暂时进/出境延期申请书"及相关申请材料。

直属海关受理延期申请的，应当于受理申请之日起20个工作日内制发"中华人民共和国海关货物暂时进/出境延期申请批准决定书"或者"中华人民共和国海关货物暂时进/出境延期申请不予批准决定书"。

参加展期在24个月以上展览会的展览品，在18个月延长期届满后仍需要延期的，由主管地直属海关报海关总署审批。

三、展览品的进出境申报

（一）进境申报

境内展览会的办展人或者参加展览会的办展人、参展人（以下简称办展人、参展人）应当在展览品进境20个工作日前，向主管地海关提交有关部门备案证明或者批准文件及展览品清单等相关单证办理备案手续。

展览会不属于有关部门行政许可项目的，办展人、参展人应当向主管地海关提交展览会邀请函、展位确认书等其他证明文件及展览品清单办理备案手续。

展览品进境申报手续可以在展出地海关办理。从非展出地海关进境的，可以申请在进境地海关办理转关运输手续，将展览品在海关监管下从进境口岸转运至展览会举办地主管海关办理申报手续。

展览会主办单位或其代理人应当向海关提交报关单、展览品清单、提货单、发票、装箱单等。展览品中涉及检验检疫等管制的，还应当向海关提交有关许可证件。

展览会主办单位或其代理人应当向海关提供担保。在海关指定场所或者海关派专人监管的场所举办展览会的，经主管地直属海关批准，参展的展览品可免予向海关提供担保。

海关一般在展览会举办地对展览品进行开箱查验。展览品开箱前，展览会主办单位或其代理人应当通知海关。海关查验时，展览品所有人或其代理人应当到场，并负责搬移、开拆、封装货物。

展览会展出或使用的印刷品、音像制品及其他需要审查的物品，还要经过海关的审查，才能展出或使用。对我国政治、经济、文化、道德有害的，以及侵犯知识产权的印刷品、音像制品,不得展出,由海关没收、退运出境或责令更改后使用。

(二) 出境申报

境内出境举办或者参加展览会的办展人、参展人应当在展览品出境 20 个工作日前,向主管地海关提交有关部门备案证明或者批准文件及展览品清单等相关单证办理备案手续。

展览会不属于有关部门行政许可项目的,办展人、参展人应当向主管地海关提交展览会邀请函、展位确认书等其他证明文件及展览品清单办理备案手续。

展览品出境申报手续应当在出境地海关办理。在境外举办展览会或参加国外展览会的企业应当向海关提交国家主管部门的批准文件、报关单、展览品清单(一式两份)等单证。

展览品属于应当缴纳出口关税的,向海关缴纳相当于税款的保证金;属于核用品、核两用品及相关技术的出口管制商品的,应当提交出口许可证。

海关对展览品进行开箱查验,核对展览品清单。查验完毕,海关留存一份清单,另一份封入"关封"交还给发货人或其代理人,凭以办理展览品复运进境申报手续。

四、进出境展览品的核销结关

(一) 复运进出境

进境展览品按规定期限复运出境,出境展览品按规定期限复运进境后,海关分别签发报关单证明联,展览品所有人或其代理人凭以向主管海关办理核销结关手续。

异地复运出境、进境的展览品,进出境展览品的收发货人应当持主管地海关签章的海关单证向复运出境、进境地海关办理手续。货物复运出境、进境后,主管地海关凭复运出境、进境地海关签章的海关单证办理核销结案手续。

展览品未能按规定期限复运进出境的,展览会主办单位或出国举办展览会的单位应当向主管海关申请延期,在延长期内办理复运进出境手续。

(二) 转为正式进出口

进境展览品在展览期间被人购买的,由展览会主办单位或其代理人向海关办理进口申报、纳税手续,其中属于许可证件管理的,还应当提交进口许可证件。

出口展览品在境外参加展览会后被销售的,由海关核对展览品清单后要求企业补办有关正式出口手续。

(三) 展览品放弃或赠送

展览会结束后,进口展览品的所有人决定将展览品放弃交由海关处理的,由海关依法变卖后将款项上缴国库。

展览品的所有人决定将展览品赠送的,受赠人应当向海关办理进口手续,海关根据进口礼品或经贸往来赠送品的规定办理。

(四) 展览品毁坏、丢失、被窃

进境展览品因毁坏、丢失、被窃等原因不能复运出境的,展览会主办单位或其代理人当向海关报告。对于毁坏的展览品,海关根据毁坏程度估价征税;对于丢失或被窃的展览品,海关按照进口同类货物征收进口税。

进出境展览品因不可抗力的原因受损,无法原状复运出境、进境的,进出境展览品的收发货人应当及时向主管地海关报告,可以凭有关部门出具的证明材料办理复运出境、进境手续;因不可抗力的原因灭失或者失去使用价值的,经海关核实后可以视为该货物已经复运出境、进境。

进出境展览品因不可抗力以外其他原因灭失或者受损的,进出境展览品的收发货人应当按照货物进出口的有关规定办理海关手续。

任务四　集装箱箱体的报关

一、范围

集装箱箱体既是一种运输设备,又是一种货物。当货物用集装箱装载进出口时,集装箱箱体就作为一种运输设备;当一个企业购买进口或销售出口集装箱时,集装箱箱体就是普通的进出口货物。

集装箱箱体作为货物进出口是一次性的,而在通常情况下,是作为运输设备暂准进出境的。这里介绍的是后一种情况。

二、程序

暂准进出境的集装箱箱体报关有以下两种情况:

(1) 境内生产的集装箱及我国营运人购买进口的集装箱在投入国际运输前,营运人应当向其所在地海关办理登记手续。

海关准予登记并符合规定的集装箱箱体,无论是否装载货物,海关准予暂时进境和异地出境,营运人或其代理人无需对箱体单独向海关办理报关手续,进出境时也不受规定的期限限制。

(2) 境外集装箱箱体暂准进境,无论是否装载货物,承运人或其代理人应当向海关申报,并应当于入境之日起6个月内复运出境。如因特殊情况不能按期复运出境的,营运人应当向暂准进境地海关提出延期申请,经海关核准后可以延期,但延长期最长不得超过3个月,逾期应按规定向海关办理进口报关纳税手续。

任务五　其他暂准进出境货物

一、概述

(一) 范围

可以暂不缴纳税款的9项暂准进出境货物,除使用ATA单证册报关的货物、不使用ATA单证册报关的展览品、集装箱箱体按各自的监管要求由海关进行监管外,其余的均按其他暂准进出境货物进行监管,均属于其他暂准进出境货物的范围。

(二) 期限

其他暂准进出境货物应当自进出境之日起6个月内复运出境或复运进境。超过6个月的,收发货人可以向海关申请延期。延期最多不超过3次,每次延长期限不超过6个月。延长期届满应当复运出境、进境或者办理进出口手续。

国家重点工程、国家科研项目使用的暂准进出境货物,在18个月延长期届满后仍需要延期的,由主管地直属海关报海关总署审批。

> **动一动脑筋**
>
> 某电影制片厂与境外一影视公司合作拍摄电影。因在华拍摄,需要从境外暂时进口一批由境外影视公司提供的摄影器材以车辆,报关时向海关提交了保证函。
> 请思考:按海关规定其担保期应为多长时间?
> A. 进口之日起的6个月　　　　B. 一般情况下不超过30天
> C. 与滞报期限一致,为14天　　D. 与滞纳期限一致,为7天

（三）管理

其他暂准进出境货物进出境核准属于海关行政许可事项,应当按照海关行政许可的程序办理。

1. 暂准进出境申请和审批

其他暂准进出境货物收发货人向海关提出货物暂准进出境申请时,应当按照海关要求提交"货物暂时进/出境申请书"、暂准进出境货物清单、发票、合同或者协议、其他相关单据。

海关就其他暂准进出境货物的暂准进出境申请做出是否批准的决定后,应当制发"中华人民共和国海关货物暂时进/出境申请批准决定书"或者"中华人民共和国海关货物暂时进/出境申请不予批准决定书"。

2. 延期申请和审批

其他暂准进出境货物申请延长复运出境、进境期限的,收发货人应当在规定期限届满30个工作日前向货物暂准进出境申请核准地海关提出延期申请,并提交"货物暂时进/出境延期申请书"及相关申请材料。直属海关做出决定并制发相应的决定书。申请延长超过18个月的由海关总署做出决定。

二、报关程序

1. 进出境申报

（1）进境申报。其他暂准进境货物进境时,收货人或其代理人应当向海关提交主管部门允许货物为特定目的而暂时进境的批准文件、进口货物报关单、商业及货运单据等,向海关办理暂时进境申报手续。

其他暂准进境货物不必提交进口货物许可证件,但对国家规定需要实施检验检疫的,或者为公共安全、公共卫生等实施管制措施的,仍应当提交有关的许可证件。

其他暂准进境货物在进境时,收货人或其代理人免予缴纳进口税,但必须向海关提供担保。

（2）出境申报。其他暂准出境货物出境,发货人或其代理人应当向海关提交主管部门允许货物为特定目的而暂时出境的批准文件、出口货物报关单、货运和商业单据等,向海关办理暂时出境申报手续。

其他暂准进境货物,除易制毒化学品、监控化学品、消耗臭氧层物质、有关核出口、核两

用品及相关技术的出口管制条例管制的商品及其他国际公约管制的商品外,不需交验许可证件。

(3)异地复运出境、进境申报。异地复运出境、进境的其他暂准进出境货物,收发货人应当持主管地海关签章的海关单证向复运出境、进境地海关办理手续。货物复运出境、进境后,主管地海关凭复运出境、进境地海关签章的海关单证办理核销结案手续。

2. 结关

(1)复运进出境。其他暂准进境货物复运出境,暂准出境货物复运进境,进出口货物收发货人或其代理人必须留存由海关签章的复运进出境的报关单,准备报核。

(2)转为正式进出口。其他暂准进出境货物因特殊情况,改变特定的暂准进出境目的转为正式进出口,收发货人应当在货物复运出境、进境期限届满 30 个工作日前向主管地海关申请,经主管地直属海关批准后,按照规定提交有关许可证件,办理货物正式进口或者出口的报关纳税手续。

(3)放弃。其他暂准进境货物在境内完成暂时进境的特定目的后,如货物所有人不准备将货物复运出境的,可以向海关声明将货物放弃,海关按放弃货物的有关规定处理。

(4)不可抗力。因不可抗力的原因受损,无法原状复运出境、进境的,收发货人应当及时向主管地海关报告,可以凭有关部门出具的证明材料办理复运出境、进境手续;因不可抗力的原因灭失或者失去使用价值的,经海关核实后可以视为该货物已经复运出境、进境。因不可抗力以外其他原因灭失或者受损的,收发货人应当按照货物进出口的有关规定办理海关手续。

其他暂准进出境货物复运出境或进境,或者转为正式进口或出口,或者放弃后,收发货人向海关提交经海关签注的进出口货物报关单,或者处理放弃货物的有关单据,以及其他有关单证,申请报核。海关经审核,情况正常的,退还保证金或办理其他担保销案手续,予以结关。

※项目任务操作

根据前述项目的开始要求,李想认真设计了该批货物的报关方案,按照以下步骤申报:

1. 备案。李想代表上海大众汽车有限公司登录中国电子口岸,将有关批准扫描做成 PDF 格式,向展出地海关办理备案手续。

2. 担保。展览品进境时,上海大众汽车有限公司应向海关提供担保。担保形式可为相当于税款金额的保证金、银行或其他金融机构的担保书,以及经海关认可的其他方式的担保。

3. 申报:李想登录中国电子口岸进行申报工作,具体如下。

(1)预录入。

(2)向海关提交报关单据(提单或运单、箱单发票、暂时进出境申请表、企业备案表、报关委托)。

(3)海关审单并生成展览品报关清单。

(4)海关制作提货关封交企业。

(5) 企业到口岸海关办理提货手续。

(6) 展览品入展览品监管库(或展览场馆)。

(7) 海关查验(上海大众汽车有限公司应当于展览品开箱前通知海关,以备海关到场查验。海关对展览品进行查验时,展览品所有人或其代理人应当在场,并负责搬移、开拆、重新封货包装等协助查验的工作)。

(8) 展览品参展(必要时海关派员进驻展览场所执行监管任务时,展览会的主办单位或承办单位应当提供办公场所和必需的办公设备,并向海关支付规费)。

(9) 复出境及核销。展览会结束后,李想登录中国电子口岸,向展出地海关办理复运进出境申报手续,向海关递交有关的核销清单和运输单据,海关核销。

※ 思考与练习

一、选择题(不定项选择)

1. 下列哪一选项货物不按照暂时进出口货物进行管理(　　)。
   A. 进出境修理货物
   B. 参加巴黎博览会的出境货物
   C. 来华参加国际科技展览会运进的展示货物
   D. 俄罗斯大马戏团来华表演运进的器材、服装、道具

2. 暂准进出境货物有以下特征(　　)。
   A. 不必缴纳进出口税费,但收发货人需向海关提供担保
   B. 免予提交进出口许可证件
   C. 应当自进境或者出境之日起6个月内按原状复运进出境
   D. 按货物实际使用情况办结海关手续

3. 下列暂准进出境货物应当按"暂时进出口货物"申报的是(　　)。
   A. 体育比赛用的比赛用品
   B. 安装设备时使用的工具
   C. 集装箱箱体
   D. 来华进行文艺演出而暂时运进的器材、道具、服装等

4. 下述符合ATA单证册在我国适用的表述是(　　)。
   A. 在我国,使用ATA单证册的范围仅限于暂准进出境货物
   B. 中国国际商会是我国ATA单证册的出证和担保机构
   C. ATA单证册的有效期为6个月,可延期3次,每次不超过6个月
   D. 我国海关只接受用中文或英文填写的ATA单证册

5. 与展出活动有关的物品也可以按展览品申报进境的是指(　　)。
   A. 为展出示范过程中被消耗的物料
   B. 展出中免费散发的宣传印刷品
   C. 展出期间出售的小卖品
   D. 展出期间使用的酒精饮料、燃料

6. 暂准进出口货物的期限为6个月,特殊情况可申请延长6个月,但特殊情况只能申请延长3个月的是(　　)。
　　A. 进出境展览品　　　　　　B. 集装箱箱体
　　C. 暂准进出口货物　　　　　D. 出料加工货物
7. 下列哪些选项不属于展览品的范围,应照章征税(　　)。
　　A. 布置展台用的油漆、涂料
　　B. 为展出的机器设备进行示范并在操作过程中被消耗的物料
　　C. 展览会期间出售的小卖品
　　D. 展览会期间使用的含酒精饮料、烟叶制品、燃料

二、实务操作题

深圳联合公司要从国外运入一批车辆以参加在上海举行的车展,该批车辆属于《ATA单证册》项下的货物,属于许可证件管理。除了展览品以外,还需要运入一些为展览品做宣传用的印刷品等。展览会结束以后,深圳联合公司又将该批货物运输出境。深圳联合公司委托李想所在的奔腾报关公司办理这批货物的报关事务。

请回答:

1. 上述展览品属于哪类海关监管货物?有哪些特点?
2. 深圳联合公司在展览会结束后,部分车辆被境内人员购买,该如何办理相关海关手续?
3. 随同进境的为展览品做宣传用的印刷品,该如何向海关办理进口申报手续?
4. 使用ATA单证册报关的展览品,暂准进境的期限为多长时间?如果车展延期,超过暂准进境期限,该如何办理相关海关手续?

项目七　其他常见货物报关

知识目标

1. 熟悉进出境货样、广告品和快件的报关程序；
2. 熟悉无代价抵偿货物的报关程序；
3. 掌握转关、退运货物的报关程序。

能力目标

1. 能正确进行货样、广告品和快件的报关；
2. 能正确进行无代价抵偿货物的报关；
3. 能正确进行转关、退运货物的报关。

项目引入 1

某公司从日本以快件方式进口传真机使用的传感器一批(5纸箱,价值9万美元)；另,供货方免费提供传真机使用说明书200份(1纸箱,标明价值50美元),1美元＝6.438元人民币；传真机使用说明书进口关税税率7.5%,进口环节增值税税率17%；传真机传感器属自动许可管理商品。试问该进口传真机如何报关。

任务一　进出境货样、广告品报关、快件报关

一、进出境货样、广告品报关

（一）进出境货样、广告品概念

进出口货样是指进出口专供订货参考的货物样品。广告品是指进出口用以宣传有关商品内容的广告宣传。

进出口的货样和广告品,不论是价购还是免费提供均应由接受、发送单位或其代理人（或携运人）向海关申报,由海关按照《中华人民共和国海关对进出口货样、广告品监管办法》的规定验放。

（二）进出境货样、广告品分类

货样、广告品进出口经营资格分为两类：

第一类,有进出口经营权的企业：在其经批准的经营范围和商品目录内进出口的商品,海关凭进出口货物报关单及其他单证验放。

第二类,没有进出口经营权的企事业单位：应委托有进出口经营权的企业办理进出口

手续。

(1) 进口的货样、广告品属进口许可证管理的,不论其量值多少,必须领取进口许可证,海关凭进口许可证验放,出口的货样、广告品属出口许可证管理的,每批价值在人民币 3 万元以下的,免领出口许可证。

(2) 机电产品类货样、广告品进口管理。每批价值在人民币 5 000 元以下的机电产品类货样、广告品,可免领《机电产品进口登记表》。如果进口的货样、广告品是旧机电产品或实行集中登记管理的机电产品,进口企业需按程序办理有关审批手续,海关按有关规定实施管理。

(3) 属于其他进出口许可证件管理的。进出口的货样、广告品属于其他进出口许可证件管理的,不论数量与价格,海关一律凭有关进出口许可证件验放。

(三) 货样、广告品的纳税

1. 免税的货样、广告品

(1) 无商业价值和其他用途的;

(2) 用于分析、化验、测试品质并在上述过程中耗费的;

(3) 属于来样或者去样加工的;

(4) 数量零星,每次总值在人民币 400 元以下的(超出人民币 400 元的仅征超出部分)。

经海关免税放行的进口货样和广告品,有关单位如需出售、转让或者移作他用,应事先报经海关批准,并且按章征税。

2. 进口下列货样、广告品

不论价值大小,除另有规定外,均应照章征税:各种机动车辆、自行车、手表、电视机、收音机、录音机、收录机、电唱机、照相机、家用电冰箱、家用缝纫机、洗衣机、复印机、空调器、电风扇、吸尘器、音响组合、录像设备、摄影机、放大机、放映机、计算机、电子计算器、电子显微镜、电子分色机以及上述物品的主要零部件。

专业知识链接

据不完全统计,中国跨境电商出口业务 70% 的包裹都通过邮政系统投递,其中中国邮政占据 50% 左右的份额,香港邮政、新加坡邮政等也是中国跨境电商卖家常用的物流方式。也就是采用快件方式寄出。

优势:邮政网络基本覆盖全球,比其他任何物流渠道都要广。而且,由于邮政一般为国营,有国家税收补贴,因此价格非常便宜。

劣势:一般以私人包裹方式出境,不便于海关统计,也无法享受正常的出口退税。同时,速度较慢,丢包率高。

(四) 进出口货样和广告品报关程序

不论是否免费提供,均应由在海关注册登记的进出口收发货人或其代理人向海关申报,由海关按规定审核验放。所以统一使用"货样广告品 A",贸易方式为货样广告品 A(3010)。

征免性质:一般征税。

成交方式:FOB。

表体的"征免"写照章征税。

备注栏没有特别记载内容。

二、进出境快件报关

为规范海关对进出境快件监管,加大信息化技术运用,提高通关效率,方便进出境快件通关。海关总署自 2016 年 6 月 1 日起,将正式启用新版快件通关管理系统(以下简称新快件系统),原快件通关管理系统中的报关功能同时停止使用。

(一)新快件系统快件分类

适用于文件类进出境快件(以下简称 A 类快件)、个人物品类进出境快件(以下简称 B 类快件)和低值货物类进出境快件(以下简称 C 类快件)报关。其中:

A 类快件是指无商业价值的文件、单证、票据和资料(依照法律、行政法规以及国家有关规定应当予以征税的除外)。

B 类快件是指境内收寄件人(自然人)收取或者交寄的个人自用物品(旅客分离运输行李物品除外)。

C 类快件是指价值在 5 000 元人民币(不包括运、保、杂费等)及以下的货物(涉及许可证件管制的,需要办理出口退税、出口收汇或者进口付汇的除外)。

通过快件渠道进出境的其他货物、物品,应当按照海关对进出境货物、物品的现行规定办理海关手续。

(二)新快件系统报关

(1) A 类快件报关时,快件运营人应当向海关提交 A 类快件报关单、总运单(复印件)和海关需要的其他单证。

(2) B 类快件报关时,快件运营人应当向海关提交 B 类快件报关单、每一进出境快件的分运单、进境快件收件人或出境快件发件人身份证影印件和海关需要的其他单证。B 类快件的限量、限值、税收征管等事项应当符合海关总署关于邮递进出境个人物品相关规定。

(3) C 类快件报关时,快件运营人应当向海关提交 C 类快件报关单、代理报关委托书或者委托报关协议、每一进出境快件的分运单和海关需要的商业发票等其他单证,并按照进出境货物规定缴纳税款。进出境 C 类快件的监管方式为"一般贸易"或者"货样广告品 A",征免性质为"一般征税",征减免税方式为"照章征税"。

快件运营人按照上述规定提交复印件(影印件)的,海关可要求快件运营人提供原件验核。

任务二 无代价抵偿货物的报关

项目引入 2

江苏靖江印刷设备公司(3207964×××)原委托上海东方技术进出口有限公司(3101910×××)从新加坡南华贸易有限公司购进胶印机(监管条件:O、A)1 台,由于该设备在投产使用期间多次发生故障,东方公司与南华公司商议后,对方同意退换相同规格型号的胶印机。新胶印机于 2015 年 1 月 18 日由江苏连云港市春晖国际货运有限公司(3207980

×××)向南京海关隶属的连云港口岸海关办理进口报关手续。

一、无代价抵偿货物的含义

无代价抵偿进口货物,是指进口货物在征税或免税放行之后,发现货物残损、短少或品质不良,而由境外承运人、发货人或保险公司免费补偿或更换的同类货物。

二、无代价抵偿货物的特征

1. 执行合同的过程中发生的损害赔偿

即买卖双方在执行交易合同中,我方根据货物损害的事实状态向对方请求偿付,而由对方进行的赔偿。对于违反进口管理规定而索赔进口的,不能按无代价抵偿进口货物办理。

2. 已经海关放行

即被抵偿进口的货物已办理了进口手续;并已按规定交纳了关税或者享受减免税的优惠经海关放行之后,发现损害而索赔进口的。

3. 仅抵偿直接损失部分

根据国际惯例,除合同另有规定者外,抵偿一般只限于在成交商品所发生的直接损失方面(即残损、短少、品质不良等)以及合同规定的有关方面(如对迟交货物罚款等)。对于所发生的间接损失(如因设备问题所发生的延误投产所造成的损失),一般不包括在抵偿的范围内。

4. 时间期限

在索赔期限内且不超过原货物进出口之日起3年。

三、无代价抵偿形式

常见的抵偿进口形式有:
(1) 补缺,即补足短少部分;
(2) 更换错发货物,即退运错发货物,换进应发货物;
(3) 更换品质不良货物,即退运品质不良货物,换进口质量合格的货物;
(4) 贬值,即因品质不良而削价补偿;
(5) 补偿备价,即对残损的补偿,由我方自行修理;
(6) 修理,即因残损,原货退运境外修理后再进口。

四、无代价抵偿进口货物认定的资料依据

无代价抵偿货物的确认必须具备一个前提条件,就是涉及货物性质的有关鉴别材料、凭据必须齐全。主要有以下几种:

(1) 原进口货物报关单:即被抵偿货物进口时向海关填报的进口货物报关单,它是鉴别是否为抵偿进口货物的主要依据,是反映被抵偿货物进口情况的原始资料。

(2) 商检证明或买卖双方会签的记录:商检证明书是由商检机构应收、用货单位检验申请,在复验后出具的证明材料;双方会签记录是货物放行进口后,经境外来人与我方共同开箱检验或在指导安装,负责调试时发现问题,而由双方现场代表会签的记录。这两种凭证是鉴别抵偿进口商品原因的必备条件。

3. 买卖双方签订的抵偿协议：抵偿协议是买方向卖方提出偿还请求，卖方接受以相当价值货物赔偿或补偿的书面协议。

以上3种资料凭证，它们之间是互相联系相互依存的，海关在认定无代价抵偿进口货物的性质时原则上必须同时收取3种资料进行审查。

五、无代价抵偿货物征免税

（1）如原进口货物短少，其短少部分已经征税或者原进口货物因质量原因已退运境外或已放弃交由海关处理，原征税款又未退还的，所进口的无代价抵偿货物可以免税。

（2）如原进口货物不退运境外，又未放弃交由海关处理，则应分别按以下办法处理：

① 对于机器、仪器或其零部件，如因残损或品质不良，需进口同类货物来更换，所进口的无代价抵偿货物可以免税；

② 对于因残损或品质不良，境外同意削价并补偿部分机器、仪器及其他货物，只要所补偿进口的货物与原货品名、规格相同，价格也不超过削价金额的，所进口的无代价抵偿货物也可以免税；

③ 对于车辆、家用电器、办公室用机器和其他耐用消费品及其零部件的无代价抵偿货物，也可以免税，但其留在国内的原货应视其残损程度估价纳税。

六、无代价抵偿货物的通关程序

无代价抵偿货物进口时，收货人应在进口货物报关单上的贸易性质栏内填明为"无代价抵偿货物"。

申报无代价抵偿货物进口时，除填制报关单和其他基础单证以外还需提供：

（1）原进口报关单；

（2）原进口货物退运出境的出口货物报关单，或者原进口货物交由海关处理的货物放弃证明；

（3）原进口货物的税款缴纳书或者征免税证明；

（4）买卖双方的索赔协议；

（5）海关认为必要时，企业还需商检机构出具的原进口货物的残损、品质不良或规格不符的检验证明。

申报无代价抵偿货物出口时，除填制出口报关单和其他基础单证以外还需提供：

（1）原货物出口报关单；

（2）原出口货物退运进境的报关单或已办理纳税手续的单证；

（3）原出口货物缴款书；

（4）买卖双方的索赔协议；

（5）海关认为必要时，企业还需商检机构出具的原进口货物的残损、品质不良或规格不符的检验证明。无代价抵偿货物出口无实际成交价格，故单价和总价填报货值。

任务三　转关运输及退运

项目引入 3

2015年2月,江西爱尔玛机械设备有限公司(3601930045)向意大利出口一批"切割机",出口报关单号为400120080518658893。客户在销售过程中,发现部分切割机不合格,经双方协商同意将不合格货物退回国内。4月,该批切割机与爱尔玛机械设备有限公司自同一客户购买的砂带机同批进境(运费共计2 760美元,保险费率3‰),在向上海外港海关(2225)办理转关手续(转关申报单编号:5122546585556557)后,运抵南昌海关(4001)办理正式进口报关手续(入境货物通关单编号:400100105269856246)。

砂带机属自动进口许可证管理商品,为爱尔玛机械设备有限公司投资总额外利用自有资金进口的设备。

进出口海关监管货物需由进境地或启运地设立的海关转运至目的地或出境地海关,这种转运方式称为转关运输。转关这种方式的出现就是因为早期电脑网络技术不发达,不同关区之间的企业要在异地报关存在很多不方便,海关为了方便出口企业,采用这种转关的申报方式。

经海关同意可采用不同的交通工具,承运接驳转关运输货物。转关运输货物是海关监管货物,有三类:(1)由进境地入境后,运往另一设关地点办理进口海关手续的货物;(2)在启运地已办理出口海关手续运往出境地,由海关监管放行的货物;(3)由国内一设关地点转运到另一设关地点的应受海关监管的货物。

一、转关运输的条件

(1)指运地和启运地设有海关。
(2)运载转关运输货物的运输工具和装备,具备密封装置和加封条件;
(3)承运转关运输货物的企业是经海关核准的运输企业。

对转关货物,货主不能开拆、改装、调换、提取、交付(未经海关许可下),对海关于运输工具及货物上施加之封志(包括海关认可的商业标志)必须保持完整,不得开启或损坏。

二、转关运输的方式

(1)提前报关转关:进口货物在指运地先申报再到进境地办理进口转关手续;出口货物在货物未运抵启运地监管场所前先申报,货物运抵监管场所后再办理出口转关手续方式。

(2)直转转关:进境货物在进境地海关办理转关手续,货物运抵指运地再在指运地海关办理报关手续的进口转关和出境货物在货物运抵启运地海关监管场所报关后,在启运地海关办理出口转关手续的出口转关。

(3)中转转关:在收、发货人或其代理人向指运地或启运地海关办理进出口报关手续后,由境内承运人或其代理人统一向进境地或启运地海关办理进口或出口转关手续。具有全程提运单,需换装境内运输工具的进出口中转货物适用中转方式转关运输。

专业知识链接

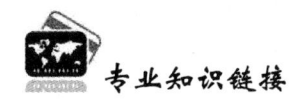

直转方式转关的期限	提前报关方式转关的期限
A. 进口货物在运输工具申报进境之日起14日内,向进境地海关办理转关运输 B. 在海关规定的期限内运抵指运地之日起14日内,向指运地海关办理报关	A. 进口报关货物应在电子数据申报之日起的5日内,向进境地海关办理转关手续,超过期限仍未到进境地海关办理转关手续的,指运地海关撤销提前报关的电子数据。 B. 出口转关货物应于电子数据申报之日起5日内,运抵启运地海关监管场所,办理转关和验放等手续,超过期限的,启运地海关撤销提前报关的电子数据。

三、转关运输程序

(一)进口转关

1. 提前报关转关模式

(1)申请人通过中国电子口岸向指运地海关录入《进口货物报关单》,计算机自动将报关单数据转换成转关数据,发送至进境地海关。向指运地海关申报同时提供以下资料:

① 进口货物的合同、箱单、发票。
② 有关部门批准的许可证件(仅国家管制进口商品提供)。
③ 征免税证明(仅国家鼓励投资内外资项目进口货物)。
④ 加工贸易登记手册(仅加工贸易进口货物)。
⑤ 海关需要的其他资料。

(2)指运地海关审核同意后,向进境地海关传送转关申报单数据,同时通过中国电子口岸,向申报人传递回转关申报单回执及编号,凭此向进境地海关办理转关手续。

(3)申请人通过中国电子口岸向进境地海关办理转关手续,进境地海关对转关数据确认后,验放数据返回指运地海关。

向进境地海关办理转关时,需通过中国电子口岸递交进口转关货物核放单、汽车载货登记簿或船舶监管簿、提单、其他单证。

2. 直转转关模式

(1)申请人通过中国电子口岸向进境地海关录入"进口转关申报单",经进境地海关审核通过后,向指运地海关传送,同时反馈给申报人转关申报单回执及编号。向进境地海关办理转关,应通过中国电子口岸递交进口转关货物申报单、汽车载货登记簿或船舶登记簿、其他单证。

(2)货物运抵指运地后,申请人通过中国电子口岸向指运地海关申报,同时提供以下资料:

① 进口货物的合同、箱单、发票。
② 有关部门批准的许可证件(仅国家管制进口商品提供)。
③ 征免税证明(仅国家鼓励投资内外资项目进口货物)。
④ 加工贸易登记手册(仅加工贸易进口货物)。
⑤ 海关需要的其他资料。

专业知识链接

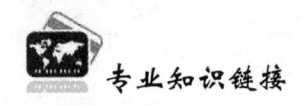

转关方式的适用

具有全程提运单的，采用中转方式办理转关手续。其他进口转关、出口转关及境内转关采用提前报关或直转方式办理转关手续。

（二）出口转关

（1）出口货物发货人或其代理人通过中国电子口岸，向启运地办理完出口货物电子申报手续，申报时需提交以下单证：

① 进口货物的合同、箱单、发票。
② 有关部门批准的许可证件（仅国家管制进口商品提供）。
③ 征免税证明（仅国家鼓励投资内外资项目进口货物）。
④ 加工贸易登记手册（仅加工贸易进口货物）。
⑤ 海关需要的其他资料。

（2）申报成功后，向海关录入出口转关申报单，向启运地海关提交汽车载货登记簿或船舶监管簿，同时提交以下相关材料：

① 经海关审结的出口货物报关单。
② 出口转关货物申报单。
③ 出口单证。

经审核预录入的"出口转关申报单"电子数据无误后，将电子数据发送至出境地海关，并通过中国电子口岸传递转关申报单回执及编号，申报人凭此向进境地海关办理货物实际出境验放手续。

四、一般退运与直接退运

（一）退运进出口货物

退运进出口货物是指货物因质量不良或交货时间延误等原因，被国外买方拒收退运或因错发、错运造成的溢装、漏卸而退运的货物。

（二）退运进出口货物的范围

货物进出境后，有下列情况之一的，可由发货人或收货人向海关申请办理退运手续：

（1）质量不合格，且双方达成书面退运协议；
（2）货物的型号与购货合同的规定不符，且双方达成书面退运协议；
（3）错发、错运而造成的溢装、漏卸而退运的货物；
（4）海关按国家规定责令退运的货物。

（三）退运报关程序

1. 退运进口报关程序

原出口货物退运进境时，原发货人或其代理人应填写进口货物报关单，通过中国电子口岸向进境地海关申报，并同时上传原货物出口时的出口报关单，以及保险公司证明、承运人溢装、漏卸的证明等有关资料，如果已办理出口退税的，提供主管出口退税的税务机关出具的"出口商品退运已补税证明",海关核实无误后,验放有关货物进境。

原出口货物退运进口,经海关核实后不予征收进口税款,但原出口时需要征收出口税的,原征出口税款不予退还。

2. 退运出口报关程序

进口货物办理出口退运时,退运人及其代理人应通过中国电子口岸提交出口报关单、装箱单、商业发票、海关签发的原进口货物报关单,向海关办理出口退运手续,进口货物退运的出口报关单在备注栏上注明原进口报关单编号。

同时,提交退运协议(和国外签署需要正本)、原进口报关单正本、装箱单、商业发票、原进口运单;退运申请报告,详细说明退运原因,以及向海关提供企业所在地税务部门出具的未办理出口退税的证明或"出口商品退运已补税证明"。

专业知识链接

因品质或者规格原因,出口货物自出口放行之日起1年内原状退货复运进境的,复运进境的原出口货物免予征收进口关税和进口环节税;因品质或者规格原因,进口货物自进口放行之日起1年内原状退货复运出境的,复运出境的原进口货物免予征收出口关税。其他情况退运海关照章征税。

※项目任务操作

项目引入1解析:

(1) 不同的进境快件,根据不同的情况填制不同的单证。传感器价值9万美元,折合人民币57.942万元,属于货物类,关税税额在50元以上且不属于货样广告品,应填写的是进口货物报关单。

(2) 免费提供传真机使用说明书,其关税税额在人民币50元以下(50美元×8×7.5%=30元),属于C类快件是指价值在5 000元人民币(不包括运、保、杂费等)及以下的货物填C类快件报关单。

(3) 传感器为货物类,关税税额在人民币50元以上,应填进口货物报关单,不在一张报关单上填报,属于分单向海关申报。进出境快件应由快件运营人(报关企业)以间接代理的方式向海关办理报关手续。

(4) 传真机传感器属自动许可管理商品。进口传真机传感器属机电产品,进口时应向海关提交代码为"O"的自动进口许可证。

(5) 传真机使用说明书快件报关时,快件运营人应当向海关提交C类快件报关单、代理报关委托书或者委托报关协议、运单、商业发票、自动进口许可证,并按照进出境货物规定缴纳税款,税款为:

① 进口关税=完税价格×税率=50美元×8×7.5%=30元

② 增值税=增值税组成计税价格×增值税税率

=(进口关税完税价格+进口关税税额+消费税税额)×增值税税率

=（400＋0＋0）×17％
=68元

监管方式填报为"一般贸易",征免性质为"一般征税",征减免税方式为"照章征税"。

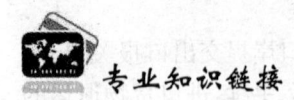

专业知识链接

一般商品和重要工业品自动进口许可证的代码为"7"。
新旧机电产品自动进口许可证的代码为"O"。
加工贸易自动进口许可证的代码为"v"（原油、成品油）。

项目引入2解析：

无代价抵偿货物报关,首先江苏连云港市春晖国际货运有限公司填报进口报关单,贸易性质栏内填明为无代价抵偿货物、备注栏注明原出口货物报关单号,同时通过中国电子口岸向连云港口岸海关传递原进口报关单、原进口货物退运出境的出口货物报关单、原进口货物的税款缴纳书或者征免税证明、买卖双方的索赔协议。

海关审核通过,直接给予放行,通过中国电子口岸传来进口放行通知书,收发货人打印出来,并以办理从口岸的提货手续。

项目引入3解析：

退运进口的切割机和进口的砂带机分属不同贸易方式和征免性质,退运进口的切割机贸易方式属于退运货物,征免性质是其他法定,进口的砂带机属于一般进出口货物,外商投资企业利用企业投资总额以外的自有资金(具体指企业储备基金、发展基金、折旧和税后利润)在原批准的生产经营范围内进口国内不能生产或性能不能满足需要的自用设备及其配套的技术、配件、备件,在规定范围内享受国家税收优惠政策,才属于特定减免税货物,贸易方式属于一般贸易,征免性质属于一般征税,因此要分单申报。

1. 切割机退运进口和转关报关程序

（1）切割机退运进境时,申请人通过中国电子口岸向进境地海关上海外港海关录入"进口转关申报单",经进境地海关审核通过后,向指运地海关南昌海关传送,同时反馈给申报人转关申报单回执及编号。向进境地海关办理转关,同时申请口岸检验,取得入境货物通关单,并应通过中国电子口岸递交进口转关货物申报单、船舶登记簿及相关单证。

（2）货物运抵指运地后,申请人通过中国电子口岸向指运地海关申报,同时提供以下资料：切割机进口货物报关单、原出口时的出口报关单、保险公司证明、商检不合格证明、进口切割机的合同、箱单、发票、入境货物通关单等有关资料,并提供主管出口退税的税务机关出具的《出口商品退运已补税证明》。

海关审核无误,放行,申报人打印出进口货物放行通知书,江西爱尔玛机械设备有限公司并以办理提货进口事宜。

2. 砂带机一般进口转关报关程序

（1）砂带机退运进境时,申请人通过中国电子口岸向进境地海关上海外港海关录入"进口转关申报单",经进境地海关审核通过后,向指运地海关南昌海关传送,同时反馈给申报人转关申报单回执及编号。向进境地海关办理转关,应通过中国电子口岸递交单证：进口转关货物申报单、船舶登记簿及相关单证。

（2）货物运抵指运地后，申请人通过中国电子口岸向指运地海关申报，同时提供以下资料：砂带机进口货物报关单、进口合同、箱单、发票等，以及自动进口许可证有关资料。由于货物属于自动进口许可证的商品，因此在电子申报环节通过后，打印纸质报关单和相关单据去海关现场完成申报和查验，查验完毕，在中国电子口岸完成纳税后，打印进口放行通知单，凭此办理放行手续。

※ 思考与练习

一、选择题

1. 从境外起运，不通过我国境内陆路运输，运进境后由原运输工具载运出境的货物称为（　　）。
   A. 转运货物　　B. 通运货物　　C. 过境货物　　D. 以上都是
2. 下列进口的废物中，可以申请转关运输的是（　　）。
   A. 木质品废料　　　　　　B. 废纸
   C. 废电机、电器产品　　　D. 纺织品废物
3. 下列选项中可以申请转关运输的是（　　）。
   A. 废钢铁　　B. 汽车　　C. 废纸　　D. 易制毒化学品

二、判断题

1. 进境快件的申报时限为自运输工具进境之日起14日内，出境快件在运输工具离境的3小时以内，向海关申报。（　　）
2. 原出口货物因残损、品质不良或者规格不符，办理退运进境报关手续时，免征进口关税和代征税；出口无代价抵偿货物不征收出口税。（　　）
3. 办理无代价抵偿货物的报关期限，是原进出口合同规定的索赔期内，不超过原进口之日起3年。（　　）

三、实务操作题

江门某贸易有限公司于2015年9月10日向美国某医疗器械公司购进10台临床医疗电子仪器，使用半年后其中一台仪器零件发现损坏，该公司经查阅发现货物还在保修期内，并委托报关公司办理有关出境修理物品事宜的一切手续。公司安排李想办理，李想应该怎样做呢？

项目八　报关单填制案例

知识目标

1. 熟悉报关单的填制总规则及要点；
2. 熟悉进出口报关单、进出境备案清单的格式；
3. 掌握各类报关单填制中的各项栏目填报。

能力目标

1. 能填制一般进出口货物报关单；
2. 能填制保税加工、特定减免税和暂准进出境货物报关单；
3. 能填制特殊区域货物报关单；
4. 能填制其他货物报关单。

项目引入

本项目是在前述有关报关程序各项目导引案例的基础上进行分析的，从任务二开始，所有分析的项目案例都来自项目二及以后开始的报关程序各项目引入，并与前述各项目引入案例依依对应。

报关员李想的任务是：依据各项目引入案例，填制不同贸易方式的报关单。

任务一　报关单填制总规则要点

一、海关进出口报关单填制新规范

为规范进出口货物收发货人的申报行为，统一进出口货物报关单填制要求，保证报关单数据质量，根据《中华人民共和国海关法》及有关法规，制定了《海关进出口报关单填制新规范》。

《中华人民共和国海关进(出)口货物报关单》在该规范中采用"报关单"、"进口报关单"、"出口报关单"的提法。

报关单各栏目的填制规范如下：

（一）预录入编号

本栏目填报预录入报关单的编号，预录入编号规则由接受申报的海关决定。

（二）海关编号

本栏目填报海关接受申报时给予报关单的编号，一份报关单对应一个海关编号。

报关单海关编号为18位,其中第1~4位为接受申报海关的编号(海关规定的《关区代码表》中相应海关代码),第5~8位为海关接受申报的公历年份,第9位为进出口标志("1"为进口,"0"为出口;集中申报清单"I"为进口,"E"为出口),后9位为顺序编号。

(三) 收发货人

本栏目填报在海关注册的对外签订并执行进出口贸易合同的中国境内法人、其他组织或个人的名称及编码。编码可选填18位法人和其他组织统一社会信用代码或10位海关注册编码任一项。

特殊情况下填制要求如下:

(1) 进出口货物合同的签订者和执行者非同一企业的,填报执行合同的企业。

(2) 外商投资企业委托进出口企业进口投资设备、物品的,填报外商投资企业,并在标记唛码及备注栏注明"委托某进出口企业进口",同时注明被委托企业的18位法人和其他组织统一社会信用代码。

(3) 有代理报关资格的报关企业代理其他进出口企业办理进出口报关手续时,填报委托的进出口企业的。

(4) 使用海关核发的《中华人民共和国海关加工贸易手册》、电子账册及其分册(以下统称《加工贸易手册》)管理的货物,收发货人应与《加工贸易手册》的"经营企业"一致。

(四) 进口口岸/出口口岸

本栏目应根据货物实际进出境的口岸海关,填报海关规定的《关区代码表》中相应口岸海关的名称及代码。特殊情况填报要求如下:

进口转关运输货物应填报货物进境地海关名称及代码,出口转关运输货物应填报货物出境地海关名称及代码。按转关运输方式监管的跨关区深加工结转货物,出口报关单填报转出地海关名称及代码,进口报关单填报转入地海关名称及代码。

在不同海关特殊监管区域或保税监管场所之间调拨、转让的货物,填报对方特殊监管区域或保税监管场所所在的海关名称及代码。

其他无实际进出境的货物,填报接受申报的海关名称及代码。

(五) 进口日期/出口日期

进口日期填报运载进口货物的运输工具申报进境的日期。

出口日期指运载出口货物的运输工具办结出境手续的日期,本栏目供海关签发打印报关单证明联用,在申报时免予填报。

无实际进出境的报关单填报海关接受申报的日期。

本栏目为8位数字,顺序为年(4位)、月(2位)、日(2位)。

(六) 申报日期

申报日期指海关接受进出口货物收发货人、受委托的报关企业申报数据的日期。以电子数据报关单方式申报的,申报日期为海关计算机系统接受申报数据时记录的日期。以纸质报关单方式申报的,申报日期为海关接受纸质报关单并对报关单进行登记处理的日期。

申报日期为8位数字,顺序为年(4位)、月(2位)、日(2位)。本栏目在申报时免予填报。

(七) 消费使用单位/生产销售单位

(1) 消费使用单位填报已知的进口货物在境内的最终消费、使用单位的名称,包括:

① 自行从境外进口货物的单位。
② 委托进出口企业进口货物的单位。
(2) 生产销售单位填报出口货物在境内的生产或销售单位的名称,包括:
① 自行出口货物的单位。
② 委托进出口企业出口货物的单位。

本栏目可选填18位法人和其他组织统一社会信用代码或10位海关注册编码或9位组织机构代码任一项。没有代码的应填报"NO"。

(3) 有10位海关注册编码或18位法人和其他组织统一社会信用代码或加工企业编码的消费使用单位/生产销售单位,本栏目应填报其中文名称及编码;没有编码的应填报其中文名称。

使用《加工贸易手册》管理的货物,消费使用单位/生产销售单位应与《加工贸易手册》的"加工企业"一致;减免税货物报关单的消费使用单位/生产销售单位应与《中华人民共和国海关进出口货物征免税证明》(以下简称《征免税证明》)的"减免税申请人"一致。

(八) 运输方式

运输方式包括实际运输方式和海关规定的特殊运输方式,前者指货物实际进出境的运输方式,按进出境所使用的运输工具分类;后者指货物无实际进出境的运输方式,按货物在境内的流向分类。

本栏目应根据货物实际进出境的运输方式或货物在境内流向的类别,按照海关规定的《运输方式代码表》选择填报相应的运输方式或代理。

1. 特殊情况填报要求如下:
(1) 非邮件方式进出境的快递货物,按实际运输方式填报;
(2) 进出境旅客随身携带的货物,按旅客所乘运输工具填报;
(3) 进口转关运输货物,按载运货物抵达进境地的运输工具填报;出口转关运输货物,按载运货物驶离出境地的运输工具填报;
(4) 不复运出(入)境而留在境内(外)销售的进出境展览品、留赠转卖物品等,填报"其他运输"(代码9);

2. 无实际进出境货物在境内流转时填报要求如下:
(1) 境内非保税区运入保税区货物和保税区退区货物,填报"非保税区"(代码0);
(2) 保税区运往境内非保税区货物,填报"保税区"(代码7);
(3) 境内存入出口监管仓库和出口监管仓库退仓货物,填报"监管仓库"(代码1);
(4) 保税仓库转内销货物,填报"保税仓库"(代码8);
(5) 从境内保税物流中心外运入中心或从中心运往境内中心外的货物,填报"物流中心"(代码W);
(6) 从境内保税物流园区外运入园区或从园区内运往境内园区外的货物,填报"物流园区"(代码X);
(7) 保税港区、综合保税区、出口加工区、珠澳跨境工业区(珠海园区)、中哈霍尔果斯边境合作区(中方配套区)等特殊区域与境内(区外)(非特殊区域、保税监管场所)之间进出的货物,区内、区外企业应根据实际运输方式分别填报,"保税港区/综合保税区"(代码Y)、"出口加工区"(代码Z)。

(8) 境内运入深港西部通道港方口岸区的货物,填报"边境特殊海关作业区"(代码 H);

(9) 经横琴新区和平潭综合实验区(以下简称综合试验区)二线指定申报通道运往境内区外或从境内经二线指定申报通道进入综合试验区的货物,以及综合试验区内按选择性征收关税申报的货物,填报"综合试验区"(代码 T)。

(10) 其他境内流转货物,填报"其他运输"(代码 9),包括特殊监管区域内货物之间的流转、调拨货物,特殊监管区域、保税监管场所之间相互流转货物,特殊监管区域外的加工贸易余料结转、深加工结转、内销等货物。

(九) 运输工具名称

本栏目填报载运货物进出境的运输工具名称或编号。填报内容应与运输部门向海关申报的舱单(载货清单)所列相应内容一致。具体填报要求如下:

(1) 直接在进出境地或采用区域通关一体化通关模式办理报关手续的报关单填报要求如下:

① 水路运输:填报船舶编号(来往港澳小型船舶为监管簿编号)或者船舶英文名称。

② 公路运输:启用公路舱单前,填报该跨境运输车辆的国内行驶车牌号,深圳提前报关模式的报关单填报国内行驶车牌号+"/"+"提前报关"。启用公路舱单后,免于填报。

③ 铁路运输:填报车厢编号或交接单号。

④ 航空运输:填报航班号。

⑤ 邮件运输:填报邮政包裹单号。

⑥ 其他运输:填报具体运输方式名称,例如:管道、驮畜等。

(2) 转关运输货物的报关单填报要求如下:

① 进口。进口货物要求具体分为:

水路运输:直转、提前报关填报"@"+16 位转关申报单预录入号(或 13 位载货清单号);中转填报进境英文船名。

铁路运输:直转、提前报关填报"@"+16 位转关申报单预录入号;中转填报车厢编号。

航空运输:直转、提前报关填报"@"+16 位转关申报单预录入号(或 13 位载货清单号);中转填报"@"。

公路及其他运输:填报"@"+16 位转关申报单预录入号(或 13 位载货清单号)。

以上各种运输方式使用广东地区载货清单转关的提前报关货物填报"@"+13 位载货清单号。

② 出口。出口货物要求具体分为:

水路运输:非中转填报"@"+16 位转关申报单预录入号(或 13 位载货清单号)。如多张报关单需要通过一张转关单转关的,运输工具名称字段填报"@"。

中转货物,境内水路运输填报驳船船名;境内铁路运输填报车名(主管海关 4 位关区代码+"TRAIN");境内公路运输填报车名(主管海关 4 位关区代码+"TRUCK")。

铁路运输:填报"@"+16 位转关申报单预录入号(或 13 位载货清单号),如多张报关单需要通过一张转关单转关的,填报"@"。

航空运输:填报"@"+16 位转关申报单预录入号(或 13 位载货清单号),如多张报关单需要通过一张转关单转关的,填报"@"。

其他运输方式:填报"@"+16 位转关申报单预录入号(或 13 位载货清单号)。

(3) 采用"集中申报"通关方式办理报关手续的,报关单本栏目填报"集中申报"。
(4) 无实际进出境的报关单,本栏目免予填报。

（十）航次号

本栏目填报载运货物进出境的运输工具的航次编号。

具体填报要求如下:

1. 直接在进出境地或采用区域通关一体化通关模式办理报关手续的报关单

(1) 水路运输:填报船舶的航次号。

(2) 公路运输:启用公路舱单前,填报运输车辆的8位进出境日期〔顺序为年(4位)、月(2位)、日(2位),下同〕。启用公路舱单后,填报货物运输批次号。

(3) 铁路运输:填报列车的进出境日期。

(4) 航空运输:免予填报。

(5) 邮件运输:填报运输工具的进出境日期。

(6) 其他运输方式:免予填报。

2. 转关运输货物的报关单

(1) 进口。进口货物分为:

水路运输:中转转关方式填报"@"+进境干线船舶航次。直转、提前报关免予填报。

公路运输:免予填报。

铁路运输:"@"+8位进境日期。

航空运输:免予填报。

其他运输方式:免予填报。

(2) 出口。出口货物分为:

水路运输:非中转货物免予填报。中转货物:境内水路运输填报驳船航次号;境内铁路、公路运输填报6位启运日期〔顺序为年(2位)、月(2位)、日(2位)〕。

铁路拼车拼箱捆绑出口:免予填报。

航空运输:免予填报。

其他运输方式:免予填报。

3. 无实际进出境的报关单,本栏目免予填报

（十一）提运单号

本栏目填报进出口货物提单或运单的编号。

一份报关单只允许填报一个提单或运单号,一票货物对应多个提单或运单时,应分单填报。

具体填报要求如下:

1. 直接在进出境地或采用区域通关一体化通关模式办理报关手续的

水路运输:填报进出口提单号。如有分提单的,填报进出口提单号+"*"+分提单号。

公路运输:启用公路舱单前,免予填报;启用公路舱单后,填报进出口总运单号。

铁路运输:填报运单号。

航空运输:填报总运单号+"_"+分运单号,无分运单的填报总运单号。

邮件运输:填报邮运包裹单号。

2. 转关运输货物的报关单

（1）进口。进口货物具体如下：

水路运输：直转、中转填报提单号。提前报关免予填报。

铁路运输：直转、中转填报铁路运单号。提前报关免予填报。

航空运输：直转、中转货物填报总运单号＋"_"＋分运单号。提前报关免予填报。

其他运输方式：免予填报。

以上运输方式进境货物，在广东省内用公路运输转关的，填报车牌号。

（2）出口。出口货物具体如下：

水路运输：中转货物填报提单号；非中转货物免予填报；广东省内汽车运输提前报关的转关货物，填报承运车辆的车牌号。

其他运输方式：免予填报。广东省内汽车运输提前报关的转关货物，填报承运车辆的车牌号。

采用"集中申报"通关方式办理报关手续的，报关单填报归并的集中申报清单的进出口起止日期〔按年(4位)月(2位)日(2位)年(4位)月(2位)日(2位)〕。

无实际进出境的，本栏目免予填报。

（十二）申报单位

自理报关的，本栏目填报进出口企业的名称及编码；委托代理报关的，本栏目填报报关企业名称及编码。

本栏目可选填18位法人和其他组织统一社会信用代码或10位海关注册编码任一项。

本栏目还包括报关单左下方用于填报申报单位有关情况的相关栏目，包括报关人员、申报单位签章。

（十三）监管方式

监管方式是以国际贸易中进出口货物的交易方式为基础，结合海关对进出口货物的征税、统计及监管条件综合设定的海关对进出口货物的管理方式。其代码由4位数字构成，前两位是按照海关监管要求和计算机管理需要划分的分类代码，后两位是参照国际标准编制的贸易方式代码。

本栏目应根据实际对外贸易情况按海关规定的《监管方式代码表》选择填报相应的监管方式简称及代码。一份报关单只允许填报一种监管方式。

特殊情况下加工贸易货物监管方式填报要求如下：

（1）进口少量低值辅料（即5 000美元以下，78种以内的低值辅料）按规定不使用《加工贸易手册》的，填报"低值辅料"。使用《加工贸易手册》的，按《加工贸易手册》上的监管方式填报。

（2）外商投资企业为加工内销产品而进口的料件，属非保税加工的，填报"一般贸易"。

外商投资企业全部使用国内料件加工的出口成品，填报"一般贸易"。

（3）加工贸易料件结转或深加工结转货物，按批准的监管方式填报。

（4）加工贸易料件转内销货物以及按料件办理进口手续的转内销制成品、残次品、未完成品，应填制进口报关单，填报"来料料件内销"或"进料料件内销"；加工贸易成品凭《征免税证明》转为减免税进口货物的，应分别填制进、出口报关单，出口报关单本栏目填报"来料成品减免"或"进料成品减免"，进口报关单本栏目按照实际监管方式填报。

(5)加工贸易出口成品因故退运进口及复运出口的,填报"来料成品退换"或"进料成品退换";加工贸易进口料件因换料退运出口及复运进口的,填报"来料料件退换"或"进料料件退换";加工贸易过程中产生的剩余料件、边角料退运出口,以及进口料件因品质、规格等原因退运出口且不再更换同类货物进口的,分别填报"来料料件复出"、"来料边角料复出"、"进料料件复出"、"进料边角料复出"。

(6)备料《加工贸易手册》中的料件结转转入加工出口《加工贸易手册》的,填报"来料加工"或"进料加工"。

(7)保税工厂的加工贸易进出口货物,根据《加工贸易手册》填报"来料加工"或"进料加工"。

(8)加工贸易边角料内销和副产品内销,应填制进口报关单,填报"来料边角料内销"或"进料边角料内销"。

(9)企业销毁处置加工贸易货物未获得收入,销毁处置货物为料件、残次品的,填报"料件销毁";销毁处置货物为边角料、副产品的,填报"边角料销毁"。

企业销毁处置加工贸易货物获得收入的,填报为"进料边角料内销"或"来料边角料内销"。

(十四)征免性质

本栏目应根据实际情况按海关规定的《征免性质代码表》选择填报相应的征免性质简称及代码,持有海关核发的《征免税证明》的,应按照《征免税证明》中批注的征免性质填报。一份报关单只允许填报一种征免性质。

加工贸易货物报关单应按照海关核发的《加工贸易手册》中批注的征免性质简称及代码填报。特殊情况填报要求如下:

(1)保税工厂经营的加工贸易,根据《加工贸易手册》填报"进料加工"或"来料加工"。

(2)外商投资企业为加工内销产品而进口的料件,属非保税加工的,填报"一般征税"或其他相应征免性质。

(3)加工贸易转内销货物,按实际情况填报(如一般征税、科教用品、其他法定等)。

(4)料件退运出口、成品退运进口货物填报"其他法定"(代码0299)。

(5)加工贸易结转货物,本栏目免予填报。

(十五)备案号

本栏目填报进出口货物收发货人、消费使用单位、生产销售单位在海关办理加工贸易合同备案或征、减、免税备案审批等手续时,海关核发的《加工贸易手册》、《征免税证明》或其他备案审批文件的编号。

一份报关单只允许填报一个备案号。具体填报要求如下:

(1)加工贸易项下货物,除少量低值辅料按规定不使用《加工贸易手册》及以后续补税监管方式办理内销征税的外,填报《加工贸易手册》编号。

使用异地直接报关分册和异地深加工结转出口分册在异地口岸报关的,本栏目应填报分册号;本地直接报关分册和本地深加工结转分册限制在本地报关,本栏目应填报总册号。

加工贸易成品凭《征免税证明》转为减免税进口货物的,进口报关单填报《征免税证明》编号,出口报关单填报《加工贸易手册》编号。

对加工贸易设备之间的结转,转入和转出企业分别填制进、出口报关单,在报关单"备案号"栏目填报《加工贸易手册》编号。

(2) 涉及征、减、免税备案审批的报关单,填报《征免税证明》编号。

(3) 涉及优惠贸易协定项下实行原产地证书联网管理(如香港 CEPA、澳门 CEPA)的报关单,填报原产地证书代码"Y"和原产地证书编号。

(4) 减免税货物退运出口,填报《中华人民共和国海关进口减免税货物准予退运证明》的编号;减免税货物补税进口,填报《减免税货物补税通知书》的编号;减免税货物进口或结转进口(转入),填报《征免税证明》的编号;相应的结转出口(转出),填报《中华人民共和国海关进口减免税货物结转联系函》的编号。

(十六) 贸易国(地区)

本栏目填报对外贸易中与境内企业签订贸易合同的外方所属的国家(地区)。进口填报购自国,出口填报售予国。未发生商业性交易的填报货物所有权拥有者所属的国家(地区)。

本栏目应按海关规定的《国别(地区)代码表》选择填报相应的贸易国(地区)或贸易国(地区)中文名称及代码。

无实际进出境的,填报"中国"(代码142)。

(十七) 启运国(地区)/运抵国(地区)

启运国(地区)填报进口货物起始发出直接运抵我国或者在运输中转国(地)未发生任何商业性交易的情况下运抵我国的国家(地区)。

运抵国(地区)填报出口货物离开我国关境直接运抵或者在运输中转国(地区)未发生任何商业性交易的情况下最后运抵的国家(地区)。

不经过第三国(地区)转运的直接运输进出口货物,以进口货物的装货港所在国(地区)为启运国(地区),以出口货物的指运港所在国(地区)为运抵国(地区)。

经过第三国(地区)转运的进出口货物,如在中转国(地区)发生商业性交易,则以中转国(地区)作为启运/运抵国(地区)。

本栏目应按海关规定的《国别(地区)代码表》选择填报相应的启运国(地区)或运抵国(地区)中文名称及代码。

无实际进出境的,填报"中国"(代码142)。

(十八) 装货港/指运港

装货港填报进口货物在运抵我国关境前的最后一个境外装运港。

指运港填报出口货物运往境外的最终目的港;最终目的港不可预知的,按尽可能预知的目的港填报。

本栏目应根据实际情况按海关规定的《港口代码表》选择填报相应的港口中文名称及代码。装货港/指运港在《港口代码表》中无港口中文名称及代码的,可选择填报相应的国家中文名称或代码。

无实际进出境的,本栏目填报"中国境内"(代码142)。

(十九) 境内目的地/境内货源地

境内目的地填报已知的进口货物在国内的消费、使用地或最终运抵地,其中最终运抵地为最终使用单位所在的地区。最终使用单位难以确定的,填报货物进口时预知的最终收货单位所在地。

境内货源地填报出口货物在国内的产地或原始发货地。出口货物产地难以确定的,填报最早发运该出口货物的单位所在地。

本栏目按海关规定的《国内地区代码表》选择填报相应的国内地区名称及代码。

(二十) 许可证号

本栏目填报以下许可证的编号:进(出)口许可证、两用物项和技术进(出)口许可证、两用物项和技术出口许可证(定向)、纺织品临时出口许可证。

一份报关单只允许填报一个许可证号。

(二十一) 成交方式

本栏目应根据进出口货物实际成交价格条款,按海关规定的《成交方式代码表》选择填报相应的成交方式代码。

无实际进出境的报关单,进口填报 CIF,出口填报 FOB。

(二十二) 运费

本栏目填报进口货物运抵我国境内输入地点起卸前的运输费用,出口货物运至我国境内输出地点装载后的运输费用。

运费可按运费单价、总价或运费率三种方式之一填报,注明运费标记(运费标记"1"表示运费率,"2"表示每吨货物的运费单价,"3"表示运费总价),并按海关规定的《货币代码表》选择填报相应的币种代码。

(二十三) 保费

本栏目填报进口货物运抵我国境内输入地点起卸前的保险费用,出口货物运至我国境内输出地点装载后的保险费用。

保费可按保险费总价或保险费率两种方式之一填报,注明保险费标记(保险费标记"1"表示保险费率,"3"表示保险费总价),并按海关规定的《货币代码表》选择填报相应的币种代码。

(二十四) 杂费

本栏目填报成交价格以外的、按照《中华人民共和国进出口关税条例》相关规定应计入完税价格或应从完税价格中扣除的费用。可按杂费总价或杂费率两种方式之一填报,注明杂费标记(杂费标记"1"表示杂费率,"3"表示杂费总价),并按海关规定的《货币代码表》选择填报相应的币种代码。

应计入完税价格的杂费填报为正值或正率,应从完税价格中扣除的杂费填报为负值或负率。

(二十五) 合同协议号

本栏目填报进出口货物合同(包括协议或订单)编号。未发生商业性交易的免予填报。

(二十六) 件数

本栏目填报有外包装的进出口货物的实际件数。特殊情况填报要求如下:

(1) 舱单件数为集装箱的,填报集装箱个数。

(2) 舱单件数为托盘的,填报托盘数。

本栏目不得填报为零,裸装货物填报为"1"。

(二十七) 包装种类

本栏目应根据进出口货物的实际外包装种类,按海关规定的《包装种类代码表》选择填报相应的包装种类代码。

(二十八) 毛重(千克)

本栏目填报进出口货物及其包装材料的重量之和,计量单位为千克,不足一千克的填报为"1"。

(二十九) 净重(千克)

本栏目填报进出口货物的毛重减去外包装材料后的重量,即货物本身的实际重量,计量单位为千克,不足一千克的填报为"1"。

(三十) 集装箱号

本栏目填报装载进出口货物(包括拼箱货物)集装箱的箱体信息。一个集装箱填一条记录,分别填报集装箱号(在集装箱箱体上标示的全球唯一编号)、集装箱的规格和集装箱的自重。非集装箱货物填报为"0"。

(三十一) 随附单证

本栏目根据海关规定的《监管证件代码表》选择填报除本规范第十八条规定的许可证件以外的其他进出口许可证件或监管证件代码及编号。

本栏目分为随附单证代码和随附单证编号两栏,其中代码栏应按海关规定的《监管证件代码表》选择填报相应证件代码;编号栏应填报证件编号。

(1) 加工贸易内销征税报关单,随附单证代码栏填写"c",随附单证编号栏填写海关审核通过的内销征税联系单号。

(2) 优惠贸易协定项下进出口货物。

有关优惠贸易协定项下报关单填制要求将另行公告。

(三十二) 标记唛码及备注

本栏目填报要求如下:

(1) 标记唛码中除图形以外的文字、数字。

(2) 受外商投资企业委托代理其进口投资设备、物品的进出口企业名称。

(3) 与本报关单有关联关系的,同时在业务管理规范方面又要求填报的备案号,填报在电子数据报关单中"关联备案"栏。

加工贸易结转货物及凭《征免税证明》转内销货物,其对应的备案号应填报在"关联备案"栏。

减免税货物结转进口(转入),报关单"关联备案"栏应填写本次减免税货物结转所申请的《中华人民共和国海关进口减免税货物结转联系函》的编号。

减免税货物结转出口(转出),报关单"关联备案"栏应填写与其相对应的进口(转入)报关单"备案号"栏中《征免税证明》的编号。

(4) 与本报关单有关联关系的,同时在业务管理规范方面又要求填报的报关单号,填报在电子数据报关单中"关联报关单"栏。

加工贸易结转类的报关单,应先办理进口报关,并将进口报关单号填入出口报关单的"关联报关单"栏。

办理进口货物直接退运手续的,除另有规定外,应当先填写出口报关单,再填写进口报关单,并将出口报关单号填入进口报关单的"关联报关单"栏。

减免税货物结转出口(转出),应先办理进口报关,并将进口(转入)报关单号填入出口(转出)报关单的"关联报关单"栏。

（5）办理进口货物直接退运手续的，本栏目填报《进口货物直接退运表》或者《海关责令进口货物直接退运通知书》编号。

（6）保税监管场所进出货物，在"保税/监管场所"栏填写本保税监管场所编码，其中涉及货物在在保税监管场所间流转的，在本栏填写对方保税监管场所代码。

（7）海关加工贸易货物销毁处置申报表编号。

（8）当监管方式为"暂时进出货物"（2600）和"展览品"（2700）时，如果为复运进出境货物，在进出口货物报关单的本栏内分别填报"复运进境"、"复运出境"。

（9）跨境电子商务进出口货物，在本栏目内填报"跨境电子商务"。

（10）加工贸易副产品内销，在本栏内填报"加工贸易副产品内销"。

（11）公式定价进口货物应在报关单备注栏内填写公式定价备案号，格式为："公式定价"＋备案编号＋"@"。对于同一报关单下有多项商品的，如需要指明某项或某几项商品为公式定价备案的，则备注栏内填写应为："公式定价"＋备案编号＋"♯"＋商品序号＋"@"。

（12）获得《预审价决定书》的进出口货物，应在报关单备注栏内填报《预审价决定书》编号，格式为预审价（P＋2位商品项号＋决定书编号），若报关单中有多项商品为预审价，需依次写入括号中，如：预审价（P01VD511500018P02 VD511500019）。

（13）含预归类商品报关单，应在报关单备注栏内填写预归类 R-3-关区代码-年份-顺序编号，其中关区代码、年份、顺序编号均为4位数字，例如 R-3-0100-2016-0001。

（14）含归类裁定报关单，应在报关单备注栏内填写归类裁定编号，格式为"c"＋四位数字编号，例如 c0001。

（15）申报时其他必须说明的事项填报在本栏目。

（三十三）项号

本栏目分两行填报及打印。第一行填报报关单中的商品顺序编号；第二行专用于加工贸易、减免税等已备案、审批的货物，填报和打印该项货物在《加工贸易手册》或《征免税证明》等备案、审批单证中的顺序编号。

有关优惠贸易协定项下报关单填制要求将另行公告。

加工贸易项下进出口货物的报关单，第一行填报报关单中的商品顺序编号，第二行填报该项商品在《加工贸易手册》中的商品项号，用于核销对应项号下的料件或成品数量。其中第二行特殊情况填报要求如下：

（1）深加工结转货物，分别按照《加工贸易手册》中的进口料件项号和出口成品项号填报。

（2）料件结转货物（包括料件、制成品和未完成品折料），出口报关单按照转出《加工贸易手册》中进口料件的项号填报；进口报关单按照转进《加工贸易手册》中进口料件的项号填报。

（3）料件复出货物（包括料件、边角料），出口报关单按照《加工贸易手册》中进口料件的项号填报；如边角料对应一个以上料件项号时，填报主要料件项号。料件退换货物（包括料件、不包括未完成品），进出口报关单按照《加工贸易手册》中进口料件的项号填报。

（4）成品退换货物，退运进境报关单和复运出境报关单按照《加工贸易手册》原出口成品的项号填报。

(5) 加工贸易料件转内销货物（以及按料件办理进口手续的转内销制成品、残次品、未完成品）应填制进口报关单，填报《加工贸易手册》进口料件的项号；加工贸易边角料、副产品内销，填报《加工贸易手册》中对应的进口料件项号。如边角料或副产品对应一个以上料件项号时，填报主要料件项号。

(6) 加工贸易成品凭《征免税证明》转为减免税货物进口的，应先办理进口报关手续。进口报关单填报《征免税证明》中的项号，出口报关单填报《加工贸易手册》原出口成品项号，进、出口报关单货物数量应一致。

(7) 加工贸易货物销毁，本栏目应填报《加工贸易手册》中相应的进口料件项号。

(8) 加工贸易副产品退运出口、结转出口，本栏目应填报《加工贸易手册》中新增的变更副产品的出口项号。

(9) 经海关批准实行加工贸易联网监管的企业，按海关联网监管要求，企业需申报报关清单的，应在向海关申报进出口（包括形式进出口）报关单前，向海关申报"清单"。一份报关清单对应一份报关单，报关单上的商品由报关清单归并而得。加工贸易电子账册报关单中项号、品名、规格等栏目的填制规范比照《加工贸易手册》。

（三十四）商品编号

本栏目填报的商品编号由10位数字组成。前8位为《中华人民共和国进出口税则》确定的进出口货物的税则号列，同时也是《中华人民共和国海关统计商品目录》确定的商品编码，后2位为符合海关监管要求的附加编号。

（三十五）商品名称、规格型号

本栏目分两行填报及打印。第一行填报进出口货物规范的中文商品名称，第二行填报规格型号。具体填报要求如下：

(1) 商品名称及规格型号应据实填报，并与进出口货物收发货人或受委托的报关企业所提交的合同、发票等相关单证相符。

(2) 商品名称应当规范，规格型号应当足够详细，以能满足海关归类、审价及许可证件管理要求为准，可参照《中华人民共和国海关进出口商品规范申报目录》中对商品名称、规格型号的要求进行填报。

(3) 加工贸易等已备案的货物，填报的内容必须与备案登记中同项号下货物的商品名称一致。

(4) 对需要海关签发《货物进口证明书》的车辆，商品名称栏应填报"车辆品牌＋排气量（注明cc）＋车型（如越野车、小轿车等）"。进口汽车底盘不填报排气量。车辆品牌应按照《进口机动车辆制造厂名称和车辆品牌中英文对照表》中"签注名称"一栏的要求填报。规格型号栏可填报"汽油型"等。

(5) 由同一运输工具同时运抵同一口岸并且属于同一收货人、使用同一提单的多种进口货物，按照商品归类规则应当归入同一商品编号的，应当将有关商品一并归入该商品编号。商品名称填报一并归类后的商品名称；规格型号填报一并归类后商品的规格型号。

(6) 加工贸易边角料和副产品内销、边角料复出口，本栏目填报其报验状态的名称和规格型号。

(7) 进口货物收货人以一般贸易方式申报进口属于《需要详细列名申报的汽车零部件清单》（海关总署2006年第64号公告）范围内的汽车生产件的，应按以下要求填报：

① 商品名称填报进口汽车零部件的详细中文商品名称和品牌,中文商品名称与品牌之间用"/"相隔,必要时加注英文商业名称;进口的成套散件或者毛坯件应在品牌后加注"成套散件"、"毛坯"等字样,并与品牌之间用"/"相隔。

② 规格型号填报汽车零部件的完整编号。在零部件编号前应当加注"S"字样,并与零部件编号之间用"/"相隔,零部件编号之后应当依次加注该零部件适用的汽车品牌和车型。

汽车零部件属于可以适用于多种汽车车型的通用零部件的,零部件编号后应当加注"TY"字样,并用"/"与零部件编号相隔。

与进口汽车零部件规格型号相关的其他需要申报的要素,或者海关规定的其他需要申报的要素,如"功率"、"排气量"等,应当在车型或"TY"之后填报,并用"/"与之相隔。

汽车零部件报验状态是成套散件的,应当在"标记唛码及备注"栏内填报该成套散件装配后的最终完整品的零部件编号。

③ 进口货物收货人以一般贸易方式申报进口属于《需要详细列名申报的汽车零部件清单》(海关总署2006年第64号公告)范围内的汽车维修件的,填报规格型号时,应当在零部件编号前加注"W",并与零部件编号之间用"/"相隔;进口维修件的品牌与该零部件适用的整车厂牌不一致的,应当在零部件编号前加注"WF",并与零部件编号之间用"/"相隔。其余申报要求同上条执行。

(三十六)数量及单位

本栏目分三行填报及打印。

(1) 第一行应按进出口货物的法定第一计量单位填报数量及单位,法定计量单位以《中华人民共和国海关统计商品目录》中的计量单位为准。

(2) 凡列明有法定第二计量单位的,应在第二行按照法定第二计量单位填报数量及单位。无法定第二计量单位的,本栏目第二行为空。

(3) 成交计量单位及数量应填报并打印在第三行。

(4) 法定计量单位为"千克"的数量填报,特殊情况下填报要求如下:

① 装入可重复使用的包装容器的货物,应按货物扣除包装容器后的重量填报,如罐装同位素、罐装氧气及类似品等。

② 使用不可分割包装材料和包装容器的货物,按货物的净重填报(即包括内层直接包装的净重重量),如采用供零售包装的罐头、化妆品、药品及类似品等。

③ 按照商业惯例以公量重计价的商品,应按公量重填报,如未脱脂羊毛、羊毛条等。

④ 采用以毛重作为净重计价的货物,可按毛重填报,如粮食、饲料等大宗散装货物。

⑤ 采用零售包装的酒类、饮料,按照液体部分的重量填报。

(5) 成套设备、减免税货物如需分批进口,货物实际进口时,应按照实际报验状态确定数量。

(6) 具有完整品或制成品基本特征的不完整品、未制成品,根据《商品名称及编码协调制度》归类规则应按完整品归类的,按照构成完整品的实际数量填报。

(7) 加工贸易等已备案的货物,成交计量单位必须与《加工贸易手册》中同项号下货物的计量单位一致,加工贸易边角料和副产品内销、边角料复出口,本栏目填报其报验状态的计量单位。

(8) 优惠贸易协定项下进出口商品的成交计量单位必须与原产地证书上对应商品的计量单位一致。

(9) 法定计量单位为立方米的气体货物,应折算成标准状况(即摄氏零度及1个标准大气压)下的体积进行填报。

(三十七) 原产国(地区)

原产国(地区)应依据《中华人民共和国进出口货物原产地条例》、《中华人民共和国海关关于执行〈非优惠原产地规则中实质性改变标准〉的规定》以及海关总署关于各项优惠贸易协定原产地管理规章规定的原产地确定标准填报。同一批进出口货物的原产地不同的,应分别填报原产国(地区)。进出口货物原产国(地区)无法确定的,填报"国别不详"(代码701)。

本栏目应按海关规定的《国别(地区)代码表》选择填报相应的国家(地区)名称及代码。

(三十八) 最终目的国(地区)

最终目的国(地区)填报已知的进出口货物的最终实际消费、使用或进一步加工制造国家(地区)。不经过第三国(地区)转运的直接运输货物,以运抵国(地区)为最终目的国(地区);经过第三国(地区)转运的货物,以最后运往国(地区)为最终目的国(地区)。同一批进出口货物的最终目的国(地区)不同的,应分别填报最终目的国(地区)。进出口货物不能确定最终目的国(地区)时,以尽可能预知的最后运往国(地区)为最终目的国(地区)。

本栏目应按海关规定的《国别(地区)代码表》选择填报相应的国家(地区)名称及代码。

(三十九) 单价

本栏目填报同一项号下进出口货物实际成交的商品单位价格。无实际成交价格的,本栏目填报单位货值。

(四十) 总价

本栏目填报同一项号下进出口货物实际成交的商品总价格。无实际成交价格的,本栏目填报货值。

(四十一) 币制

本栏目应按海关规定的《货币代码表》选择相应的货币名称及代码填报,如《货币代码表》中无实际成交币种,需将实际成交货币按申报日外汇折算率折算成《货币代码表》列明的货币填报。

(四十二) 征免

本栏目应按照海关核发的《征免税证明》或有关政策规定,对报关单所列每项商品选择海关规定的《征减免税方式代码表》中相应的征减免税方式填报。

加工贸易货物报关单应根据《加工贸易手册》中备案的征免规定填报;《加工贸易手册》中备案的征免规定为"保金"或"保函"的,应填报"全免"。

(四十三) 特殊关系确认

本栏目根据《中华人民共和国海关审定进出口货物完税价格办法》(以下简称《审价办法》)第十六条,填报确认进出口行为中买卖双方是否存在特殊关系,有下列情形之一的,应当认为买卖双方存在特殊关系,在本栏目应填报"是",反之则填报"否":

(1) 买卖双方为同一家族成员的;
(2) 买卖双方互为商业上的高级职员或者董事的;
(3) 一方直接或者间接地受另一方控制的;

(4) 买卖双方都直接或者间接地受第三方控制的；

(5) 买卖双方共同直接或者间接地控制第三方的；

(6) 一方直接或者间接地拥有、控制或者持有对方5%以上(含5%)公开发行的有表决权的股票或者股份的；

(7) 一方是另一方的雇员、高级职员或者董事的；

(8) 买卖双方是同一合伙的成员的。

买卖双方在经营上相互有联系，一方是另一方的独家代理、独家经销或者独家受让人，如果符合前款的规定，也应当视为存在特殊关系。

(四十四) 价格影响确认

本栏目根据《审价办法》第十七条，填报确认进出口行为中买卖双方存在的特殊关系是否影响成交价格，纳税义务人如不能证明其成交价格与同时或者大约同时发生的下列任何一款价格相近的，应当视为特殊关系对进出口货物的成交价格产生影响，在本栏目应填报"是"，反之则填报"否"：

(1) 向境内无特殊关系的买方出售的相同或者类似进出口货物的成交价格；

(2) 按照《审价办法》倒扣价格估价方法的规定所确定的相同或者类似进出口货物的完税价格；

(3) 按照《审价办法》计算价格估价方法的规定所确定的相同或者类似进出口货物的完税价格。

(四十五) 支付特许权使用费确认

本栏目根据《审价办法》第十三条，填报确认进出口行为中买方是否存在向卖方或者有关方直接或者间接支付特许权使用费。特许权使用费是指进出口货物的买方为取得知识产权权利人及权利人有效授权人关于专利权、商标权、专有技术、著作权、分销权或者销售权的许可或者转让而支付的费用。如果进出口行为中买方存在向卖方或者有关方直接或者间接支付特许权使用费的，在本栏目应填报"是"，反之则填报"否"。

(四十六) 版本号

本栏目适用加工贸易货物出口报关单。本栏目应与《加工贸易手册》中备案的成品单耗版本一致，通过《加工贸易手册》备案数据或企业出口报关清单提取。

(四十七) 货号

本栏目适用加工贸易货物进出口报关单。本栏目应与《加工贸易手册》中备案的料件、成品货号一致，通过《加工贸易手册》备案数据或企业出口报关清单提取。

(四十八) 录入员

本栏目用于记录预录入操作人员的姓名。

(四十九) 录入单位

本栏目用于记录预录入单位名称。

(五十) 海关批注及签章

本栏目供海关作业时签注。

本规范所述尖括号(〈〉)、逗号(,)、连接符(-)、冒号(:)等标点符号及数字，填报时都必须使用非中文状态下的半角字符。

二、报关单填制新样式

中华人民共和国海关进口货物报关单（最新版）

预录入编号：　　　　　　　　　　　　　　　海关编号：531620160420×××××

收发货人　18位统一社会信用代码 深圳市××××贸易有限公司	进口口岸 5316 大鹏海关	进口日期 20160330	申报日期 20160401		
消费使用单位18位统一社会信用代码 桂林市××××生物科技有限公司	运输方式 水路运输	运输工具名称		提运单号 2214-02143-10	
申报单位 91110113670××××××× 北京××××货运代理有限公司深圳分公司	监管方式 0110 一般贸易	征免性质 101 一般征税		备案号	
贸易国（地区）110 韩国	启运国（地区）304 德国		装货港 2110 汉堡	境内目的地 45039 桂林其他	
许可证号	成交方式 FOB	运费 350/303/3		保费 75/303/3	杂费
合同协议号 2016SZ001Y	件数 3	包装种类 托盘		毛重（公斤） 980	净重（公斤） 912
集装箱号 MRKU2589635*1(2)	随附单证 代码入境货物通关单号				
标记唛码及备注	代码原产地证明编号				

项号	商品编号	商品名称、规格型号	数量及单位	原产国（地区）	单价	总价	币制	征免
1.	3402209000	洗洁精 	1060 件 620 千克	德国	1.2	1 272	欧元	照章征税
用途：洗涤用；是否零售包装：是；成分：有机表面活性剂，香精；品牌：FJTD；型号：无								
2.	3402209000	锅具清洁剂	180 件 52 千克	德国	1.5	270	欧元	照章征税
用途：洗涤用；是否零售包装：是；成分：有机表面活性剂，香精；品牌：FJTD；型号：无								
3.	3402209000	洁厕灵	190 件 152 千克	德国	0.8	152	欧元	照章征税
用途：清洁用；是否零售包装：是；成分：有机表面活性剂，香精；品牌：FJTD；型号：无								
4.	3402209000	洗衣液	150 件 88 千克	德国	2	300	欧元	照章征税
用途：洗涤用；是否零售包装：是；成分：有机表面活性剂，香精；品牌：FJTD；型号：无								

特殊关系确认：是	价格影响确认：否	支付特许权使用费确认：是	
录入员录入单位	兹申明对以上内容承担如实申报、依法纳税 之法律责任		海关批注及签章
报关人员申报单位（签章）			
北京××××货运代理有限公司深圳分公司			

中华人民共和国海关出口货物报关单(最新版)

预录入编号：　　　　　　　　海关编号：

收发货人		出口口岸		出口日期		申报日期	
生产销售单位		运输方式		运输工具名称		提运单号	
申报单位		监管方式		征免性质		备案号	
贸易国(地区)	运抵国(地区)			指运港		境内货源地	
许可证号	成交方式			运费	保费	杂费	
合同协议号	件数		包装种类		毛重(公斤)	净重(公斤)	
集装箱号	随附单证						
标记唛码及备注							
项号 商品编号 商品名称、规格型号 数量及单位 最终目的国(地区) 原产国(地区) 单价 总价 币制 征免							
特殊关系确认：		价格影响确认：			支付特许权使用费确认：		
录入员	录入单位	兹申明对以上内容承担如实申报、依法纳税之法律责任				海关批注及签章	
报关人员		申报单位(签章)					

三、附件:海关总署公告

海关总署公告 2016 年第 20 号(关于修订《中华人民共和国海关进出口货物报关单填制规范》的公告)

发布时间:2016-03-28

为规范进出口货物收发货人的申报行为,统一进出口货物报关单填制要求,海关总署对原《中华人民共和国海关进出口货物报关单填制规范》(海关总署 2008 年第 52 号公告)再次进行了修订。现将本次修订后的规范文本及有关内容公告如下:

一、本次修订补充了 2008 年以来散落在相关文件中的关于报关单填制的内容。主要根据海关总署 2010 年第 22 号公告,海关总署 2014 年第 15 号公告,海关总署 2014 年第 33 号公告,海关总署、国家发展改革委、财政部、商务部联合令第 125 号,海关总署、国家发展改革委、财政部、商务部联合令第 185 号,海关总署令第 213 号,海关总署令第 218 号,海关总署令第 219 号等对《中华人民共和国海关进(出)口货物报关单》中的"合同协议号"、"申报单位"、"运输方式"、"提运单号"、"监管方式"、"备案号"、"许可证号"、"运费"、"保费"、"随附单证"、"标记唛码及备注"、"项号"、"商品编号"、"数量及单位"、"版本号"、"货号"和"海关批注及签章"等相关栏目的填制要求作了相应调整。

二、新增"贸易国(地区)"、出口"原产国(地区)"、进口"最终目的国(地区)"的填制要求;为报关人员准确填写"其他说明事项"栏目,增加"特殊关系确认"、"价格影响确认"、"支付特许权使用费确认"等项目的填制规范。

三、删除"结汇证号/批准文号"、出口"结汇方式"、"用途/生产厂家"、"税费征收情况"、"海关审单批注及放行日期"、"报关单打印日期/时间"、"报关员联系方式"等已失去法律依据或不具备监管意义的申报指标。

四、为与相关法律表述一致,调整相关项栏目名称:将原"经营单位"改为"收发货人",将原"收货单位"改为"消费使用单位",将原"发货单位"修改为"生产销售单位",将原"贸易方式(监管方式)"改为"监管方式",并对调整项目的填制要求进行规范。

五、为解决部分因商品项数限制导致的物流凭证拆分问题,报关单商品项指标组上限由 20 调整为 50。

六、海关特殊监管区域(以下简称特殊区域)企业向海关申报货物进出境、进出区,以及在同一特殊区域内或者不同特殊区域之间流转货物的双方企业,应填制《中华人民共和国海关进(出)境货物备案清单》,特殊区域与境内(区外)之间进出的货物,区外企业应同时填制《中华人民共和国海关进(出)口货物报关单》,向特殊区域主管海关办理进出口报关手续。货物流转应按照"先报进,后报出"的原则,在同一特殊区域企业之间、不同特殊区域企业之间流转的,先办理进境备案手续,后办理出境备案手续,在特殊区域与区外之间流转的,由区内企业、区外企业分别办理备案和报关手续。《中华人民共和国海关进(出)境货物备案清单》原则上按《中华人民共和国海关进出口货物报关单填制规范》的要求填制。

修订后的《中华人民共和国海关进出口货物报关单填制规范》(见附件)自 2016 年 3 月 30 日起执行,海关总署 2008 年第 52 号公告、2013 年第 30 号公告同时废止。纸质《中华人民共和国海关进(出)口货物报关单》也将调整,另行公告。

特此公告。

任务二 一般进出口货物报关单填制

一、一般进出口货物报关单填制要点

一般进出口货物报关单的填制中要注意备案号为空,监管方式、征免性质和征免的配合对应。监管方式为一般贸易时,对应的征免性质为一般征税,征免填照章征税。

另收发货人填对外签约的企业及其18位信用编码;生产消费使用单位填收货单位或生产单位,及其18位社会信用编码,新增的贸易国填报国外签约国。

运、保费填报的方法是,进口:成交方式+运费+保费=CIF,出口:成交方式-运费-保费=FOB,件数的优先顺序为托盘、包装、集装箱,散装和裸装按实际填报。

收发货人	生产消费使用单位	贸易国	监管方式
对外签约的企业	收货单位或生产单位	国外签约国	一般贸易
征免性质	备案号	征免	成交方式
一般征税	空	照章征税	CIF/CFR/FOB

二、一般进出口货物报关项目引入案例

上海顺景贸易公司(社会信用代码:31010100018****)委托上海服装进出口公司(社会信用代码:31011500012****),进口羊毛连衣裙和男式羊毛衬衫一批,于2016年1月28日抵达上海吴淞,次日上海服装进出口公司委托上海奔腾国际物流公司(社会信用代码:91310113630425****)向上海吴淞海关申报(关区代码2202)。羊毛连衣裙的法定计量单位为:条/千克,男式羊毛衬衫的法定计量单位为:件/千克。

报关材料包括:
(1) 提单/装箱单
(2) 商业发票
(3) 合同

李想接到这笔业务后,要根据以上材料完成该批服装的进口报关工作,具体工作任务:
(1) 完成进口申报。帮客户进行代理报关时,要确定具体申报需要哪些材料,并进行网上申报和现场申报。
(2) 如果有海关查验通知,要配合海关查验。
(3) 按规定办理缴纳税款的手续。
(4) 海关放行后,要提取货物。

以下为提供的单证材料:

MBA ENTERPRISE CORP.
KOYANG CITY KYONGGIDO KOREA
PACKING/WEIGHT LIST

SHIPPER MBA ENTERPRISE CORP. KOYANG CITY KYONGGIDO KOREA	INCIOCE NO: KH063812-1	DATE: JAN. 18 . 2016
	L/C NO:	DATE
FOR ACCOUNT & RISK OF MESSES TIANJIN CLOTHING IMP. &EXP. CO. LTD 28 HAIDE ROAD WUSONG SHANGHAI, CHINA	B/L NO: KSAA186842	
	L/C ISSU BANK: T/T BASE	
	TERM: CFR WUSONG	
	SAILING ON OR ABOUT: JAN. 28,2016	

SHIPPED FROM: INCHON KOREA TO: WUSONG CHINA PER: TITANNIKE/0088

MARKS & NOS N/M 40 FT TWO CONTAINER CONTAINER NO: ABLU386948 ABLU386956 TAREWGT 4 800 KG MADE IN KOREA	DESCRIPTION	Q'NT	N. W	G. W
		50 DOZENS 600 PCS	200 KGS	210 KGS
	DRESSES OF WOOL HS CODE:62044100			
		30 DOZENS 360 PCS	300 KGS	310 KGS
TOTAL: 50 CARTONS/960 PCS/80 DOZENS		500 KGS		520 KGS

MBA ENTERPRISE CORP.

MBA ENTERPRISE CORP.
KOYANG CITY KYONGGIDO KOREA
COMMERCIAL INVOICE

SHIPPER MBA ENTERPRISE CORP. KOYANG CITY KYONGGIDO KOREA	INVOICE NO: KH063812-1	DATE: JAN. 18. 2016
	L/C NO:	DATE
FOR ACCOUNT & RISK OF MESSES TIANJIN CLOTHING IMP. & EXP. CO. LTD 28 HAIDE ROAD WUSONG, SHANGHIA, CHINA	B/L NO: KSAA186842	
	L/C ISSU BANK: T/T BASE BY T/T	
	TERM: CFR TANGGU	
	SAILING ON OR ABOUT: JAN. 28, 2016	

SHIPPED FROM: INCHON KOREA **TO**: TIANJIN CHINA **PER**: TITANNIKE/0088

MARKS & NOS N/M	DESCRIPTION	Q'NT	UNIT. P	AMOUNT
	DRESSES OF WOOL HS CODE: 62044100	50 DOZENS 600 PCS	@USD 120	USD 6 000
MADE IN KOREA				
	BOY'S SHIRTS OF WOOL HS CODE: 62051000	30 DOZENS 360 PCS	@USD 180	USD 5 400
TOTAL: 50 CARTONS/960 PCS/80 DOZENS				USD 11 400

INSURANCE: USD 500

MBA ENTERPRISE CORP.

CONTRACT

NO: KOR063828

DATE: SEP. 26, 2015
SIGNED IN KOREA

THE BUYER: SHANGHIA CLOTHING IMP. & EXP. CO. LTD
                  28 HAIDE ROAD, WUSONG, SHANGHAI, CHINA
THE SELLER: MBA ENTERPRISE CORP. KOYANG CITY KYONGGIDO KOREA

1. This contract is made by and between the buyer and seller whereby the buy agree to buy and the seller agree to sell the under mentioned commodities according to the terms and condition stipulated below:

Goods	Quantity	Unit Price	Amount
1. DRESSES OF WOOL	50 Dozens 600 pcs	@USD 120	USD 6 000
2. BOYS' SHIRTS OF WOOL	30 Dozens 360 pcs	@USD 180	USD 5 400
TOTAL: 50 CARTONS/960 PCS/80 DOZENS		USD 11 400	
SAY US DOLLARS ELEVEN THOUSAND FOUR HUNDRED ONLY			

2. **Country of origin:** R. OF KOREA
3. **Price term:** CFR WUSONG, CHINA
4. **Shipping marks:** at seller's option
5. **Time of shipment:** to ship the ponies installment basis before March 10, 2011
6. **Port of shipment:** KOREA INCHON PORT
7. **Port of destination:** WUSONG. CHINA
8. **Insurance:** to be covered by seller
9. **Payment:** by T/T after shipment

This contract is made out in two original copies, one copy to be held by each party.

Buyer: Seller:

三、一般进出口货物项目引入报关单填制

中华人民共和国海关进口货物报关单（最新版）

预录入编号：　　　　　　　　　　　　　　海关编号：531620160420xxxxxx

收发货人 上海顺景贸易公司 31010100018 ****		进口口岸 上海吴淞海关 2202	进口日期 20160128	申报日期 20160129
消费使用单位 上海顺景贸易公司 31011500012 ****		运输方式 水路运输	运输工具名称 TITANNIKE/0088	提运单号 KSAA186842
申报单位 91310113630425 **** 上海奔腾国际物流公司		监管方式 一般贸易 0110	征免性质 一般征税 101	备案号
贸易国（地区） 韩国 133	启运国（地区） 韩国 133	装货港 仁川 1482		境内目的地 上海其他 12909
许可证号	成交方式 CFR	运费	保费 502/500/3	杂费
合同协议号 KOR063828	件数 50	包装种类 纸箱	毛重（公斤） 520	净重（公斤） 500
集装箱号 ABLU386948/40/4800	随附单证			
标记唛码及备注 ABLV386956/40/4800				

项号	商品编号	商品名称、规格型号	数量及单位	原产国（地区）	单价	总价	币制	征免
01	62044100	羊毛连衣裙	200 千克	韩国	120	6 000	美元	照章征税
			50 打					
			600 条					
02	62059020	男式羊毛衬衫	300 千克	韩国	180	5 400	美元	照章征税
			30 打					
			360 件					

特殊关系确认：是　　　价格影响确认：否　　　支付特许权使用费确认：是

录入员录入单位	兹申明对以上内容承担如实申报、依法纳税 之法律责任	海关批注及签章
报关人员李想　申报单位（签章） 上海奔腾国际物流公司		

任务三 保税加工货物报关单填制

一、保税加工货物报关单填制要点

	料件进口及成品出口		成品内销		深加工结转	
			按料件征税	转减免税	形式进口	形式出口
监管方式	来料加工	进料对口	来/进料料件内销	按照实际情况填报	来/进料深加工	
征免性质	来料加工	进料加工	一般征税	征免税证明所批（鼓励项目、其他法定）	免于填报	
贸易国	料件进口国/成品出口国		中国		中国	中国
装货港	按实际填写		中国境内		中国境内	
随附单证			C:内销征税联系单号		K:深加工结转申请表编号	
备案号	加工贸易手册编号		手册编号	征免税证明编号	转入手册号	转出手册号
备注	成品出口标明：料件费、工缴费		"活期"	转出手册编号	转出手册号	转入进口报关单号；转入手册编号
项号	分两行，第二行填料件或成品在手册中项号		手册进口料件项号	征免税证明对应项号	转入手册对应项号	转出手册对应项号
原产国/最终目的国	料件进口原产国/成品出口最终目的国		中国		中国	
征免	全免		照章征税	全免	全免	

二、保税加工货物报关项目引入案例

李想在上海奔腾国际物流公司（社会信用代码：91310113630425****）实习了一段时间，由于表现不错，前面能独立处理一般进出口货物的通关业务。接下来，王经理让李想独自承担保税加工货物的报关，业务大体情况是这样的：苏州某服装厂某月既从新加坡进口混纺面料4 000米加工成大衣销往加拿大，同时又从加拿大进口10 000米尼龙面料加工成夹克销往国内。李想很高兴，填了一张报关单就兴冲冲地去报关，可结果遭到海关的退单。

王经理告诉她遭海关退单的原因：这两种货物的报关手续时不一样的。进口尼龙面料加工成夹克销往国内是一般贸易，应按一般贸易的报关程序来报关；但从新加坡进口混纺面料加工成大衣销往加拿大是加工贸易，应按保税加工货物的程序来报关。

但李想仍感到疑惑：保税加工货物与一般进口货物有什么不同？保税加工货物的报关流程是怎样的呢？

李想弄清楚报税加工货物的特殊性后，王经理又给她一单，这次，李想认认真真向同事请教，并自己独立完成如下业务：

南京扬帆制衣有限公司，经营代码为(3201213432)为履行产品的出口合同，故需要进口料件一批，该批货物于 2016 年 6 月 27 日抵港，随后，南京扬帆制衣有限公司委托上海国际物流有限公司办理报检、报关等事宜，上海奔腾国际物流公司受托之后，于 7 月 3 日向南京出入境检验检疫局办理相关商检手续，于 7 月 7 日持加工贸易手册(B32014150300)等相关单证向南京新生圩海关报关，法定计量单位为千克/米。海运费总价为 USD 200，保险费率为 0.3%，该商品位列手册第 4 项。

要求李想完成进境报关的操作，具体到时间、地点及提交的单证，并完成进口该料件的报关单的填报。配套单证如下：

1. 发票 & 装箱单

INVOICE & PACKING LIST

(1) SHIPPER/EXPORTER WIN MART CO., LTD. TAEPYUNG-RD CHUNG-KU SEOUL KOREA	(8) No. & DATE OF INVOICE WMO-9012S JUN. 22,2014
(2) FOR ACCOUNT & RISK OF ESSRS MARUMURA CO., LTD. 8 SAKAE ICHINOMIYA AICHI JAPAN	(9) No. & DATE OF L/C LC301-65743 JUN. 17, 2014
(3) NOTIFY PARTY MARUMURA CO., LTD. 8 SAKAE ICHINOMIYA * CONSIGNEE: TO OREDR AICHI JAPAN AND NANJING YANGFAN CLOTHING CORP. LTD. XINGGANG BUS STOP, HUANGPU NEW AREA,GUANGZHOU CHINA	(10) L/C ISSUING BANK TOKAI BANK,LTD., THE NAGOYA JP
(4) PORT OF LOADING BUSAN, KOREA	
(5) FINAL DESTINATION NANJING, CHINA	(11) REMARKS:
(6) CARRIER MID STAR V-0123	(7) SALING ON OR ABOUT JUN. 24, 2016	* L/C BASE AT SIGHT

MARKS AND	DESCRIPTION OF GOODS	QUANTITY	UNIT PRICE	AMOUNT	NUMBERS OF PKGS

（续表）

MQ03E011-5	FOB BUSAN
MADE IN KOREA ART. NO. WM-7119A	
L/#:101-115 DESCRIPTION	
50%LINEN 505COTTON	
（棉麻布,50%棉,50%麻）	
CONTRACT No.：MQ03E011-5 3 878MTS @ $3.40/M USD 13 185.20	
	G.W　　　N.W
	874 KGS　795 KGS
	SAY 15 CTNS ONLY

2. 提单

BILL OF LADING

CONSIGNOR/SHIPPER WIN MART CO., LTD TAEPYUNG-RO CHUNG-KU SOUL KOREA		OUR BOOK No.：　　B/L No.： 　　　　　　　　　SSAX8FV0189 REMARKS：
CONSIGNEE TO ORDER OF SHIPPER		**FOR DELIVERY OF GOODS PLEASE APPLY TO：** **AIR SEA TRANSPORT INC.** **FLOOR21，SHENYA FINANCIAL MANSION**
NOTIFY PARTY MARUMURA CO., LTD. 1-11-8 SAKAE ICHINOMIYA AICHI JAPAN ANDNANJING YANGFAN CLOTHING CORP. LTD. XINGANG BUS STOP HUANGPU NEW AREA,NANJING CHINA		No. 895，YANAN ROAD (WEST) NANJING P. R. CHINA TEL：89342343 ATTN：MS3ENGRET YE
PRE-CARRIAGE BY	PLACE OF RECEIPT BUSAN,KOREA	
VESSEL/No. MID STAR	VOYAGE No. V-0123	
PORT OF LOADING BUSAN, KOREA	PORT OF DISCHARGE NANJING	PLACE OF DELIVERY NANJING, CHINA
	PARTICULARS FURNISHED BY CONSIGNOR/SHIPPER	
MARKS　No. OF PKGS	DESCRIPTION OF GOODS	G.W　N.W　MEASUREMENT

（续表）

15CTNS SAID TO CONTAIN MQ98E011-5 MADE IN KOREA C/#：101-115 **ORIGINAL** EXCESS VALUE DECLARATION	874 KGS　　4.270 CBM 3.878MTS OF ART No. WM-7119A DESCRIPTION，50％LINEN，50％COTTON *L/C No：LC301-65743 PREIGHT PREPAID FIFTEEN(15)CARTONS ONLY
TOTAL NUMBER OF CONTAINERS OF PACKAGES(IN WORDS)	FREIGHT PAYABLE AT SEOUL, KOREA
FREIGHT & CHARGES FREIGHT AS ARRANGED	PREPAID　　COLLECT
PLACE AND DATE OF ISSUE SEOUL, KOREA JUN. 24,2016	No. OF ORIGINAL B/L THREE　(3)

3. 报关委托书

报关委托书

根据海关法的有关规定，南京扬帆制衣有限公司(海关编码3201213432)特委托上海国际物流有限公司向南京金陵海关办理下列货物的进/出口(手册号为B32014150300)

货名	规格	重量	件数	价格
棉麻布 （50％棉 50％麻）	MQ98E011-5	874 kgs	15 cartons	USD 13 185.20

申明：委托人和受托人保证严格遵守海关法的有关规定，履行各自的义务，并承担相应的法律责任。

委托人　南京扬帆制衣有限公司(公章)　　受委托人　上海奔腾国际物流公司(公章)
经办人：林立风　　　　　　　　　　　　　经办人：李忠义
2016年06月29日　　　　　　　　　　　　　2016年06月29日

三、保税加工货物项目引入报关单填制

预录入编号： 　　　　　　　　　　　　　　　　海关编号：220220141********

收发货人(18位统一社会信用代码) 南京扬帆制衣有限公司	进口口岸 2309 南京新生圩海关	进口日期 20160627	申报日期 20140707
消费使用单位(18位统一社会信用代码) 南京扬帆制衣有限公司	运输方式 水路运输	运输工具名称 MID STAR/0123	提运单号 SSAX8FV0189
申报单位 91310113630425**** 上海奔腾国际物流公司	监管方式 502 来料加工	征免性质 502 来料加工	备案号 B32014150300
贸易国(地区)133 韩国	启运国(地区)133 韩国	装货港 1480 釜山	境内目的地 32012 南京经济技术开发区
许可证号	成交方式 FOB	运费 502/200/3	保费 0.3/1	杂费
合同协议号 MQ03E011-5	件数 15	包装种类 纸箱	毛重(公斤) 874	净重(公斤) 795
集装箱号 YMLU 8902312(40′)	随附单证 A440150106121804			
标记唛码及备注 MQ98E011-5 MADE IN KOREA C/#：101-115				

项号	商品编号	商品名称、规格型号	数量及单位	原产国(地区)	单价	总价	币制	征免
01		棉麻布	3 878 米	韩国	3.4	13 185.20	美元	全免
04		50%棉,50%麻						

特殊关系确认:是	价格影响确认:否	支付特许权使用费确认:是	
录入员录入单位	兹申明对以上内容承担如实申报、依法纳税之法律责任		海关批注及签章
报关人员李想申报单位(签章) 上海奔腾国际物流公司			

任务四　保税仓库货物报关单填制

一、保税仓库报关单填制

（一）货物从境外进口存入保税仓库

(1)"备案号"填写保税仓库电子账册号或其分册号。
(2)"收发货人"填写实际经营单位名称及编码。
(3)"消费使用单位"填写保税仓库名称及编码。
(4)"申报单位"填写实际报关单位的名称及编码。
(5)"贸易国"填写与境内企业签订贸易合同的外方所在国。
(6)"监管方式"填写"保税仓库货物,1233"。
(7)"运输方式"填写实际运输方式。
(8)"征免性质"为空。
(9)"征税比例"填写"全免,3"。
(10)"启运国(地区)"填写实际情况。
(11)"装货港"填写实际情况。
(12)"备案序号"填写保税货物备案序号。

专业知识链接

贸易国：指对外贸易中与境内企业签订贸易合同的外方所属国家(地区)：
进口：填报购自国，出口：填报售予国。
未发生商业性交易的填报货物所有权拥有者所属国家(地区)。

（二）保税仓库货物出仓环节

(1)"备案号"填写保税仓库电子账册号或其分册号。
(2)"收发货人"填写实际经营单位名称及编码。
(3)"生产销售单位"填写保税仓库名称及编码。
(4)"申报单位"填写实际报关单位的名称及编码。
(5)"贸易国"填写与境内企业签订贸易合同的外方所在国。
(6)"监管方式"填写"保税仓库货物,1233"。
(7)"运输方式"填写实际情况。
(8)"征免性质"为空。
(9)"征税比例"为空。
(10)"运抵国(地区)"填写实际情况。
(11)"指运港"填写实际情况。
(12)"备案序号"填写保税货物备案序号。

（三）保税仓库货物转入国内

1. 收货单位填写进口货物报关单

(1)"备案号"为空。

(2)"收发货人"填写实际经营单位名称及编码。

(3)"消费使用单位"填写实际收货单位名称及编码。

(4)"申报单位"填写实际报关单位的名称及编码。

(5)"贸易国"填写与境内企业签订贸易合同的外方所在国。

(6)"监管方式"填写实际情况。

(7)"运输方式"填写"保税仓库,8"。

(8)"征免性质"填写实际情况。

(9)"征税比例"填写实际情况。

(10)"启运国（地区）"填写"中国,142"。

(11)"装货港"填写"中国境内,142"。

(12)"备案序号"为空。

(13)"关联报关单号"填写本次对应的18位出口报关单号码。

(14)"关联备案号"填写保税仓库电子账册号或其分册号。

2. 保税仓库填写出口货物报关单（形式报关单）

(1)"备案号"填写保税仓库电子账册号或其分册号。

(2)"收发货人"填写实际经营单位名称及编码。

(3)"生产销售单位"填写保税仓库名称及编码。

(4)"申报单位"填写实际报关单位的名称及编码。

(5)"贸易国"填写"中国,142"。

(6)"监管方式"填写"保税间货物,1200"。

(7)"运输方式"填写"其他运输,9"。

(8)"征免性质"为空。

(9)"征税比例"为空。

(10)"运抵国（地区）"填写"中国,142"。

(11)"指运港"填写"中国境内,142"。

(12)"备案序号"填写保税货物备案序号。

(13)"关联报关单"填写本次对应的18位进口报关单号码。

（四）保税仓库货物转入保税仓库

1. 转入方保税场所填写进口货物报关单

(1)"备案号"填写收货保税仓库电子账册号或其分册号。

(2)"收发货人"填写实际经营单位名称及编码。

(3)"消费使用单位"填写转入方保税场所名称及编码。

(4)"申报单位"填写实际报关单位的名称及编码。

(5)"贸易国"填写"中国,142"。

(6)"监管方式"填写"保税间货物,1200"。

(7)"运输方式"填写"其他,9"。

(8)"征免性质"为空。
(9)"征税比例"填写"全免,3"。
(10)"启运国"填写"中国,142"。
(11)"装货港"填写"中国,142"。
(12)"备案序号"填写保税货物备案序号。
(13)"关联报关单"填写本次对应的18位出口报关单号码。

2. 转出方保税仓库填写出口货物报关单(形式报关单)
(1)"备案号"填写发货保税仓库电子账册号或其分册号。
(2)"收发货人"填写实际经营单位名称及编码。
(3)"生产销售单位"填写转出方保税仓库名称及编码。
(4)"贸易国"填写"中国,142"。
(5)"申报单位"填写实际报关单位的名称及编码。
(6)"运输方式"填写"其他,9"。
(7)"监管方式"填写"保税仓库货物,1200"。
(8)"征免性质"为空。
(9)"征税比例"填写"全免,3"。
(10)"运抵国"填写"中国,142"。
(11)"指运港"填写"中国境内,142"。
(12)"备案序号"填写保税货物备案序号。
(13)"关联报关单"填写本次对应的18位进口报关单号码。

未列明的其他报关单填制内容,按照《中华人民共和国海关进出口货物报关单填制规范》填制。

二、项目引入案例(一)

中商华联贸易有限公司(海关注册编码1102918123)代理湖南长沙家佳纺织有限公司(海关注册编码4301962104)进口未梳棉花(法定检验检验商品,法定计量单位为千克),货物系合同卖方台湾某公司在2016年1月于棉花原产国采购后运输进境并存放于某公用型保税仓库(列入电子账册第3项,自己的贸易公司为青岛中外物流贸易有限公司110292817)。2016年8月,华联公司与台湾公司签订合同后,自上述保税仓库提取合同约定数量棉花出库并办理进口报关手续,双方约定委托上海奔腾国际物流公司报关,申报时华联公司向海关提交编号为843020080505007"关税配额外优惠税率进口棉花配额证"(监管证件代码为:e),海关放行后,华联公司安排将货物运至境内目的地,交由家佳公司用于生产内销产品,具体报关事宜由报关人员李想完成。

SHARPINVEST INTERNATIONAL LIMITED
NO. 61. SEC ZHONG RD，WUGU HSIANG，TAIPEI，TAIWAN

Tel：00886 - 2 - 8976 - ****　　　　Fax：00086 - 2 - 8976 - ****

INVOICE & PAKING LIST

CONTRACT NO： CS02580786H - 1　　　DATE：08 JULY 2016

INVOICE NO： C2580786H-1-A　　　DATE：18 JULY 2016

BUYER：　　　CHINA COMMERENCE HUALLAN TRANDING CO. LTD

　　　　　　　　ROMM 225，NO. 3 BUILONDING， NO. 23 XICHENG DISTRICT,

FUXINGMENNEI STREET, BEIJING, CHINA

DESCRIPTION：　INDIAN RAW COTTON， SHANKAR - 6

　　　　　　　　CROP 2015/2016 G5 STAPLE 1 - 1/8″

QUANTITY：　　374. 761 MTS (826 206. 58 NET LBS)

PACKING：　　　USD 0. 7 657 PER LB NET WEIGHT CIF QINGDAO PORT，CHINA

REIMBURSEMENT： BY T/T FOR FULL INVOICE VALUE

QUANTITY SHIPPED： GROSS　100 297. 00 kg

　　　　　　　　　　TARE　360. 00 kg

　　　　　　　　　　NET　99 937. 00 kg

　　　　　　　　　　BALES　600

WEIGHT BASIS：　CIQ QUALITY AND NET LANED WEIGHT FINAL

SALE VALUE OF GOODS：　USD 168 701. 60

SHARPINVEST INTERNATIONAL LIMITED

中华人民共和国海关进口货物报关单(旧报关单)

预录入编号:18800087********　　　　　　　　　　　　海关编号:42182008118800087

进口口岸 青开发区 4218		备案号 K42185D00012		进口日期 20160108		申报日期 20160108	
经营单位 中国外运山东有限公司(××××)		运输方式 水路运输	运输工具名称 CONTIHARMONY/00810N			提运单号 NQK005306	
收货单位 青岛中外物流公用型保税仓库		贸易方式 保税仓库货物		征免性质		征税比例	
许可证号	起运国(地区) 印度		装货港 加尔各答			境内目的地 青岛其他	
批准文号	成交方式 FOB	运费 502/8250/3		保费 0.3/1		杂费	
合同协议号 KOR063828	件数 2 250	包装种类 包		毛重(公斤) 376 111		净重(公斤) 374 761	
集装箱号 ABLU386948/40/4800	随附单据 ×××××××××××					用途 其他	
标记唛码及备注 ××××××××							
项号	商品编号	商品名称、规格型号	数量及单位	原产国(地区)	单价	总价	币值	征免
01 03	52010000.01	未梳的棉花 1-1/8 3.5~4.9/NCL	374 761 千克	印度	1.402 2	525 875.09	美元	全免
税费征收情况								
录入员录入单位	兹声明以上申报无讹并承担法律责任		海关审单批注放行日期(签章)					
			审单审价					
报关员 单位地址 邮编电话	申报单位(签章) 上海奔腾国际物流公司 填制日期		征税统计					

三、项目引入案例(二)

中华人民共和国海关进口货物报关单(保税仓库货物进入国内)

预录入编号: 海关编号:220220141********

收发货人(18位统一社会信用代码) 中商华联贸易有限公司 1102918123	进口口岸 2303 苏州海关	进口日期 20160807		申报日期
消费使用单位18位统一社会信用代码 湖南长沙家佳纺织有限责任公司	运输方式 保税仓库	运输工具名称		提运单号
申报单位 91310113630425**** 上海奔腾国际物流公司	监管方式 一般贸易 0110	征免性质 一般征税 101		备案号
贸易国(地区) 台澎金马关税区 143	启运国(地区) 中国 142	装货港 中国境内 142		境内目的地 长沙其他 43019
许可证号	成交方式 CIF	运费	保费	杂费
合同协议号 CS02580786H-1	件数 600	包装种类 包	毛重(公斤) 3 149.5	净重(公斤) 2 903.17
集装箱号	随附单证 e843020080505007			
标记唛码及备注 CONT ZDEU2565656 ECNT SEAL KL0802127/DV40 (CY-CY) AEX0230	关联报关单号:220225187******** 关联备案号:KXXXXXXXXXXX			

项号	商品编号	商品名称、规格型号	数量及单位	原产国(地区)	单价	总价	币值	征免
01	52010000.01	未梳的棉花 1-1/8 3.5~4.9/NCL	99 937.00 千克 (第一行) 220 323.37 磅 (第三行)	印度	0.765 7	168 701.60	美元	照章 征税

特殊关系确认:是 价格影响确认:否 支付特许权使用费确认:是

录入员录入单位	兹申明对以上内容承担如实申报、依法纳税 之法律责任	海关批注及签章

报关人员申报单位(签章)
上海奔腾国际物流公司

中华人民共和国海关出口货物报关单(保税仓库出仓)

预录入编号： 　　　　　　　海关编号：220225187＊＊＊＊＊＊＊＊

收发货人(18位统一社会信用代码) 青岛中外物流贸易有限公司 1102928178	出口口岸 4218 青开发区海关		出口日期	申报日期
生产销售单位(18位统一社会信用代码) 青岛中外物流公用型保税仓库	运输方式 其他运输	运输工具名称		提运单号
申报单位 91310113630425＊＊＊＊ 上海奔腾国际物流公司	监管方式 1200 保税间货物	征免性质		备案号 KXXXXXXXXXXX
贸易国(地区)142 中国	运抵国(地区)142 中国	指运港 142 中国境内		境内货源地 37029 青岛其他
许可证号	成交方式 FOB	运费	保费	杂费
合同协议号 CS02580786H-1	件数 600	包装种类 包	毛重(公斤) 3 149.5	净重(公斤) 2 903.17
集装箱号	随附单证			
标记唛码及备注 CONT ZDEU2565656 ECNT SEAL KL0802127/DV40　关联报关单：220220141＊＊＊＊＊＊＊＊ (CY-CY) AEX0230				

项号	商品编号	商品名称、规格型号	数量及单位	最终目的国 (地区)	原产国 (地区)	单价	总价	币制	征免
01	52010000.01	未梳的棉花 1-1/8 3.5~4.9/NCL	99 937.00 千克 （第一行） 220 323.37 磅 （第三行）	印度		0.765 7	168 701.60	美元	照章 征税

特殊关系确认：	价格影响确认：		支付特许权使用费确认：
录入员	录入单位	兹申明对以上内容承担如实申报、依法纳税 之法律责任	海关批注及签章
报关人员		申报单位(签章)	

任务五　出口监管货物仓库报关单填制

一、出口监管仓库报关单填制要点

（一）进仓报关单的填制注意事项

一般贸易出口货物、加工贸易出口货物存入出口监管仓库的由存入方填写出口报关单。
(1)"申报单位"填写实际报关单位的名称及编码。
(2)"收发货人"填写实际经营单位名称及编码。
(3)"生产销售单位"填写实际发货单位名称及编码。
(4)"贸易国"填写"中国,142"。
(5)"监管方式"按实际贸易方式填报。
(6)"运输方式"填写"监管仓库,1"。
(7)"运抵国"填写"中国,142"。
(8)"指运港"填写"中国境内,142"。
(9)"最终目的国"填写"中国,142"。
(10)"备注"栏须填写存入出口监管仓库的名称,以及出口监管仓库货物入仓清单编号。
(11)"关联备案号"填写"CJ＋出口监管仓库10位数编码"。

为拼装出口货物而进口的货物,以及为改换出口监管仓库货物包装而进口的包装物料存入出口配送型出口监管仓库的(填写进口报关单)。
(1)"申报单位"填写实际报关单位的名称及编码。
(2)"收发货人"填写实际经营单位名称及编码。
(3)"消费使用单位"填写出口监管仓库经营单位名称及编码。
(4)"贸易国"填写与境内企业签订贸易合同的外方所在国。
(5)"监管方式"填写"保税仓库货物,1233"。
(6)"运输方式"填写实际运输方式。
(7)"启运国（地区）"填写实际情况。
(8)"装货港"填写实际情况。
(9)"备注"栏须填写存入出口监管仓库的名称,以及出口监管仓库货物入仓清单编号。

（二）出仓报关单的填制注意事项

(1)出口监管仓库货物出仓后运往境外的(填写出口报关单)。
(2)"申报单位"填写实际报关单位的名称及编码。
(3)"收发货人"填写实际经营单位名称及编码。
(4)"生产销售单位"填写出口监管仓库经营单位名称及编码。
(5)"贸易国"填写与境内企业签订贸易合同的外方所在国。
(6)"监管方式"填写"保税仓库货物,1233"。
(7)"运输方式"根据实际运输方式。
(8)"运抵国"填写实际运抵国。

(9)"指运港"填写实际最终目的港。

(10)"最终目的国"填写出口货物的最终实际消费、使用或进一步加工制造国家(地区)。

(11)"备注"栏须填写对应出口监管仓库的名称,出口监管仓库货物出仓清单编号,以及出口监管仓库货物原进仓报关单编号。

(三)出口监管仓库货物出仓转为加工贸易进口或转入国内市场销售的(由实际提货单位填写进口报关单)

(1)"申报单位"填写实际报关单位的名称及编码。

(2)"收发货人"填写实际经营单位名称及编码。

(3)"消费使用单位"填写实际收货单位名称及编码。

(4)"贸易国"填写"中国,142"。

(5)"监管方式"按实际贸易方式填报。

(6)"运输方式"填写"监管仓库,1"。

(7)"启运国"填写"中国,142"。

(8)"装货港"填写"中国境内,142"。

(9)"备注"栏须填写对应出口监管仓库的名称,以及出口监管仓库货物出仓清单编号。

(10)"关联备案号"填写"CJ+出口监管仓库10位数编码"。

(四)出口监管仓库货物出仓后转至保税仓库继续实施保税监管的(由出口监管仓库填写出口报关单,保税仓库按《保税仓库报关单填制注意事项》填写进口报关单)

(1)"申报单位"填写实际报关单位的名称及编码。

(2)"收发货人"填写转出出口监管仓库经营单位名称及编码。

(3)"消费使用单位"填写转出出口监管仓库经营单位名称及编码。

(4)"贸易国"填写"中国,142"。

(5)"监管方式"按填报"保税间货物,1200"。

(6)"运输方式"填写"其他运输,9"。

(7)"启运国"填写"中国,142"。

(8)"装货港"填写"中国境内,142"。

(9)"备注"栏须填写"转至+转入保税仓库的名称及电子账册编号,对应转出出口监管仓库的名称,以及出口监管仓库货物流转申请表编号"。

(10)"关联备案号"填写"保税仓库电子账册编号"。

(五)从其他出口监管仓库(保税仓库)转出的出口货物存入出口监管仓库的(由转出方填写出口报关单)

(1)"申报单位"填写实际报关单位的名称及编码。

(2)"收发货人"填写转出出口监管仓库经营单位名称及编码。

(3)"生产销售单位"填写转出出口监管仓库经营单位名称及编码。

(4)"贸易国"填写"中国,142"。

(5)"监管方式"按填报"保税间货物,1200"。

(6)"运输方式"填写"其他运输,9"。

(7)"运抵国"填写"中国,142"。

(8)"指运港"填写"中国境内,142"。

(9)"最终目的国"填写"中国,142"。

(10)"备注"栏须填写"转自+转出出口监管仓库的名称,出口监管仓库货物流转申请表编号(转自+转出保税仓库的名称及电子账册编号,保税仓库货物流转申请表编号),存入出口监管仓库的名称"。

(11)"关联备案号"填写"CJ+转入出口监管仓库10位数编码"。

本《出口监管仓库报关单填制注意事项》未列明的其他报关单填制内容,按照《中华人民共和国海关进出口货物报关单填制规范》填制。

二、项目导引案例

以下是上海兰生股份有限公司的一份出口资料,上海兰生股份有限公司跟香港金山贸易公司签约,出口皮鞋(胶底)到洛杉矶,先进入上海出口监管仓库,请根据该资料的有关内容办理货物的进入出口监管仓库手续。

上海蘭生股份有限公司
SHANGHAI LANSHENG CORPORATION
HEADQUARTERS 1230-1240 ZHONGSHAN ROAD N.1 SHANGHAI 2000437 CHINA
BRANCH:128. HUQIU ROAD.   B/L No. HJSHB142939
SHANGHAI 200002 CHINA   发票号码
To:GOLDEN MOUNTAIN TRADING LTD.   Invoice Number 03A702758
ROOM 611. TOWER B. HUNG HOM COMM CENTRE. 37-39   订单或合约号码
MA TAU WAI ROAD HUNG HOM. KOWLOON. HONGKONG   Sales Confirmation No 03A3272
发票日期
Date of invoice 03.12.10

INVOICE/PACKING LIST

装船口岸 From	上海 SHANGHAI	目的地 To	LOS ANGELES
信用证号数 Letter of Credit No	T/T	开征银行 Issued by	

Vessel: HANJIN DALIAN/014E

唛头号码 Marks & Numbers	数量与货品名称 Quantities and Descriptions	总值 Amount
RNS NO.: 7920 MADE IN CHINA PORT: LOS ANGELES C/NO.: 1-117	FOOTWEAR 皮鞋(胶底) ARI. NO. CC10758-112 ORDER NO. RNS7920 COL: WHITE SZ:5-10 2106 PRS HS CODE 64039900 计量单位:双 TOTAL G. WT: 1638.000 KGS TOTAL N. WT: 1404.000 KGS TOTAL MEAS: 5.616 m³ TOTAL PACKED IN 117 CARTONS ONLY 出口商检证:03-12-020E 上海兰生股份有限公司(黄浦区)发货。 　该货于03.12.20出口至上海出口监管仓库,上海奔腾国际物流公司委托(社会信用代码:91310113630425****)于03.12.18向吴淞海关(出口监管仓库主管海关)申报。	CIF LOS ANGELES @USD3.15 USD 6 633.90 USD 6 633.90 F: USD 800 I: 0.27%

上海蘭生股份有限公司
SHANGHAI LANSHENG CORPORATION
企业编号:3109915020

三、出口监管仓库报关单填制

中华人民共和国海关出口货物报关单（出口监管仓库进仓）

预录入编号： 　　　　　　　　　　　　　　海关编号：220225187********

收发货人（18位统一社会信用代码） 上海兰生股份有限公司	出口口岸 2202 吴淞海关		出口日期	申报日期
生产销售单位（18位统一社会信用代码） 上海兰生股份有限公司	运输方式 监管仓库	运输工具名称		提运单号
申报单位 91310113630425**** 上海奔腾国际物流公司	监管方式 一般贸易 0110	征免性质 一般征税 101		备案号
贸易国（地区） 中国 142	运抵国（地区） 中国 142	指运港 中国境内 142		境内货源地 上海其他 3×××××
许可证号	成交方式 CIF	运费 800	保费 0.27	杂费
合同协议号 03A3272	件数 117	包装种类 纸箱	毛重（公斤） 1 638.00	净重（公斤） 1 404.00
集装箱号	随附单证 B:03-12-020E			
标记唛码及备注 RNS NO:7920 MADE IN CHINA PORT： LOS ANGELES C/NO.:1-117	上海出口监管仓库及入仓单编号 CJ出口监管仓库10位数编码			

项号	商品编号	商品名称、规格型号	数量及单位	最终目的国（地区）	原产国（地区）	单价 币制	总价 征免
1	64039900	皮鞋（胶底）	2106 双	美国	中国	3.15	6 633.90 美元 照章征税

特殊关系确认：	价格影响确认：	支付特许权使用费确认：	
录入员	录入单位	兹申明对以上内容承担如实申报、依法纳税之法律责任	海关批注及签章

报关人员：李想　　申报单位（签章）
　　　　　　　　　　上海奔腾国际物流公司

任务六　出口加工区深加工结转报关单填制

一、出口加工区报关单填制要点

(一) 境内区外货物进出区报关单填制(区外企业)

起运国(地区)/运抵国(地区)栏应填报"中国"(代码:142)。

贸易方式:按实际用途填写(一般贸易等)。

运输方式:出口加工区运往区外(代码:Z)。

在装货港/指运港应填报"中国境内"(代码:0142)。

报关单的"提运单号"和"运输工具名称"栏应为空。

征免性质:按实际用途填写(一般征税或其他法定等)

征免:按实际填写(如照章征税或全免等)

(二) 货物内销备案清单填制(区内企业)

进出口口岸:出口加工区与区外之间进出货物,填报本出口加工区海关名称及代码。

监管方式:填报料件进出区(代码5000)或成品进出区(代码5100)。

运输方式:出口加工区与区外之间进出的货物,填报"Z"。

备注栏:填报转入方关区代码(前两位)及进口报关单(备案清单)号,即"转入××(关区代码)××××××××(报关单/备案清单号)"。

(三) 出口加工区与境外之间备案清单填制(区外企业)

进口口岸/出口口岸:实际进出境货物,填报实际进(出)境的口岸海关名称及代码。

备案号:出、入出口加工区的保税货物,应填报标记代码为H的电子账册备案号;

出、入出口加工区的征免税货物、物品,应填报标记代码为H、第六位为D的电子账册备案号;

运输方式:实际进出境货物,应根据实际运输方式按海关规定的《运输方式代码表》选择填报相应的运输方式。

监管方式:区内加工货物(代码5015),出口加工区内企业从境外进口的料件以及加工出口的成品。

(四) 出口加工区深加工结转报关单和备案清单填制

进出口口岸:填报各自出口加工区海关名称及代码,其中转入特殊监管区域外加工贸易企业的,在转出地海关申报。

运输方式:同一出口加工区内或不同出口加工区的企业之间相互结转(调拨)的货物,填报"9",出口加工区运往区外(代码:Z)。

监管方式:来/进料深加工结转。

起运国(地区)/运抵国(地区)栏应填报"中国"(代码:142)。

装货港/指运港应填报"中国境内"(代码:142)。

专业知识链接

按转关运输方式监管的跨关区深加工结转货物,出口报关单填报转出地海关名称及代码,进口报关单填报转入地海关名称及代码。

在不同海关特殊监管区域或保税监管场所之间调拨、转让的货物,填报对方特殊监管区域或保税监管场所所在的海关名称及代码。

二、项目导引案例

晶达电子(苏州)有限公司(3205351319)从宁波富瑞电子科技有限公司(3302552327)购入液晶电视机用零件(法定计量单位:千克)一批,用于加工外销液晶电视机成品,委托上海奔腾报关行报关,请分别填制进出口报关单。

NINGBO FOURY TECH INDUSTRIES CO.,LTD
PO BOX 315XXX,NO. 13 TLAN SHAN LU,NINGBO EXPORT PROCESSING ZONE,ZHEJIANG CHINA
Tel:86-574-26885×× × Fax:86-574-26885×××

INVOICE&PACKING LIST
INVOICE No:FK100215   Date:2010/04/07
P.O. No: CD100215
Ship To: AMTRAN ELECTRONIC CO.,LTD
            NO. xxx JINPENG ROAD,SUZHOU NEW DISTRICT,JIANGSU,CHINA
            Tek:0512-66655   FAX:0512-66655×××
Bill To: AMTRAN ELECTRONIC CO.,LTD
            NO. xxx JINPENG ROAD,SUZHOU NEW DISTRICT,JIANGSU,CHINA
            Tek:0512-66655   FAX:0512-66655×××
From NINGBO, ZHEJIANG   to   SUZHOU, JIANGSU
Shipped per:TRUCK   Sailing on or about:

DESCRIPTION	Qty	G.W.	N.W.	UNIT PRICE	AMOUNT
40″液晶电视用前框 8529908100	464 PCS	1 005.5 kgs	920.25 kg	USD47.75	USD22156.00
40″液晶电视用后壳 8529908100	462 PCS	2 144 kgs	1 982.67 kg	USD52.72	USD24 356.64
TOTAL	926PCS	3 149.5 kg	2 903.17 kg		USD46512.64

SAY FORTY SIX THOUSAND FIVE HUNDRED AND TEWLVE DOLLARS AND SIXTY FOUR CENTS ONLY.

TOTAL PACKED IN:22 PALLETS.

中华人民共和国海关加工贸易保税货物，出口加工区货物深加工结转申请表

申请表编号：P10000006478　　电子口岸统一编号：00000000000608735　　打印日期：2010-1-8

转出地申报						转入地申报					
转出企业	宁波富瑞电子科技有限公司	主管海关	甬加工区(3111)	转出地	浙江宁波出口加工区	转入企业	晶达电子苏州有限公司	主管海关	苏州海关(2303)	目的地	苏州高新技术产业开发区
转出企业内部编号	KZ-100201-002	转出批准证编号	人工审批			转入企业内部编号	FJ100223	转入批准证编号		人工审批	
转出企业法人联系电话	***　*******	转出申报企业	宁波富瑞电子科技有限公司			转入企业法人联系电话	***　*******	转入申报企业		晶达电子苏州有限公司	
申报日期	2010-2-23	审批日期				申报日期	2010-2-23				
申请表类型	出口加工区货物深加工结转	企业合同号	RZ-10021-002								

结转进口货物情况										
序号	商品项号	商品编码	商品名称	规格型号	计量单位	数量	法定单位	法定数量	转出序号	转入手册号
1	64	85299 08100	前框：液晶电视用	液晶电视用	个	2 000	千克	3 966.60	1	E23036 000191
2	65	85299 08100	后壳：液晶电视用	液晶电视用	个	2 000	千克	8 583	2	E23036 000191

结转出口货物情况									
	商品项号	商品编码	商品名称	规格型号	计量单位	数量	法定单位	法定数量	转出手册号
1	1 366	85299 08100	40″液晶电视用前框 85299 08100		个	2 000	千克	3 966.60	B31117 000142
2	1 367	85299 08100	40″液晶电视用前框 85299 08100		个	2 000	千克	8 583	B31117 000142

保税货物/出口加工区货物深加工结转收发货单

收发货单海关编号：P1000000647810001　　　　发货企业内部编号：RZ20100408
电子口岸统一编号：00000000000678669　　　　收货企业内部编号：FJI00409

发货企业名称	宁波富瑞电子科技有限公司			收货企业名称	晶达电子苏州有限公司
发货时间	收货时间	运输工具类别	运输工具编号	购销合同号或订单还	条形码/验证码
2010-4-8	2010-4-8	***	***	***	***

实际收货情况

序号	申请表序号	料号	发货序号	项号	商品编码	商品名称	规格型号	交易单位	交易数量	申报单位	申报数量	收货人签章	转入手册号
1	1		1	64	85299 08100	前框:液晶电视用	液晶电视用	个	464	个	464		E23036 000191
2	2		2	65	85299 08100	后壳:液晶电视用	液晶电视用	个	462	个	464		E23036 000191

标志显示区　　　　　　　　　　　　　　　　海关签注

备注

实际发货情况

序号	申请表序号	项号	料号	商品编码	商品名称	规格型号	交易数量	交易单位	申报发货数量	申报单位	发货人签章	转出手册号
1	1	1	366	85299 08100	40"液晶电视用前框 8529908100		464	个	464	个		B31117 000142
2	2	1	367	85299 08100	40"液晶电视用后壳 8529908100		462	个	462	个		B31117 000142

货物状态说明

三、出口加工区深加工结转报关单填制

出口加工区深加工结转报关单填制,先转入企业报进口,再转出企业报出口

中华人民共和国海关进口货物报关单填制(出口加工区结转)

预录入编号:		海关编号:220226785********	
收发货人18位统一社会信用代码 晶达电子苏州有限公司	进口口岸 3111 甬加工区海关	进口日期 20100408	申报日期
消费使用单位18位统一社会信用代码 晶达电子苏州有限公司	运输方式 其他运输	运输工具名称	提运单号
申报单位 91310113630425**** 上海奔腾国际物流公司	监管方式 0654 进料深加工结转	征免性质	备案号 E23036000191
贸易国(地区) 中国 142	启运国(地区) 中国 142	装货港 中国境内 142	境内目的地 32053 苏州高新技术开发区
许可证号	成交方式 CIF	运费	保费	杂费
合同协议号 CD100215	件数 926	包装种类 个	毛重(公斤) 3 149.5	净重(公斤) 2 903.17
集装箱号	随附单证		
标记唛码及备注 转出手册号:B31117000142			

项号	商品编号	商品名称、规格型号	数量及单位	原产国(地区)	单价	总价	币制	征免
01 64	8529908100	液晶电视用前框 40′	464 个	中国	47.75	22 156.00	美元	全免
02 65	8529908100	液晶电视用后壳 40′	462 个	中国	57.72	24 356.64	美元	全免

特殊关系确认:是 价格影响确认:否 支付特许权使用费确认:是

录入员录入单位	兹申明对以上内容承担如实申报、依法纳税之法律责任	海关批注及签章

报关人员申报单位(签章)
上海奔腾国际物流公司

中华人民共和国海关出境货物备案清单(出口加工区结转)

收发货人18位统一社会信用代码 宁波富瑞电子科技有限公司	出境口岸 2303 苏州海关	备案号 B31117000142	出境日期	申报日期
生产销售单位18位统一社会信用代码 宁波富瑞电子科技有限公司	监管方式 0654 进料深加工结转	贸易国（地区） 142 中国	运抵国（地区） 142 中国	境内货源地 33025 甬加工区
申报单位 310898**** 上海飞达货运有限公司	运输方式 其他运输		运输工具名称	提运单号
许可证号	成交方式 FOB	运费	保费	杂费
件数 926	毛重(千克) 3 149.5	净重(千克) 2 903.17	随附单证	

标记唛码及备注
转入进口报关单号:220226785********
转入手册编号:E23036000191

项号	商品编号	商品名称、规格型号	数量及单位	最终目的国(地区)	单价	总价	币制
1 1366	8529908100	液晶电视用前框 40′	464 个	中国	47.75	22 156.00	美元
2 1367	8529908100	液晶电视用后壳 40′	462 个	中国	57.72	24 356.64	美元

特殊关系确认:是 价格影响确认:否 支付特许权使用费确认:是

录入员录入单位	兹申明对以上内容承担如实申报、依法纳税之法律责任	海关批注及签章
		审核日期
报关人员李想申报单位(签章) 上海奔腾国际物流公司		

任务七　保税区货物报关单填制

一、保税区报关单填制要点

（一）货物从境内区外进入保税区（区外企业填写）

起运国（地区）/运抵国（地区）栏应填报"中国"（代码：142）。

运输方式：非保税区运入保税区和保税区退区（代码：0）。

装货港/指运港应填报"中国境内"（代码：0142）。

报关单的"提运单号"和"运输工具名称"栏应为空。

监管方式：按实际用途填写（一般贸易等）。

征免性质：按实际用途填写（一般征税或其他法定等）。

征免：按实际填写（如照章征税或全免等）。

（二）从其他保税区等特殊区域转到保税区

起运国（地区）/运抵国（地区）栏应填报"中国"（代码：142）。

运输方式：保税区之间，填报 9。

在装货港/指运港应填报"中国境内"（代码：0142）。

报关单的"提运单号"和"运输工具名称"栏应为空。

监管方式：保税间货物，代码：1200。

征免性质：空。

征免：全免。

（三）保税区货物运往非保税区（区外企业填写）

起运国（地区）/运抵国（地区）栏应填报"中国"（代码：142）。

运输方式：保税区运往非保税区，代码为 7。

在装货港/指运港应填报"中国境内"（代码：0142）。

报关单的"提运单号"和"运输工具名称"栏应为空。

监管方式：按实际用途填写。

征免性质：按实际用途填写。

征免：按实际用途填写。

二、项目引入案例

根据以下资料填制报关单：

资料1：ABC广州有限公司位于广州保税区，海关注册编号为440124××××，所申报商品位列 B52084400153 号登记手册备案料件第 13 项，法定计量单位为千克，货物于 2004 年 7 月 16 日运抵口岸，当日向黄埔海关新港办（关区代码为5202）办理进口申报手续。保险费率为 0.27%。入境货物通关单编号为 442100104064457，请上海奔腾国际物流公司李想办理这批保税区货物的报关手续。（注：上海奔腾国际物流公司在广州没有分支机构，想一段期间调到此处）

资料2：

ABC(GUANGZHOU)CO,LTD

NO. XX　FENGHUA ROAD,GUANGZHOU,CHINA

COMMERCIAL INVOICE

CONSIGNEE：

ABC(GUANGZHOU)CO,LTD

NO. XX　FENGHUA ROAD,GUANGZHOU,CHINA

INVOICE NO.：BL04060643

CONTRACT NO.：ABC-1001

SHIPPER：

ABC(HONGKONG)LTD.

ROOM X X X ,SHATINGALLERIA

MEISTREET,FOTAN,N. T,HONGKONG

DATE：07/0704

REFERENCE NO.：HB184004

SHIPMENT FROM　KUNSAN,KOREA TO HUANGPU CHINA　VIA HONGKONG

SHIPPING MARKS	DESCRIPTION	QTY	UNIT PRICE	AMOUNT
N/M	"HI-QBRAND" ART PAPER 039-44	16314 KG 16ROLLS	0.804 0	CFR HUANGPU US＄13 703.76
TOTAL：		16314KG		US＄13 703.76
		16ROLLS		

ABC(GUANGZHOU)CO,LTD

NO. XX　FENGHUA ROAD,GUANGZHOU,CHINA

资料3：

PACKING LIST

DATE：07/0704

TO：HUANGPU, CHINA

SHIPMENT FROM　KUNSAN,KOREA TO HUANGPU CHINA　VIA HONGKONG

VESSEL AND VOAGE　　　　NO.：穗德航30/4Y0708

B/L NO.：SG40746

DESCRIPTION	QTY	WEIGHT	NETWEIGHT	MEASUREMENT
"HI-QBRAND" ART PAPER 039-44 H. S：48101300.10	16314 KG 16ROLLS	16362	16314	
		16362	16314	

1×20′CONTAINER

TEXU2263978 TAREWGT 2280KG

三、保税区进口报关单填制

中华人民共和国海关进口货物报关单

预录入编号: 海关编号:220224589********

收发货人18位统一社会信用代码 ABC广州有限公司	进口口岸 5202 黄埔海关	进口日期 20100408	申报日期
消费使用单位18位统一社会信用代码 ABC广州有限公司	运输方式	运输工具名称	提运单号
申报单位 91310113630425**** 上海奔腾国际物流公司	监管方式 0615 区内来料加工	征免性质 来料加工	备案号 B52084400153
贸易国(地区) 中国香港 110	启运国(地区) 韩国 133	装货港 群山 1481	境内目的地 32053 高新技术开发区
许可证号	成交方式 CFR	运费	保费 0.27/1	杂费
合同协议号 ABC-1001	件数 16	包装种类 卷	毛重(公斤) 16 362	净重(公斤) 16 314
集装箱号 2263978/20/2280	随附单证 A442100104064457			
标记唛码及备注 N/M				

项号	商品编号	商品名称、规格型号	数量及单位	原产国(地区)	单价	总价	币制	征免
01 13	48101300.10	艺术纸 039-44	16 314 千克	韩国	0.804 0	13 703.76	美元	全免

特殊关系确认:是 价格影响确认:否 支付特许权使用费确认:是

录入员录入单位	兹申明对以上内容承担如实申报、依法纳税之法律责任	海关批注及签章

报关人员申报单位(签章)
上海奔腾国际物流公司

任务八　减免税进口设备报关单填制

一、特定减免税报关单填制要点

项目＼栏目	投资总额内进口 合资合作企业	投资总额内进口 外商投资企业	投资总额内进口 国内投资项目	投资总额外进口	减免税设备结转	
	进境	进境	进境	进境	形式进口	形式出口
监管方式	合资合作设备	外资设备物品	一般项目	一般项目	减完设备待转	
征免性质	鼓励项目等			自有资金	根据实际情况选择填报	免于填报
备案号	征免税证明编号				征免税证明编号	结转联系函编号
收发货单位 / 生产销售单位	该合资合作企业	该外商独资企业	设备进口企业		转入企业	转出企业
运输方式	进境实际运输方式				其他运输	
起运国/运抵国	实际起运国				中国	
备注	如为委托进口，须注明代理进口的外贸企业名称				结转联系函编号	转入进口报关单号；转入方征免税证明编号
用途	企业自用				企业自用	
原产国/最终目的国	设备实际原产国				设备原产国	中国
征免	免征关税和增值税：全免 免征关税，增值税照章征收：特案				全免	

二、项目引入

上海格林模具有限公司（经营单位代码：2201246230）属于鼓励类外商投资项目企业，委托上海对外贸易集团公司（经营单位代码：2201916732）进口投资设备一批，该批设备与2016年6月18日进口，次日上海对外贸易集团公司委托上海奔腾国际物流公司（社会信用代码：91310113630425****）持"入境货物通关单"（证件代码及编号 A：440150106121804）

和"征免税证明"(证明号:Z51011A00422)以及其他相关单证向浦江海关(关区代码2202)报关。该设备的商品编码为84629110,该批设备分列手册(征免税征免)1—3项,法定计量单位:台。

报关材料包括:

(1) 商业发票;

(2) 装箱单;

(3) 入境货物通关单。

李想接到这笔业务后,要根据以上材料完成该批设备的进口报关工作,具体工作任务:

(1) 完成进口申报。帮客户进行代理报关时,要确定具体申报需要哪些材料,并进行网上申报和现场申报。

(2) 如果有海关查验通知,要配合海关查验。

(3) 按规定办理缴纳税款的手续。

(4) 海关放行后,要提取货物。

(5) 监管。

以下为提供的单证材料:

GREAT ENTERPRISE CORP. LONDON
INVOICE

No. DF - 0518　　　　　　　　　　　　　　　　　Date:Apr. 16, 2014

For account and risk of Messrs: SHANGHAI GREEN MOLD CO., LTD

NO. 8 Anren Road, HUANGPU, SHANGHAI CHINA.

Shipped by　　GREAT LIMITED　　　　PER

Sailing on or aboutFrom　　LONDON　to FOSHAN

L/C No.　　　　　　　　　　　　Contract No. YM11 - 072

Marks & Nos.	Description of Goods	Quantity	Unit Price	Amount
C. C. F. LONDON P/No. 1 - 5 MADE IN ITALY	型材压力机 DM - 408 型材压力机 DM - 540 型材压力机 CMC - 620	SET 3 1 1	USD 9 907. 12 10 156. 25 13 281. 25	USD 29 721. 36 10 156. 25 13 281. 25 CIF FOSHAN
	TOTAL: 5 PALLETS	5 SETS		USD 53 158. 86
	SAY TOTAL US. FIFTY-THREE THOUSAND ONE HUNDRED FIFTY-EIGHT AND EIGHT-SIX CENTS ONLY.			

　　　　　　　　　　　　　　　　　　　GREAT ENTERPRISE CORP. LONDON
　　　　　　　　　　　　　　　　　　　Authorized Signature　　MCWHITE

GREAT ENTERPRISE CORP. LONDON
PACKING LIST

No. DF-0518　　　　　　　　　　　　　　　　Date: Apr. 16, 2016

For account and risk of Messrs: GUANGZHOU GREEN MOLD CO., LTD

NO. 8 Anren Road, HUANGPU, GUANGZHOU CHINA.

Shipped by ___GREAT LIMITED___ PER

Sailing on or about From ___LONDON___ to ___SHANGHAI___

Vessel Voyage No.: OAHEA. 048

B/L No.: LD010182

Marks & Nos.	Description of Goods	Quantity	Net Weight	Gross Weight
		SET	KGS	KGS
C. C. F. LONDON P/No. 1-5 MADE IN ITALY	型材压力机 DM-408 型材压力机 DM-540 型材压力机 CMC-620 CONTAINER No. YMLU 8902312(40') TAREWGT 4 800 kg	3 1 1	6 300 3 350 3 500	7 900 4 050 4 100
	TOTAL: 5 PALLETS	5 SETS	13 150 KGS	16 050 KGS

GREAT ENTERPRISE CORP. LONDON

Authorized Signature ___MCWHITE___

中华人民共和国出入境检验检疫
入境货物通关单

1. 收货人 上海格林模具有限公司			5. 标记及号码 C.C.F. LONDON P/NO. 1-5 MADE IN ITALY
2. 发货人 格瑞特公司			
3. 合同/提(运)单号 /LD010182		4. 输出国家或地区 英国	
6. 运输工具名称及号码 船舶 OAHEA/048		7. 目的地 上海市	8. 集装箱规格及数量 海运 40 尺普通 1 个
9. 商品名称及规格 型材压力机 DM-408 型材压力机 DM-540 型材压力机 CMC-620	10. H.S. 编码 8462.9110 8462.9110 8462.9110	11. 申报总值 29 721.36 10 156.25 13 281.25	12. 数/重量、包装数量及种类 3 台 6 300 千克 4 件 1 台 3 350 千克 2 件 1 台 3 500 千克 3 件

13. 证明

上述物业已报检/申报,请海关予以放行。

签字: 日期:2016 年 6 月 20 日

14. 备注

A 1421853   ① 货物通关   [2-1-1(2008.1.1)]

三、特定减免税货物报关单

中华人民共和国海关进口货物报关单（特定减免税）

预录入编号：22022014 ** 海关编号：**********

收发货人 18 位统一社会信用代码 上海格林模具有限公司	进口口岸 2201 浦江海关	进口日期 20160618		申报日期 20160619
消费使用单位 18 位统一社会信用代码 上海格林模具有限公司	运输方式 水路运输	运输工具名称 COSCO YOKOHAMA/055W		提运单号 COSU800454230
申报单位 91310113630425 **** 上海奔腾国际物流公司	监管方式 外资设备物品 2225	征免性质 外资企业 603		备案号 Z51011A00422
贸易国（地区） 英国 303	启运国（地区） 英国 303	装货港 伦敦 1974		境内目的地 22012 上海经济技术开发区
许可证号	成交方式 CIF	运费	保费	杂费
合同协议号 YM11-072	件数 5	包装种类 托盘	毛重（公斤） 16 050	净重（公斤） 13 150
集装箱号 YMLU 8902312/40/4800	随附单证 A440150106121804			
标记唛码及备注 C.C.F. LONDON P/Np.1-5 NNADE IN ITALY	委托上海对外贸易集团公司进口 18 位信用代码			

项号	商品编号	商品名称、规格型号	数量及单位	原产国（地区）	单价	总价	币制	征免
1.	8462.9110	型材压力机 DM-408	3 台	英国	9 907.12	29 721.36	美元	特案
2.	8462.9110	型材压力机 DM-540	1 台	英国	10 156.25	10 156.25	美元	特案
3.	8462.9110	型材压力机 CMC-620	1 台	英国	13 281.25	13 281.25	美元	特案

特殊关系确认：是 价格影响确认：否 支付特许权使用费确认：是

录入员录入单位	兹申明对以上内容承担如实申报、依法纳税之法律责任	海关批注及签章

报关人员申报单位（签章）

上海奔腾国际物流公司

任务九　暂准进出境货物报关单填制

一、暂准进出境货物报关单填制要点

	进境展览品		其他暂准进境货物	
	进境	复出境	进境	复出境
监管方式	展览品		暂时进出货物	
征免性质	其他法定			
备注		原进口报关单号	暂时进境申请批准决定书	原进口报关单
征免	保证金/保函	全免	保证金/保函	全免

二、项目引入案例

加拿大举办国际汽车展览会(2016年4月22日到4月29日),上海大众汽车有限B公司参展品有最新款汽车、概念车模型等,另准备了供展览宣传用的光盘、广告和免费分送给观众的纪念品钥匙链等,展览品及其他相关用品于2016年3月20日从上海吴淞口岸出境。同年2016年5月,申报进口,同时公司申报出口自制铁栅栏(法定计量单位:千克)一批,作为该公司同批出口汽车零件的包装物,同年5月,该批铁栅栏使用完毕退回,运输工具与5月17日申报入境,运保费共计人民币29100元;货物暂时进/出境申请批准决定编号为31012010028,进口收货人上海大众汽车有限B公司(229093****)委托上海奔腾国际物流公司(社会信用代码:91310113630425****)向吴淞海关(关区代码2202)申报进口。

报关材料包括：
(1) 提单/装箱单；
(2) 商业发票；
(3) 合同。

李想接到这笔业务后,要根据以上材料完成该批参展品的进口报关工作,具体工作任务：

(1) 完成进口申报。帮客户进行代理报关时,要确定具体申报需要哪些材料,并进行网上申报和现场申报。
(2) 如果有海关查验通知,要配合海关查验。
(3) 按规定办理缴纳税款的手续。
(4) 海关放行后,要提取货物。

以下为提供的单证材料：

资料1：

ISSUER： SIMUCOM INTERNATIONAL INC. XXXX TOWN CERNTER. SUITE XXX, SOUTHFIELD, MI 48 XXX		INVOICE & PACKING LIST		
TO： SIMUCON NVH TECHNOLOGIES CO. ,LTD ZHOUXI TOWN, NINGGUO, ANHUI,CHINA		NO. 08AAP032	DATE：20 - MAY -2010	
THANSPORT DETAILS： FROM CANADA TO NINGBO,CHINABY SEA		S/C NO.	L/C NO.	
^^ ^^		TERMS OF PAYMENT：FCA TORONTO		
MARK &. NO.	DESCRIPTION &. PECIFICATION	QUANTITY PCS	UNIT PRICE USD	AMOUNT USD	G. W. KGS	N. W. KGS
	Metal Cages	413	15.00	6 195	16 298	16 298
NO COMMERCIAL VALUE THIS SHIPMENT IS NOT IN WOODEN PACKAGE SIMUCOM INTERNATIONAL INC.						

资料 2：

PORT TO PORT OR COMBINED TRANSPORT BILL OF LADING

1. Shipper BEACON INTERNATIONAL DESPATCH LTD. XXXX VIPOND DRIVER MISSISSAUGA ONIARIO, CANADAL5T 1J9		Booking No 800454230	Bill of lading No. COSU800454230
^		Export Reference BT WE005857	
2. Consignee MAINFREIGHT INTERNATIONAL LOGISTICS (SHANGHAI) CO., LTD NINGBO BRANCH, ROOM XXX, XXX BUILDING BO. XX DALAI STREET, NINGBO, CHINA		Forwarding Agent and references	
^		Point and Country of Origin	
3. Notify Party SAME AS CONSIGNEE		Also notify party-routing & instructions MAINFREIGHT INTERNATIONAL PTY LTD ROOM XXX, XXX BUILING NO. XX DALAI STREET, NINGBO, CHINA TXR	
4. Pre-Carriage by	5. Place of Receipt TORONTO	^	
6. Ocean Vessel Voy. No. COSCO YOKOHAMA 055W	7. Port of loading PRINCE RUPERT B.C.	Service Contract No.	Commodity Code
8. Port of discharge NINGBO	9. place of delivery NINGBO, CHINA	Type of Movement FCL/FCL CY-CY	
Marks & Nos. Container/Seal NO.	No. of Container or packages	Description of Goods	Gross Weight	Measurement
N/M	413 BINS	1×40′S HIGH CUBE CONTAINER S.L.A.C. 413 METAL BINS/CAGES	16298.00 KGS 35930.57 LBS	
OCEAN FREIGHT PREPAID SHIPPERS WEIGHT LOAD AND COUNT POR：CAED 01H613 KC9692 20100400619 CBHU9390526/3900/413 BINS /FCL/FCL /40HQ				
Declared Cargo Value US$				
10. TOTAL NUMBER OF CONTAINER AND/OR PACKAGES (in words) SAY ONE CONTAINER TOTAL				
11. Freight & charges	Revenue tons	Rate	Per	Amount	Prepaid	Collect	Freight & charges payable at/by
					Date Laden board：28 APR 2010		
					COSCO CONTAINER LINES AMERICA, INC		

Date of issue：28 APR 2015   Place of issue：TORONTO

三、暂准进出境进口报关单填制

中华人民共和国海关进口货物报关单

预录入编号： 海关编号：531620160420×××××

收发货人18位统一社会信用代码 上海大众汽车有限B公司	进口口岸 吴淞海关2202	进口日期 20100517		申报日期
消费使用单位18位统一社会信用代码 上海大众汽车有限B公司	运输方式 水路运输	运输工具名称 COSCO YOKOHAMA/055W	提运单号 COSU800454230	
申报单位 91310113630425**** 上海奔腾国际物流公司	监管方式 暂时进出货物2600	征免性质 其他法定299	备案号	
贸易国（地区） 加拿大501	启运国（地区） 加拿大501	装货港 多伦多3086	境内目的地 上海其他22909	
许可证号	成交方式 FOB	运费 142/29100/3	保费	杂费
合同协议号 800454230	件数 413	包装种类 箱	毛重（公斤） 16 298.00	净重（公斤） 16 298
集装箱号 CBHU9390526/40/3900	随附单证			
标记唛码及备注 货物暂时进出境申请批准决定书编号 31012010028 出境货物报关单号：531620163987××××××				

项号	商品编号	商品名称、规格型号	数量及单位	原产国（地区）	单价	总价	币制	征免
1	3402209000	铁栅栏	16298 413	中国	15.00	6 195	美元	全免

特殊关系确认：是 价格影响确认：否 支付特许权使用费确认：是

录入员录入单位	兹申明对以上内容承担如实申报、依法纳税 之法律责任	海关批注及签章

报关人员李想 申报单位（签章）
上海奔腾国际物流公司

任务十　转关运输与退运货物报关单填制

一、转关运输与退运报关单填制要点

转关运输货物报关单填制要点

	运输方式	运输工具名称		航次号	提运单号
实际进出境	水路运输(2)	进口	直转提前:@+16位转关申报单预录入号(或13位载货清单号)	免于填报	直转中专:提单号
			中转:填进境英名船名	@+进境干线船舶航次	提前:免填
		出口	非中转:@+16位转关申报单预录入号	免于填报	免填
			中转:驳船船名	驳船航次号	提单号
	航空运输(5)	进口	直转提前:@+16位转关申报单预录入号(或13位载货清单号)	免填	直转中转:总运单号+"—"+分运单号
			中转:@(多张报关单通过一张报关单转关填@)		提前报关:免填
		出口	车名(主管海关4位类别代码+TRUCK)—中转	6位起运日期(年,月,日各2位)	免填
非实际进出境		免填		免填	免填
集中申报		集中申报(4个汉字)		/	集中申报清单进出口起止日期(起止日期的年月日共16位)

退运货物报关单填制要点

一般退运货物 (品质规格原因)		直接退运货物	
进境	出境	先出口报关	后进口报关
退运货物		直接退运	
其他法定		免于填报	
原出口报关单号	原进口报关单号	决定书/通知书编号	出口报关单号; 决定书/通知书编号
全免			

专业知识链接

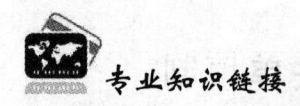

因故退运进口货物,如属加工贸易保税货物,凭《登记手册》和原进口货物报关单办理出口退运手续,贸易方式填报为"来料料件退换"或"进料料件退换";如加工贸易合同停止执行,料件退运后不再复进口的,贸易方式填报为"来料料件复出"或"进料料件复出"。

二、转关运输与退运报关单填制案例

资料1

2016年2月,江西爱尔玛机械设备有限公司(3601930045)向德国出口一批"切割机",出口报关单号:4001200805186588893,出口收汇核销单号:091726665。客户在销售过程中,发现部分切割机不合格,经双方协商同意将不合格货物退回国内。4月,该批切割机与爱尔玛机械设备有限公司自同一客户购买的砂带机同批进境(运费共计2760美元,保险费率3‰),委托上海奔腾国际物流公司(社会信用代码:91310113630425****)在向上海外港海关(2225)办理转关手续(转关申报单编号:5122546585556557)后,运抵南昌海关(4001)办理正式进口报关手续(入境货物通关单编号:400100105269856246)。

砂带机属自动进口许可证管理商品,为爱尔玛机械设备有限公司投资总额外利用自有资金进口的设备。

资料2

INVOICE & PACKING LIST

INVOICE No EWFK12654　　　　　　　　　　　　　　　　　Date 02/23/2016

CONSIGNED TO JIANGXJ AMP MACIHINERY CO. LTD Na 125 BAYI ROAD NANCHANG CHINA					SHIPPING MARK N/M	
SHIPPED PER OCEAN VESSEL	ZIM 04/21/2008	SHEKOUV. 668W	FBOM	Werder Bremen GERMANY	TO SHANGHAI CHINA	
A capons	QTY	Pkg	N.W kg	G.W kg	UPIT Price	Amount
1 BELT SANDER	202SET	49CASES	1525.00 KG	1 725 KG	13.20USD	2 666.40USD
2 MET CUTTING SAW	35SET	3PALLETS	915.00G	1 035 KG	46.19USD	1 616.65USD
		FOB BREMERHAVEN 8PALLETS N W 244 000 kg G W 276 000 kg TOTAL USD 4283 05USD COUNTRY OF ORIGIN GERMANY				

KUEHNE+NAGEL(AG&CO)KG

资料 3

Shiper Insert Name Address and Phone QUEHNE * NAGEL (AG&CO) KG GROSSER GRASBROOK 21-15 23563 HAMBURG AS AGENTS OF BILUE ANCHOR LINE TEL ****** FAX ****	BOOKING NO. HAMBHN145264/1	WAYBILL NO. ZIMUBHN25641
Consignee Insert Name，Address and Phone KLLEHNE * MAGEL LTD NANCHANG BARANCH OFFICE NO. 6 BAYI ROAD NANCHANG CHINA TEL **** FAX *****		ZIM INTEGRATED SHIPPING SERVICES LTD
NOTIFY PARTY Insert Name，Address and Phone KUEHNE * NAGEL LTD NANCHANG BRANCH OFFICE NO. 6 BAYI ROAD NANCHANG CHINA TEL **** FAX *****		BILL OF LADING
Palce of Receipt		Pre-carriage by
Ocean/vessel/Voy. no. ZIM SHEKOUV. 668W		Port of Loading BRFMERHAVEN
Port of Discharge SHANGHAI		For Transshipment to(if on-carriage)

	Particulars famished by the Merchant
MARK & NOES	Description of goods	G/WEIGHT(kg)	Measurements(m²)
CONT ZDEU2565656 ECNT SEAL KL0802127/DV40 (CY-CY) AEX0230	8PALLETS POWER TOOLS SHIPPER'S LOAD STOWAGE & COUNIT CONT TARE WEIGHT 3800 CONT TARE WEIGHT USD	2 760.00 kg 2 760.00 kg	15.56 m²

	TOTAL NUMBER OF CONTAINERS OR PACKAGES (IN WORLDS) SAY. ONE CONTAINER ONLY
FREIGHT& CHARGES	Weight/Measurement	Rate	PER	Prepaid	Collect
Land on Board the Vessel Date 04/21/2016	No. of Original B (s)/L 3(THREE0		Place of B/Lissue HAMBURG	Signed for the Carrier ZIM INTEGRATED SHIPPING SERVICES LTD

三、项目引入案例——报关单填制

中华人民共和国海关进口货物报关单填制（一般退运进口）

收发货人 18 位统一社会信用代码 江西爱尔玛机械设备有限公司	进口口岸 外港海关 2225	进口日期 20160517	申报日期	
消费使用单位 18 位统一社会信用代码 江西爱尔玛机械设备有限公司	运输方式 水路运输	运输工具名称 @5122546585556557	提运单号 ZIMUBHN25641	
申报单位 91310113630425 **** 上海奔腾国际物流公司	监管方式 退运货物 4561	征免性质 其他法定 299	备案号	
贸易国（地区） 德国 304	启运国（地区） 德国 304	装货港 不来梅 2102	境内目的地 南昌其他 360193	
许可证号	成交方式 FOB	运费 1 035	保费 3/1	杂费
合同协议号 EWFK12654	件数 3	包装种类 托盘	毛重（公斤） 1 036.00	净重（公斤） 915.00
集装箱号 ZDEU2565656/40/3900	随附单证 A400100105269856246			
标记唛码及备注 出境货物报关单号：400120080518658893				

项号	商品编号	商品名称、规格型号	数量及单位	原产国（地区）	单价	总价	币制	征免
1	84619090	切剖机	35SET	中国	46.19	1 616.65	美元	照章征税

特殊关系确认：是 价格影响确认：否 支付特许权使用费确认：是

录入员录入单位	兹申明对以上内容承担如实申报、依法纳税之法律责任	海关批注及签章
报关人员李想 申报单位（签章） 上海奔腾国际物流公司		

中华人民共和国海关进口报关单填制(砂带机进口)

编号				海关编号	
收发货人18位统一社会信用代码 江西爱尔玛机械设备有限公司		进口口岸 外港海关2225	进口日期 20160517	申报日期	
消费使用单位18位统一社会信用代码 江西爱尔玛机械设备有限公司		运输方式 水路运输	运输工具名称 @5122546585556557	提运单号 ZIMUBHN25641	
申报单位91310113630425**** 上海奔腾国际物流公司		监管方式 一般贸易0110	征免性质 一般征税101	备案号	
贸易国(地区) 德国304	启运国(地区) 德国304		装货港 不来梅2202	境内目的地 南昌其他360193	
许可证号	成交方式 FOB	运费 1725	保费 3/1	杂费	
合同协议号 EWFK12654	件数 5	包装种类 托盘	毛重(公斤) 1 725.00	净重(公斤) 1 525.00	
集装箱号 ZDEU2565656/40/3900	随附单证 7××××××××				
标记唛码及备注					
项号	商品编号	商品名称、规格型号	数量及单位	原产国(地区)	单价　总价　币制　征免
1	84659300	砂带机	35SET	意大利	46.19USD 1 616.65　美元　照章征税
特殊关系确认:是 价格影响确认:否 支付特许权使用费确认:是					
录入员录入单位	兹申明对以上内容承担如实申报、依法纳税之法律责任			海关批注及签章	
报关人员李想申报单位(签章) 　　　　上海奔腾国际物流公司					

任务十一 无代价抵偿货物报关单填制

一、无代价抵偿货物报关要点

	退运出境	补偿进境
贸易方式	其他	无代价抵偿
征免性质		其他法定
备注		原进口报关单号
征免		全免

二、项目引入案例

江苏靖江印刷设备公司（3207964×××）原委托上海东方技术进出口有限公司（3101910×××）从新加坡南华贸易有限公司购进胶印机（监管条件：O、A）1台，由于该设备在投产使用期间多次发生故障，东方公司与南华公司商议后，对方同意退换相同规格型号的胶印机。新胶印机于2016年2月28日由江苏连云港市春晖国际货运有限公司（3207980×××）向南京海关隶属的连云港口岸海关办理进口报关手续。

中华人民共和国海关进口货物报关单（旧进口报关单）

预录入编号：092230451　　　　海关编号：220120081027××××××

进口口岸 浦江海关 2301	备案号		进口日期 2015-04-15	申报日期 2015-04-17
经营单位 上海东方技术进口有限公式 3101910××××	运输方式 水路运输		运输工具名称 STTC CHUNC HUA/332W	提运单号 SITSK332-NS035
发货单位 江苏靖江印刷设备公司 3207964×××	贸易方式 一般贸易		征免性质 一般征税	征税比例
许可证号	起运国(地区) 德国		装货港 汉堡	境内目的地 连云港其他
批准文号	成交方式 CIF	运费	保费	杂费
合同协议号 ZTJI-08058JP	件数 2	包装种类 木箱	毛重(千克) 19 540	净重(千克) 18 370
集装箱号 0	附通单证 A：31100010900×××000			用途 外贸自营内销
标记号码及备注 0：0833201048				

(续表)

项号	商品编号	商品名称、规格型号	数量及单位	原产国	单价	总价	币制	征免
1	8441310	四开四色胶印机 OLIVER-466SD	1.00 台	德国	337 168.00	337 168.00	美元	照章征税

税费征收情况		
录入员录入单位	滋声明以上申报无误并承担法律责任	海关审单批注及放行日期(签章)
报关员		审单审价
单位地址	申报单位(签章)	征税统计
邮编　　电话	填制日期	查验放行

中华人民共和国海关出口货物报关单(旧出口报关单)

预录入编号:650558247　　　　海关编号:23012009056999××××

出口口岸 连云港关 2301	备案号	出口日期 2015-10-20	申报日期 2015-10-19
经营单位 上海东方技术进口有限公式 3101910××××	运输方式 水路运输	运输工具名称 MINGZHOU12/F833	提运单号 PASU7100959980
发货单位 江苏靖江印刷设备公司 3207964×××	贸易方式 其他	征免性质 其他法定	结汇方式 其他
许可证号	运抵国(地区) 德国	抵运港 库克斯港	境内货源地 连云港其他
批准文号	成交方式 FOB	运费	保费	杂费
合同协议号 ZTJI-08058JP	件数 2	包装种类 木箱	毛重(千克) 19 540	净重(千克) 18 370
集装箱号 AMFU4992103/40/4600	附通单证		生产厂家
标记号码及备注 关联报关单号:220120081027××××××			

（续表）

项号	商品编号	商品名称、规格型号	数量及单位	原产国	单价	总价	币制	征免
1	8431310	四开四色胶印机 OLIVER-466SD	1.00 台	德国	337 168.00	337 168.00	美元	全免

税费征收情况		
录入员录入单位	滋声明以上申报无误并承担法律责任	海关审单批注及放行日期(签章)
报关员		审单审价
单位地址	申报单位(签章)	征税统计
邮编　　电话	填制日期	查验放行

G&W MACCHINE Systems Cororation
G & W　　　　INVOICE

SHANDHAI OONG FANG TECHNICAL IMPORTCOLTD	NO. SHA/CO-CO/20183	DATE 2015/11/1
Vessel RESLGENCE	Saillag on/about 04-Nov-15	From Hamburg Germany	To LIANYUNG GANG, CHINA	Via BREMERHAVEN
MARES N NCG	SULL RESCRIPTION OF GOCOS	QUANTITY	UNIT PRICE	AMOUNT
	CONMODITY THE4 - COLOUR OFFSET-PRINTING PRESS TOTAL AMOUNT: USD337168.00	CIF LIANYUNGANG CHINA		
		I SET	CIR LIANYUNGANG	ES $ 337 168.00

COUNTRY OF ORIGINPAYMENT　　　GERMANY　　　PAYMENT REPAID

G&W MACHINE SYSYFEMS CORP
SIGNED BY

G & W PACKING LIST

SHANGHAI DONGFANG TECHNICAL TEIMPODT CO. LTO			DATE2009/11/1					
			INVOICE NO, SHA/09-01/201					
Vessel: RESURCEMCE	Sailing on/about NOV. 4, 2015	From DRAKE, Germany	To LIAN YUAGANG		Via BREMERHAVEN			
Mark & Nos	MAR. Caso	QTY	Descriptions	Net	Gross	Dlaension(cm) L / V / H			Moss t (m³)
ZTJI-08058JIP .... LIANYUNGUYG CHINA	1SKID 2CASE	1unit 1unit	COMNODITY THE 4-COLOUR OFFSET-PRLNT PRESS TYPE: OLIVER-466SD QUATITY: 1 SET CONTRACT NO. ZTJI-08058JP MAIN BODY ACCESSORIES	17 050 1 310	17 450 2 020	714 458	228 225	220 160	36.814 16.128
	TOTAL:	2 unit	1 OCMPLETE SET IN ONE CONTAINER (2 PACKAGES OLY) MACHINE NO. KVO10308	18 390 kg	19 500 kg				51.942 m³

G&W MACHINE SYSYTENS CORP
SIGNED BY _____

International Trade Dept

SITC CONTAINER LINES CO., LTD.

1. Shipper G&W MACHINE SVSTEMS CORPORATION, GERMAN		B/L No. RES816 - NN007
2. Consignee SHANGHAI DONGFANG TECHNICAI. IMPORT CO., LTD		
3. Notify Party SAME AS CONSIGNEE		BILL OF LADING
4. Pre-earriage by	5. Place of Receipt BRAKE CY	AS AGENT FCR THE CARRIER SITC CONTAINER LINPS CO. I. ID.
6. Vessel/Voy RESCRGENCE v. 816M	7. Port of Loading BREMERHAVEN	
8. Port of Discharge LIANYUNGANG. CHINA	9. * Place of Delivery LIANYUNGANG CY	

Coontainer No. /Scal No. Marks and Numbers ZTJI - 08058JH ---------- LIANYUNIANG CHISA SITU0300026	Number and Kind of package: deseription of goods SHIPPER" SUIAD & OULAT "SAID TO COATAIN" (1 X40° CONTAPAER(S) (2 PACKAGES OCABCOITY: PRESS THE 4-CODOER OFFSET-PRINTING PRESS - TYPE: OLIVER-466SD QUANTITY: I SET CIF LIANYUNGANG CONTRACT NO. ZCU - 08058JP EREIGHT PREPAID	Gross Weight Kgs 19 500. 000	Measurement 51. 942

10. Total No. of Containers Or Package(in words)
ONE (1)CONTAINER(S) ONLY.

11. Freight & Charges	Rate	Unit	Prepaid	Collect
Prepaid at BREMEN	Payable at	Number of Original B(s)/L THREE (3)		
Place of issue and Date BREMEN NOV. 4, 2016		12. Declared Value/Charge		
LADEN ON BOARD THE VESSEL DATE BY NOV. 4, 2016				

三、无代价抵偿货物报关单填制

中华人民共和国海关进口货物报关单（无代价抵偿）

收发货人18位统一社会信用代码 上海东方技术进口有限公式	进口口岸 连云港关2301	进口日期 20160228		申报日期 20160228	
消费使用单位18位统一社会信用代码 江苏靖江印刷设备公司	运输方式 水路运输	运输工具名称 RESCRGENCE/ 816M		提运单号 RES816-NN007	
申报单位 91310113630425 **** 上海奔腾国际物流公司	监管方式 无代价抵偿3100	征免性质 其他法定299		备案号	
贸易国（地区） 新加坡132	启运国（地区） 德国304	装货港 不来梅2102		境内目的地 江苏靖江其他32079	
许可证号	成交方式 CIF	运费	保费	杂费	
合同协议号 ZTJI-08058JP	件数 2	包装种类 木箱	毛重（公斤） 19 500	净重（公斤） 18 390	
集装箱号 ZTJI-08058JH /40/4600	随附单证				
标记唛码及备注 　　关联报关单号：220120081027××××××					

项号	商品编号	商品名称、规格型号	数量及单位	原产国（地区）	单价	总价	币制	征免
1	8431310	四开四色胶印机 OLIVER-466SD	1.00 台	德国	337 168.00	337 168.00	美元	全免

特殊关系确认：是 价格影响确认：否 支付特许权使用费确认：是

录入员录入单位	兹申明对以上内容承担如实申报、依法纳税 之法律责任	海关批注及签章
报关人员申报单位（签章） 　　　　上海奔腾国际物流公司		

※思考与练习

一、单选题

1. 某进出口公司向某国出口 500 吨散装小麦,该批小麦分装在一条船的三个船舱内,海关报关单上的"件数"和"包装种类"两个项目的正确填报应是(　　)。
   A. 件数为 500 吨,包装种类为"吨"
   B. 件数为 1,包装种类为"船"
   C. 件数为 3,包装种类为"船舱"
   D. 件数为 1,包装种类为"散装"

2. 我国某进出口公司从香港购进一批 SONY 牌电视机,该电视机为日本品牌,其中显像管为韩国生产,集成电路板由新加坡生产,其他零件均为马来西亚生产,最后由韩国组装成整机。该公司向海关申报进口该批电视机时,原产地应填报为(　　)。
   A. 日本　　　B. 韩国　　　C. 新加坡　　　D. 马来西亚

3. 某公司(440193××××)委托广东机械进出口公司(440191××××)从德国进口投资设备一批,报关时经营单位栏应填报(　　)。
   A. 某公司 440193××××　　　B. 广东机械进出口公司 440191××××
   C. 440193××××　　　D. 440191××××

4. 某进出口公司进口一批途经香港中转,从韩国釜山起运的美国产电脑,在填制报关单时,该报关单的起运国栏目应填报(　　)。
   A. 中国香港　　　B. 韩国　　　C. 美国　　　D. 中国

5. 中国粮油进出口公司收购广东省粮油进出口公司在番禺炼油厂生产的花生油一批,该货于经上海浦东港出口,申报时报关员在出口报关单上填写的发货单位应为(　　)。
   A. 中国粮油进出口公司　　　B. 番禺炼油厂
   C. 广东省食品油公司　　　D. 上海浦东港

6. 某进出口公司向某国出口 500 吨小麦。该批小麦散装在一条船的 3 个船舱内。海关报关单上的件数和包装种类两个项目的正确填报应是(　　)。
   A. 件数为 500,包装种类为"吨"　　　B. 件数为 1,包装种类为"船"
   C. 件数为 3,包装种类为"船舱"　　　D. 件数为 1,包装种类为"散装"

7. 海关规定的进口货物的进口日期是指(　　)。
   A. 申报货物办结海关进口手续的日期
   B. 向海关申报货物进口的日期
   C. 运载货物运输工具申报进境的日期
   D. 所申报货物进入海关监管场地或仓库的日期

8. 某中外合资企业进口设备由华阳运输公司的 HUA DONG VOY、302 轮载运进口,该合资企业委托某报关行上海海关办理转关申请手续,后由 CHANG JIANG VOY、206 轮船运抵武汉。该企业在向武汉海关递交的进口货物报关单"运输工具名称"一栏的正确填报应为(　　)。

A. HUA DONG/302　　　　　　　　　B. @＋16位转关申报单预录入号
C. HUA DONG/@/302　　　　　　　D. @＋CHANG JIANG/206

9. 某公司一次到货一批进口木材,分属甲(一般贸易合同)、乙(加工贸易合同)两个合同项下,清单简列如下:(1)胶合板,三种规格,合同甲,海运提单号:A01、A02、A03;(2)地板条,一种规格,合同甲,海运提单号:A04;(3)锯材,两种规格,合同乙,海运提单号:B01、B02;(4)薄板,两种规格,合同乙,海运提单号:B03、B04。该公司在向海关一次性申报进口时,应填报几份报关单?(　　)。
　　A. 1份　　　　B. 2份　　　　C. 4份　　　　D. 8份

10. 某外商独资企业在从事加工贸易生产时从国外购买加工设备,该设备未列入《外商投资项目不予免税的进口商品目录》,进口时贸易方式代码应填报为(　　)。
　　A. 0110　　　　B. 0420　　　　C. 2025　　　　D. 2225

二、判断题

1. 某企业经海关批准从保税仓库内提取一批货物内销到国内市场,由于该批货物原进入保税仓库时为空运进口,故在报关单运输方式栏应填报"航空运输"。（　　）

2. 某制衣有限公司向某海关办理进料加工合同的登记备案手续,在领取到的加工贸易手册上有三项目商品,第一项为尼龙面料,第二项为衬里棉布,第三项为拉链。1998年4月10日该公司先进口了一部分衬里棉布和一部分拉链,这样,填写报关单商品项号和名称时应按进口商品的排列序号第一项为衬里棉布,第二项为拉链。（　　）

3. 某企业经海关批准,把一批货物用汽车从保税区运往非保税区,向海关申报时,其报关单运输方式栏目应填公路运输。（　　）

4. 某公司进口一批总重量为1万公斤的饲料,该饲料的外包装为纸袋,可单据上并没有标明扣除纸袋的净重。在这种情况下可以将毛重作为净重来申报。（　　）

5. 某化工进出口公司下属某厂以进料加工贸易方式进口原料一批,经海运抵港后,进口报关单的"备案号"栏应填报为该货物的加工贸易手册的编号。（　　）

6. 北京煤炭进出口总公司对巴基斯坦签约出口"水洗炼焦煤"10万吨,由唐山煤炭分公司执行合同,组织货源,并安排出口。在这一情况下报关单"经营单位"栏目应填报为"北京煤炭进出口总公司"11091×××××(北京煤炭进出口总公司的编号)。（　　）

7. 进出口货物报关单的数量及单位栏必须按海关法定计量单位和成交计量单位填报。成交计量单位与法定计量单位不一致的,须填报与海关法定计量转换后的单位及数量,同时还需填报成交计量单位及数量。（　　）

8. 报关单上的"收货单位"应为进口货物在境内的最终消费、使用的单位名称,"发货单位"应为出口货物在境内的生产或销售的单位名称。（　　）

9. 某汽车进出口公司进口50辆德国生产小轿车,每辆车上附带一套法国生产的维修工具,进口报关时,维修工具的原产国应按小轿车填报为德国。（　　）

10. 机械进出口公司从日本进口"联合收割机"10台并同时进口部分附件,分装30箱装运进口。在向海关申报时,进口货物报关单附有发票、装箱单、海运提货单各一份,发票注明每台单价为CIF上海USD22400,总价为USD224000,附件不另计价。据此,进口货物报关单的有关栏目应分别填写为:
(1) 成交方式:CIF

(2) 件数:30
(3) 商品名称:联合收割机及其附件
(4) 原产地:日本 116
(5) 单价:22400
以上填写全部符合《进口货物报关单填制规范》   (　)

项目九　原产地确定及进出口税费

> **知识目标**
>
> 1. 熟悉优惠原产地认定标准、非优惠原产地认定标准；
> 2. 熟悉完税价格的确定程序；
> 3. 掌握关税、增值税、消费税、船舶吨税的概念。
>
> **能力目标**
>
> 1. 能根据原产地认定标准，判定货物的原产国；
> 2. 能根据完税价格的确定方法，进行完税价格的计算；
> 3. 能熟练计算关税、增值税、消费税、船舶吨税和滞纳金。
>
> **项目引入**
>
> 境内某公司与香港某公司签约进口韩国产的彩色超声波诊断仪1台，直接由韩国运抵上海，成交价格CIF上海10 000美元/台，美元对人民币的汇率为1∶6.2。报关员李想负责具体的报关事宜，现为帮客户节省进口税费，请问报关员李想应该如何操作税费计算？

任务一　进口货物原产地认定标准

一国(地区)为确定货物的原产地而实施的普遍适用的法律、法规和行政决定。原产地认定标准分为优惠原产地认定标准和非优惠原产地认定标准。

一、优惠原产地认定标准

优惠原产地认定标准是指一国为了实施国别优惠政策而制定的法律、法规，以优惠贸易协定通过双边、多边协定形式或者由本国自主形式制订的一些特殊原产地认定标准，因此称为协定原产地规则。

(1) 完全获得标准。

(2) 从价百分比标准。我国签署的各项优惠贸易协定主要的从价百分比标准是：

①《亚太贸易协定》(6个国家签订：孟加拉国、印度、老挝、韩国、斯里兰卡、中国)。a. 非成员国原产的原材料等总价值不超过该货物的55%，即：成员国的材料要达45%及以上，则认定原产国为受惠国 b. 原产于孟加拉国的货物，非成员国的原材料不超65%，即：孟加拉国及协定成员国的材料的比例达到35%及以上，则认定原产国为孟加拉国。

②《中国—东盟合作框架协议》(东盟成员国：印度尼西亚、马来西亚、菲律宾、新加坡、

泰国、文莱、越南、老挝、缅甸、柬埔寨）。非中国—东盟自由贸易区原产的材料、零件不超过60%，即：原产于东盟自由贸易区的产物的成分占40%及以上；并且最后的工序是在成员方境内完成，则认定原产国为东盟成员国。

③《中巴自贸协定》。a. 要求货物巴基斯坦原产成分不小于40%，则原产地为巴基斯坦。b. 制成品中原产于中国、巴基斯坦的成分累计不低于40%，则进口的货物原产地认定为巴基斯坦。

④ 特别优惠关税的原产地规则。受惠国对非该国原材料进行制造、加工后的增值部分不小于所得货物价值的占40%。

⑤《中智自贸协定》。非成员国的原产材料小于60%，即成员国的原产材料要达40%及以上，则认定原产国为受惠国。

（3）直接运输标准，或经过其他成员国运输。

二、非优惠原产地认定标准

非优惠原产地认定标准是指一国根据实施其海关税则和其他贸易措施的需要，由本国立法自主制定的原产地规则。也叫"自主原产地规则"。

（1）完全获得标准内容。

（2）实质性改变的确定标准。

两个及两个以上国家（地区）参与生产或制造的货物，以最后完成实质性改变的国家（地区）为原产地。以税则归类改变为基本标准，税则归类不能反映实质性改变的，以从价百分比、制造或者加工工序等为补充标准。

① 税则归类改变：指产品经加工后，在《进出口税则》中四位数一级的税则归类已经改变。

② 制造或者加工工序：指在某一国家（地区）进行的赋予制造、加工后所得货物基本特征的主要工序。

③ 从价百分比是：是指一个国家（地区）对非该国（地区）原产材料进行制造、加工后的增值部分，占所得货物价值的30%及其以上。

三、原产地证明书

（1）一个原产地证书只适用于一批进口货物，不可多次使用。

（2）纳税义务人不能提交原产地证书的，由海关依法确定进口货物的原产地，货物征税放行后，纳税义务人自货物进境之日起规定日内补交原产地证书的，经海关核实，对按原税率多征的部分应予以退还。

（3）原产于东盟国家的进口货物，如果产品的FOB价不超过200美元，无须要求我国的纳税义务人（也就是进口方）提交原产地证书。但是要提交出口人对有关产品原产于该出口成员方的声明。

四、原产地预确定制度

（1）进出口货物收发货人有正当理由，可以向直属海关申请对其将要进口的货物的原产地进行预确定。

(2) 提交申请书,并提交以下材料:
① 申请人的身份证明文件;
② 能说明将要进口货物情况的有关文件资料;
③ 说明该项交易情况的文件材料;
④ 海关要求提供的其他文件资料。

(3) 海关应在收到原产地预确定书面申请及全部资料之日起 150 天内做出原产地预确定决定。

(4) 已做出原产地预确定决定的货物,自预确定决定做出之日起 3 年内实际进口时,与预确定决定货物相符,且原产地确定标准未发生变化的,海关不再重新确定该进口货物的原产地。

表 9-1 原产地证明书

1. Exporter(full name and address)		CERTIFICATE No. CERTIFICATE OF ORIGIN OF THE PEOPLES REPUBLIC OF CHINA		
2. Consignee (full name and address)				
3. Means of transport and route		5. For certifying authority use only		
4. Destination port				
6. Marks and numbers of packages	7. Description of goods; Number and kind of packages;	8. HS CODE	9. Quantity or weight	10. Number and date of invoices

(续表)

11. Declaration by the exporter The undersigned hereby declares that the above details and statements are correct; that all the goods were produced in China and that they comply with the Rules of Origin of the People's Republic of China Place and date, signature and stamp of authorized signatory	12. Certification It is hereby certified that the declaration by the exporter is correct Place and date, signature and stamp of certifying authority

任务二 进出口关税计算

进出口税费是指在进出口环节中由海关依法征收的关税、消费税、增值税、船舶吨税等。进出口税费征纳的法律依据主要是《海关法》、《关税条例》以及其他有关法律、行政法规。

关税是国家税收的重要组成部分,是由海关代表国家,按照制定的关税政策和公布实施的税法及进出口税则,对准许进出关境的货物和物品向纳税义务人征收的一种流转税。关税是一种国家税收。关税的征税主体是国家,由海关代表国家向纳税义务人征收。其课税对象是进出关境的货物和物品。

关税纳税义务人是指依法负有直接向国家缴纳关税义务的单位或个人,亦称为关税纳税人或关税纳税主体。我国关税的纳税义务人是进口货物的收货人、出口货物的发货人、进(出)境物品的所有人。

一、进口关税

(一)进口关税的含义

进口关税是指一国海关以进境货物和物品为课税对象所征收的关税。在国际贸易中,它一直被各国公认是一种重要的经济手段。

(二)进口关税的种类

2006年,我国进口关税按计征标准可分为从价税、从量税、复合税、滑准税。

1. 从价税

以货物、物品的价格作为计税标准,以应征税额占货物价格的百分比为税率,价格和税额成正比例关系。这是包括中国在内的大多数国家使用的主要计简标准。

(1)计算公式:

正常征收的进口关税税额=完税价格×法定进口关税税率

减税征收的进口关税税额=完税价格×减按进口关税税率

专业知识链接

进口货物的完税价格,由海关以该货物的成交价格为基础审查确定,并应当包括货物运抵中华人民共和国境内输入地点起卸前的运输及其相关费用、保险费。

进口货物的成交价格,是指卖方向中华人民共和国境内销售该货物时买方为进口该货物向卖方实付、应付的,并且按照本章第三节的规定调整后的价款总额,包括直接支付的价款和间接支付的价款。以成交价格为基础审查确定进口货物的完税价格时,未包括在该货物实付、应付价格中的下列费用或者价值应当计入完税价格:

(一)由买方负担的下列费用:
1. 除购货佣金以外的佣金和经纪费;
2. 与该货物视为一体的容器费用;
3. 包装材料费用和包装劳务费用。

(二)与进口货物的生产和向中华人民共和国境内销售有关的,由买方以免费或者以低于成本的方式提供,并可以按适当比例分摊的下列货物或者服务的价值:
1. 进口货物包含的材料、部件、零件和类似货物;
2. 在生产进口货物过程中使用的工具、模具和类似货物;
3. 在生产进口货物过程中消耗的材料;
4. 在境外进行的为生产进口货物所需的工程设计、技术研发、工艺及制图等相关服务。

(三)买方需向卖方或者有关方直接或者间接支付的特许权使用费,但是符合下列情形之一的除外:
1. 特许权使用费与该货物无关;
2. 特许权使用费的支付不构成该货物向中华人民共和国境内销售的条件。

(四)卖方直接或者间接从买方对该货物进口后销售、处置或者使用所得中获得的收益。

纳税义务人应当向海关提供本条所述费用或者价值的客观量化数据资料。纳税义务人不能提供的,海关与纳税义务人进行价格磋商后,按照本办法第六条列明的方法审查确定完税价格。

(2)计算程序:
① 按照归类原则确定税则归类,将应税货物归入恰当的税目税号;
② 根据原产地规则,确定应税货物所适用的税率;
③ 根据完税价格审定办法和规定,确定应税货物的完税价格;
④ 根据汇率使用原则,将外币折算成人民币;
⑤ 按照计算公式正确计算应征税款。

(3)计算实例:

实例一:

国内某公司向香港购进日本皇冠牌轿车10辆,成交价格共为FOB香港120 000.00美元,实际支付运费5 000美元,保险费800美元。已知汽车的规格为4座位,汽缸容量2 000cc,外汇折算率1美元=人民币8.2元,要求计算进口关税。

确定税则归类,汽缸容量2 000cc的小轿车归入税目税号8703.2314;

原产国日本适用最惠国税率43.8%;

审定完税价格为125 800美元(120 000.00美元＋5 000美元＋800美元);

将外币价格折算成人民币为1 031 560.00元;

正常征收的进口关税税额＝完税价格×法定进口关税税率＝1 031 560×43.8%＝451 823.28(元)

实例二:

国内某远洋渔业企业向美国购进国内性能不能满足需要的柴油船用发动机2台,成交价格为CIF境内目的地口岸680 000.00美元。经批准该发动机进口关税税率减按1%计征。已知外币折算率1美元＝人民币8.2元,要求计算进口关税。

确定税则归类,该发动机归入税目税号8408.1000;

原产国美国适用最惠国税率5%;

审定完税价格为680 000美元;

将外币价格折算成人民币为5 576 000.00元;

减税征收的进口关税税额＝完税价格×减按进口关税税率

＝5 576 000×1%

＝55 760.00(元)

2. 从量税

以货物和物品的计量单位如重量、数量、容量等作为计税标准,以每一计量单位的应征税额征收的关税。

(1) 计算公式:

从量计征的进口关税应征税额＝进口货物数量×单位税额

我国目前对冻鸡、石油原油、啤酒、胶卷等类进口商品征收从量关税。

(2) 计算程序:

① 按照归类原则确定税则归类,将应税货物归入恰当的税目税号;

② 根据原产地规则,确定应税货物所适用的税率;

③ 确定其实际进口量;

④ 根据完税价格审定办法、规定,确定应税货物的完税价格(计征增值税需要);

⑤ 根据汇率使用原则,将外币折算成人民币;

⑥ 按照计算公式正确计算应征税款。

(3) 计算实例:

实例三:

国内某公司从香港购进柯达彩色胶卷50 400卷(规格135/36),成交价格为CIF境内某口岸10.00元港币/每卷,已知外币折算率1港币＝人民币1.1元,要求计算进口关税。

[计算方法]

确定税则归类,彩色胶卷归入税目税号3702.5410;

原产地香港适用最惠国税率155元/m²;

确定其实际进口量50 400卷×0.057 75 m²/卷(以规定单位换算表折算,规格"135/36" 1卷＝0.057 75 m²)＝2 910.6 m²;

将外币总价格折算成人民币为 554 400.00 元(计征增值税需要);
进口关税税额＝商品进口数量×从量关税税率
$= 2\,910.6\ m^2 \times 155\ 元/m^2$
$=451\,143.00(元)$

3. 复合税

在海关税则中,一个税目中的商品同时使用从价、从量两种标准计税,计税时按两者之和作为应征税额征收的关税。2006 年我国对录像机、放像机、摄像机、非家用型摄录一体机、部分数字照相机等进口商品征收复合关税。

(1) 计算公式:

进口复合关税应征税额＝进口货物的完税价格×进口从价关税税率＋进口货物数量×单位税额

(2) 计算程序:

① 按照归类原则确定税则归类,将应税货物归入恰当的税目税号;
② 根据原产地规则,确定应税货物所适用的税率;
③ 确定其实际进口量;
④ 根据完税价格审定办法、规定,确定应税货物的完税价格;
⑤ 根据汇率使用原则,将外币折算成人民币;
⑥ 按照计算公式正确计算应征税款。

(3) 计算实例:

实例四:

国内某一公司,从日本购进电视摄像机 20 台,其中有 10 台成交价格为 CIF 境内某口岸 5 000 美元/台,其余 10 台成交价格为 CIF 境内某口岸 10 000 美元/台,已知外币折算率 1 美元＝人民币 8.2 元,要求计算进口关税。

[计算方法]

确定税则归类,该批摄像机归入税目税号 8525.3099;

原产国日本适用最惠国税率,其中 CIF 境内某口岸 5 000 美元/台的关税税率为单一从价税 35％;CIF 境内某口岸 10 000 美元/台的关税税率为 13 280 元人民币再加 3％的从价关税;

审定后完税价格分别为 50 000 美元和 100 000 美元;

将外币价格折算成人民币分别为 410 000.00 和 820 000.00 元;

从价进口关税税额＝完税价格×进口关税税率
$=410\,000\times 35\%$
$=143\,500.00(元)$

复合进口关税税额＝商品进口数量×从量关税税率＋完税价格×关税税率
$=10\ 台\times 13\,280\ 元/台＋820\,000\times 3\%$
$=132\,800＋24\,600$
$=157\,400(元)$

合计进口关税税额＝从价进口关税税额＋复合进口关税税额
$=143\,500.00＋157\,400＝300\,900(元)$

4. 滑准税

滑准税是指在海关税则中,预先按产品的价格高低分档制定若干不同的税率,然后根据进口商品价格的变动而增减进口税率的一种关税。当商品价格上涨时采用较低税率,当商品价格下跌时则采用较高税率,其目的是使该种商品的国内市场价格保持稳定。

专业知识链接

进口关税有进口正税和进口附税之分。

进口正税即按海关税则中的法定进口税率征收的关税。

进口附税是由于一些特定需要对进口货物除征收关税正税之外另行征收的一种进口税。

进口附加税一般具有临时性,包括反倾销税、反补贴税、保障性关税、特别关税(报复性关税)等。

二、出口关税

(一)出口关税概念

出口关税是指海关以出境货物、物品为课税对象所征收的关税。为鼓励出口,世界各国一般不征收出口税或仅对少数商品征收出口税。征收出口关税的主要目的是限制、调控某些商品过度、无序出口,特别是防止本国一些重要自然资源和原材料的无序出口。

(二)出口关税计算

1. 计算公式

应征出口关税税额＝出口货物完税价格×出口关税税率

出口货物完税价格＝FOB/(1＋出口关税税率),即出口货物是以FOB价成交的,应以该价格扣除出口关税后作为完税价格;如果以其他价格成交的,应换算成FOB价后再按上核算公式计算。

我国海关对鳗鱼苗、铅矿砂、锌矿砂等90个税号的出口商品按法定出口税率征收出口关税。根据《关税条例》的规定,适用出口税率的出口货物有暂定税率,应当适用暂定税率。

2. 计算程序

(1) 按照归类原则确定税则归类,将应税货物归入恰当的税目税号;

(2) 根据完税价格审定办法、规定,确定应税货物的完税价格;

(3) 根据汇率使用原则,将外币折算成人民币;

(4) 按照计算公式正确计算应征税款。

3. 计算实例

实例五:

国内某企业从广州出口去新加坡的合金生铁一批,申报出口量86吨,每吨价格为FOB广州98美元。已知外汇折算率1美元＝人民币8.2元,要求计算出口关税。

[计算方法]

确定税则归类,该批合金生铁归入税目税号7201.5000,税率为20%;

审定离岸价格为8 428美元;

将外币价格折算成人民币为 69 109.60 元；
出口关税税额＝离岸价格÷(1＋出口关税税率)×出口关税税率
＝69 109.60÷(1＋20％)×20％
＝57 591×20％＝11 518.20(元)

三、税率适用原则

1. 进口税率

基本原则是"从低适用"，特殊情况除外。

适用最惠国税率的进口货物有暂定税率的，应当适用暂定税率；

适用协定税率、特惠税率的进口货物有暂定税率的，应当从低适用税率；

适用普通税率的进口货物，不适用暂定税率。

对于无法确定原产国(地区)的进口货物，按普通税率征税。

按照国家规定实行关税配额管理的进口货物，关税配额内的，适用关税配额税率；关税配额以外的，其税率的适用按其所适用的其他相关规定执行。上述之外的国家或者地区的进口货物，以及原产地不明的进口货物，适用普通税率。

2. 出口税率适用原则

对于口货物，在计算出口关税时，出口暂定税率优先于出口税率执行。

任务三 进口环节税计算

由海关征收的国内税主要有增值税、消费税两种。

一、增值税

（一）增值税的含义

增值税是以商品的生产、流通和劳务服务各个环节所创造的新增价值为课税对象的一种流转税。

（二）增值税的征纳

进口环节增值税是由海关依法向进口货物的单位或个人征收的增值税。进口环节增值税的起征额为人民币50元，低于50元的免征。

在中华人民共和国境内销售货物或者提供加工修理、修配劳务以及进口货物的单位和个人，为增值税的纳税义务人，应当依照增值税条例缴纳增值税。

（三）增值税的征收范围

我国增值税的征收原则是中性、简便、规范，采取了基本税率再加一档低税率的征收模式。适用基本税率(17％)的范围包括：纳税人销售或者进口除适用低税率的货物以外的货物，以及提供加工、修理修配劳务。适用低税率(13％)的范围是指纳税人销售或者进口下列货物：

(1) 粮食、食用植物油；

(2) 自来水、暖气、冷气、热水、煤气、石油液化气、天然气、沼气、居民用煤炭制品；

(3) 图书、报纸、杂志；

(4) 饲料、化肥、农药、农机、农膜；
(5) 国务院规定的其他货物。

（四）增值税的计算

进口环节的增值税以组成价格作为计税价格，征税时不得抵扣任何税额。其组成价格由关税完税价格加上关税组成；对于应征消费税的品种，其组成价格还要加上消费税。

增值税组成价格＝进口关税完税价格＋进口关税税额＋消费税税额

应纳增值税税额＝增值税组成价格＊增值税税率

例题一：

某一公司进口货物一批，经海关审核其成交价格为 US＄1 200.00，按兑换率1美元＝8.3元人民币，折合人民币为9 960.00元。已知该批货物的关税税率为12％，消费税税率为10％，增值税税率为17％。现计算应征增值税税额。

[计算方法]

计算关税税额；计算消费税税额；再计算增值税税额。

关税税额计算公式为：

应征关税税额＝完税价格×关税税率

＝9 960.00×12％

＝1 195.20（元）

消费税税额计算公式为：

应征消费税税额＝（完税价格＋关税税额）÷（1－消费税税率）×消费税税率

＝（9 960.00＋1 195.20）÷（1－10％）×10％

＝12 395（保留到元，元以下四舍五入）×10％

＝1 239.50（元）

增值税计算公式为：

应纳增值税税额＝（关税完税价格＋关税税额＋消费税税额）＊增值税税率

＝（9 960.00＋1 195.20＋1 239.50）×17％

＝12 395（保留到元，元以下四舍五入）×17％

＝2 107.15（元）

例题二：

某进出口公司进口某批不用征收进口消费税的货物，经海关审核其成交价格总值为CIF境内某口岸US＄800.00。已知该批货物的关税税率为35％，增值税税率为17％，兑换率为：1美元＝8.3元人民币。请计算应征增值税税额。

[计算方法]

首先计算关税税额，然后再计算增值税税额。

关税税额计算公式为：

应征关税税额＝完税价格×关税税率

＝800.00×8.3×35％

＝6 640×35％＝232 400（元）

增值税税额计算公式为：

应征增值税税额＝（完税价格＋关税税额）×增值税税率

=(6 640+2 324)×17%
=8 964×17%=1 523.88(元)

二、消费税

(一) 消费税的含义

消费税是以消费品或消费行为的流转额作为课税对象而征收的一种流转税。我国消费税的立法宗旨的调节我国的消费结构,引导消费方向,确保国家财政收入。我国消费税采用价内税的计税方法,即计税价格的组成中包括了消费税税额。

(二) 消费税的征纳

消费税由税务机关征收,进口环节的消费税由海关征收。进口环节税中消费税除国务院另有规定外,一律不得给予减免或者免税。进口环节消费税起征额为人民币50元,低于50元的免征。

在中华人民共和国境内生产、委托加工和《消费税暂行条例》规定的消费品的单位及个人,为消费税的纳税义务人。

(三) 消费税的征收范围

自2006年4月1日起,对进口环节消费税税目、税率及相关政策进行调整;一是新增对高尔夫球及球具、高档手表、游艇、木制一次性筷子、实木地板、石脑油、溶剂油、润滑油、燃料油、航空煤油等产品征收消费税;二是停止对护肤品征收消费税;三是调整汽车、摩托车、汽车轮胎、白酒的消费税税率;航空煤油暂缓征收消费税;子午线轮胎免征消费税。其中,对进口白酒类征收复合消费税时,应按20%的税率计征从价消费税,同时按1元/千克的单位税额计征消费税。对进口卷烟仍按规定的计税方法计征复合消费税。调整后征收的进口环节消费税的商品共14类。

应征消费品大体可分为以下四种类型:

(1) 一些过度消费会对人的身体健康、社会秩序、生态环境等方面造成危害的特殊消费品,例如:烟、酒、酒精、鞭炮、焰火等;

(2) 奢侈品、非生活必需品,例如贵重首饰及珠宝玉石等;

(3) 高能耗的高档消费品,例如小轿车、摩托车、汽车轮胎等;

(4) 不可再生和替代的资源类消费品,例如汽油、柴油等。

从2002年1月1日起,进口钻石及钻石饰品的消费税改由税务部门在零售环节征收,进口环节不再征收。从2002年6月1日起,除加工贸易外,进口钻石统一集中到上海钻石交易所办理报关手续,其他口岸均不得进出口口钻石。

(四) 消费税的计算公式

我国消费税采用从价、从量的方法计征。

(1) 从价征收的消费税按照组成的计税价格计算,其计算公式为:

消费税组成计税价格=(进口关税完税价格+进口关税税额)/(1-消费税税率)

应纳消费税税额=消费税组成计税价格×消费税税率

(2) 从量征收的消费税的计算公式为:

应纳消费税税额=应征消费税消费品数量×消费税单位税额

(3) 同时实行从量、从价征收的消费税是上述两种征税方法之和。其计算公式为:

应纳消费税税额＝应征消费税消费品数量＊消费税单位税额＋消费税组成计税价格＊消费税税率

例题一：

某一公司进口货物一批,经海关审核其成交价格为 CIF 境内某口岸 US＄12 800.00,按兑换率 1 美元＝人民币 8.3 元,折合人民币为 106 240.00 元。

已知该批货物的关税税率为 20%,消费税税率为 17%。现计算应征消费税税额。

[计算方法]

首先计算关税税额,然后再计算消费税税额。

关税税额计算公式为：

应征关税税额＝完税价格×关税税率

＝106 240.00×20%＝2 248.00(元)

消费税税额计算公式为：

应征消费税税额＝(完税价格＋关税税额)÷(1－消费税税率)×消费税税率

＝(106 240.00＋2 248.00)÷(1－17%)×17%

＝153 600(保留到元,元以下四舍五入)×17%

＝26 112.00(元)

例题二：

某进出口公司进口啤酒 3 800 升,经海关审核其成交价格总值为 CIF 境内某口岸 US＄1 672.00。已知啤酒的关税税率为 3 元/升；消费税税率为：进口完税价格≥360 美元/吨的 250 元/吨,进口完税价格＜360 美元/吨的 220 元/吨。兑换率为：1 美元＝8.3 元人民币。现计算应征消费税税额。

[计算方法]

首先计算关税税额；然后再计算消费税税额。

从量关税税额计算公式为：

应征关税税额＝商品进口数量×从量关税税率

＝3 800 升×3 元/升＝11 400(元)

完税价格计算：US＄1 672×8.3＝13 878(元)

进口啤酒数量：3 800 升÷988 升/吨＝3.846 吨

计算完税价格单价：US＄1 672÷3.846 吨

＝US＄434.74/吨(进口完税价格≥360 美元/吨)

消费税税率为：250 元/吨。

从量消费税税额计算公式为：

应纳消费税税额＝应征消费税消费品数量×单位税额

＝3.846 吨×250 元/吨＝961.50 元

任务四 其他税费计算

一、关税滞纳金的计算

某进出口公司进口一批货物,经海关审核其成交价格总值为 CIF 境内某口岸 US＄8 000.00。已知该批货物应征关税税额为 23 240.00,应征增值税税额为人民币 15 238.80 元。海关于 2002 年 10 月 14 日填发《海关专用缴款书》,该公司于 2002 年 11 月 9 日缴纳税款。现计算应征的滞纳金。

[计算方法]

首先确定滞纳天数,然后再计算应缴纳的关税和增值税的滞纳金金额。

税款缴款期限为 2002 年 10 月 28 日,10 月 29 日—11 月 9 日为滞纳期,共滞纳 12 天。

滞纳金计算公式为:

关税滞纳金金额＝滞纳金关税税额×0.5‰×滞纳天数
＝23 240.00×1‰×12＝278.88(元)

进口环节税滞纳金金额＝滞纳进口环节税税额×0.5‰×滞纳天数

代征税滞纳金金额＝滞纳代征税税额×1‰×滞纳天数
＝15 238.80×1‰×12＝182.87(元)

应缴纳滞纳金总金额＝278.88＋182.87＝461.75(元)

二、船舶吨税计算

船舶吨税是海关代为对进出中国港口的国际航行船舶征收的一种税。其征收税款主要用于港口建设维护及海上干线公用航标的建设维护。

例题:有一美国籍净吨位为 8 800 吨的轮船,船名为"阿拉斯加",停靠在我国境内某港口装卸货物。纳税人自行选择为 30 天期缴纳船舶吨税。现计算应征的船舶吨税。

[计算方法]

首先确定税率,然后再计算税款。

净吨位 8 800 吨的轮船 30 天期的优惠税率为 3.00 元/净吨。

船舶吨税的计算公式为:吨税＝净吨位×吨税税率(元/净吨)。

应征船舶吨税＝8 800×300＝26 400.00(元)。

征收标准

海关征收的关税、进口环节税、滞纳金、滞报金、监管手续费等一律以人民币计征,起征额为人民币 50 元,不足 50 元的免予征收。完税价格计算至元,元以下的四舍五入;税额计算到分,分以下四舍五入;税款的起征点为人民币 10 元。

※项目任务操作

一、确定该商品的税则归类

确定税则归类,该批的彩色超声波诊断仪归入税目税号 90181291,在税号下有三个税率,分别是最惠国税率为 5%,普通税率为 17%,亚太贸易协定税率为 4.5%,根据商品来自韩国,由于韩国和中国都属于亚太贸易协定国家,因此适用亚太贸易协定税率,为 4.5%。

二、确定该商品的完税价格

该彩色超声波诊断仪的 CIF 价格为,1×10 000=10 000 美元
将外币价格折算成人民币:
美元对人民币的汇率为 1∶6.2,该台彩色超声波诊断仪的价格为 62 000 元。

三、计算进口关税

进口关税税额=完税价格×进口关税税率
　　　　　=62 000×4.5%
　　　　　=2 790 元

※思考与练习

一、单选题

1. 我国从 1997 年 7 月 1 日起对录(放)像机和摄像机试行:(　　)。
   A. 从价税　　　　B. 从量税　　　　C. 选择税　　　　D. 复合税
2. 关于暂定税率试用的原则,下列表述错误的是(　　)。
   A. 适用最惠国税率的进口货物同时有暂定税率的,应当适用暂定税率
   B. 适用协定税率、特惠税率的进口货物有暂定税率的,应当从低适用税率
   C. 适用普通税率的进口货物,不适用暂定税率
   D. 适用出口税率的出口货物有暂定税率的,不适用暂定税率
3. 进口一辆缺少轮子的汽车,在进行该商品的海关税则归类时,应按(　　)归类。
   A. 汽车的零部件　　B. 汽车底盘　　C. 汽车车身　　D. 汽车整车
4. 根据《中华人民共和国进出口关税条例》的规定,货物进口或出口时,海关按照何时实施的税则税率计征关税(　　)。
   A. 进出口货物的收、发货人或其代理人办结海关手续之日
   B. 装载货物的运输工具进境之日
   C. 进出口货物的收、发货人或其代理人申报货物进口或者出口之日
   D. 进出口货物的收、发货人或其代理人向海关指定银行缴纳税款之日

5. 某工厂从无关系的美国某企业购买了一台机械设备,成交条件为 CIF 上海,该批货物的发票列示如下:机械设备 USD50000;运保费 USD500;卖方佣金 USD2500;培训费 USD200;设备调试费 USD2000。该批货物海关申报的总价应是(　　)。
　　A. USD52 700　　　B. USD53 000　　　C. USD53 200　　　D. USD54 700

6. 某进出口贸易公司从美国进口了一台电梯,发票列明如下:成交价格为 CIF 珠海 USD100 000;电梯进口后的安装、调试费 USD4 000。经海关审查上述成交价格属实,且安装、调试费已包含在成交价格中,则海关审定该台电梯的完税价为(　　)。
　　A. USD100 000　　B. USD104 000　　C. USD96 000　　　D. USD98 000

7. 某贸易公司从荷兰进口了 3 000 箱"喜力"牌啤酒,规格为 24 支×330 mL/箱,申报价格为 FOB 鹿特丹 HKD50/箱,发票列明:运费为 HKD20 000,保险费率为 0.3%,经海关审查属实。该啤酒的优惠税率为 3.5 元/升,消费税税额为 220 元/吨(1 吨=998 升),增值税税率为 17%,外汇牌价为 100 港币=106 元人民币。该批啤酒的关税、消费税和增值税分别为:(　　)。
　　A. 83 160、5 291、42 066.67(元人民币)
　　B. 83 160、5 291、45 762.85(元人民币)
　　C. 83 160、5 227.20、44 863.34(元人民币)
　　D. 83 160、5 227.20、30 726.14(元人民币)

8. 上海振华汽车贸易公司从日本进口排气量为 90 毫升的女式摩托车 100 台,成交价格 CIF 上海 100 000 日元/台,且经上海海关审定。设摩托车的关税税率为 70%,增值税税率为 17%,消费税税率为 10%,外汇牌价为 100 日元=6.853 1 元人民币。该摩托车应缴纳的增值税税款为(　　)。
　　A. 198 054.59 元人民币　　　　　　B. 103 557.95 元人民币
　　C. 220 060.65 元人民币　　　　　　D. 685 310 元人民币

9. 某进出口公司出口某种货物 100 件,每件重 300 千克,成交价为 CFR 香港 50 000 元人民币。已申报运费为每吨 300 元,出口税率为 10%,海关应征出口税为(　　)。
　　A. 4 100 元　　　　B. 5 000 元　　　　C. 5 380 元　　　　D. 3 727.27 元

10. 某企业从香港进口皇冠豪华轿车一辆,关税税率为 100%,经海关审定,其成交价格为每辆 CIF 天津新港 25 000 美元。已知海关填发税款缴纳书之日外汇牌价:100 美元=868.82 元人民币(买入价),100 美元=873.18 元人民币(卖出价)。求海关应征消费税(该车消费税率为 8%)(　　)。
　　A. 217 750 元　　　B. 435 500 元　　　C. 34 840 元　　　D. 17 420 元

11. 进口货物收货人超过规定期限向海关申报的,滞报金的征收,以运输工具申报进境之日起(　　)为起始日,以(　　)为截止日。起始日和截止日计入滞报期间。
　　A. 第 14 日;收货人申报之日
　　B. 第 15 日;收货人申报之日
　　C. 第 14 日;海关接受申报之日
　　D. 第 15 日;海关接受申报之日

12. 某公司进口红酒一批。海关于 2009 年 1 月 12 日(星期一)填发税款缴款书。该公司于 2 月 11 日(星期三)缴纳税款(注:1 月 25 日~31 日为法定节假日)。税款滞纳天数为

( )。
A. 3天　　　　B. 10天　　　　C. 11天　　　　D. 15天

13. 广西某公司从韩国进口绣花机1台,发票列明:交易单价为CIF南宁100 000美元/台,商标使用费10 000美元,经纪费3 000美元,该批货物经海关审定的成交价格应为( )。
A. 100 000美元　B. 103 000美元　C. 110 000美元　D. 113 000美元

14. 境内某公司与香港某公司签约进口韩国产的彩色超声波诊断仪1台,直接由韩国运抵上海,成交价格CIF上海10 000美元/台。设1美元=7元(人民币),最惠国税率为5%,普通税率为17%,亚太贸易协定税率为4.5%,应征进口关税税额为( )。
A. 0
B. 3 150元(人民币)
C. 3 500元(人民币)
D. 11 900元(人民币)

15. 某企业从德国进口医疗设备一台,发票分别列明:CIF上海50 000美元/台,境外培训费3 000美元。此外,合同列明设备投入使用后买方从收益中另行支付卖方20 000美元。该批货物经海关审定的成交价格为( )。
A. 73 000美元　B. 50 000美元　C. 70 000美元　D. 53 000美元

16. 境内某公司从日本进口除尘器一批,该货物应征关税税额为人民币10 000元,进口环节增值税税额为人民币40 000元,海关于2008年5月23日(星期五)填发海关专用缴款书,此公司于2008年6月12日缴纳税款(注:6月8日为端午节,公休日顺延至6月9日),应征的税款滞纳金为( )。
A. 50元　　　　B. 75元　　　　C. 100元　　　　D. 125元

二、多选题

1. 常见的关税计征方法有:( )。
A. 从价税　　B. 从量税　　C. 复合税　　D. 选择税

2. 下列关于我国增值税和消费税的表述正确的是:( )。
A. 进口环节的增值税、消费税由海关征收,其他环节的增值税、消费税由税务机关征收
B. 增值税、消费税均从价计征
C. 对于进口货物税、费的计算,一般的计算过程为:先计算进口关税额,再计算消费税额,最后计算增值税额
D. 消费税组成计税价格=关税完税价格+关税税额/1-消费税率

3. 关于进出口税率的计算,下列表述正确的是:( )。
A. 税款的起征点为人民币50元
B. 完税价格计算至元,元以下四舍五入
C. 税额计算至分,分以下四舍五入
D. 进出口货物的成交价格及有关费用以外币计价的,海关应当按照填发税款缴款书之日公布的汇率中间价折合成人民币

4. 对应征进口环节消费税的货物,其进口环节增值税组成计税价格包括:( )。
A. 进口货物完税价格　　　　B. 进口货物关税税额
C. 进口环节消费税税额　　　D. 进口环节增值税税额

5. 关于海关估价方法,下列哪些叙述是错误的(　　)。
   A. 海关在审定进出口货物完税价格时,应首先审查进出口货物的实际成交价格
   B. 当进口货物的成交价格经海关审查未能确定时,才能依次使用其他估价方法
   C. 在使用其他估价方法时,海关可优先使用合理方法
   D. 相同货物的估价方法,是指在所有方面都相同的货物,即使包装上也不能有微小差别

6. 进出口货物的完税价格由海关以该货物的成交价格为基础审定,下列费用应计入成交价格(　　)。
   A. 除购买佣金以外的佣金和经济费、货物的容器费以及包装劳务和材料成本
   B. 与进口货物的生产和销售有关的,卖方免费或减价提供的协助费用
   C. 作为被估货物的销售条件买方必须支付的,与被估货物有关的特许权使用费
   D. 卖方因买方转售、处置或者使用进口货物而直接或者间接得到的收入

7. 成交价格是海关估价的基本价格,如果海关拒绝使用进口商申报的成交价格,《海关估价协议》可以使用其他估价方式有(　　)等,这些标准必须顺序使用。
   A. 相同货物的成交价格
   B. 类似货物的成交价格
   C. 扣除价格
   D. 推算价格

8. 下列费用,如已包括在进口货物成交价格中,且可分列,可以从完税价格中扣除的是(　　)。
   A. 确因质量问题,卖方向买方支付的赔偿金
   B. 运输货物所需的劳务费
   C. 升降机进口后的安装费
   D. 经海关审查后正常的卖方付给买方的10%回扣

9. 下列叙述中哪几项的费用应计入进口货物的完税价格?(　　)
   A. 图纸的设计费   B. 设备的技术指导费
   C. 装船的搬运费   D. 技术转让费

三、判断题

1. 从价税适用于规格品种简单、计量容易、同一种商品规格价差比较小且经常性大宗进口的商品。(　　)

2. 滑准税就是进口商品的价格越高,其进口关税税率越高;进口商品的价格越低,其进口关税税率越低。(　　)

四、进出口税费计算练习题

1. 某公司从日本进口电信设备零件一批,价格为CIF天津10 000美元(当天外汇牌价的买卖中间价为1美元=7.7元人民币),装载货物的船舶于4月4日(星期二)进境,4月19日该公司来向海关申报,请问这种情况下海关应征收多少滞报金?(　　)。
   A. 不征收
   B. 滞报一天,滞报金为38.5元

C. 滞报两天,滞报金为 8.5 元
D. 滞报三天,滞报金为 12.75 元

2. 某公司从日本进口一批机械设备,成交价格为 CFR 广州 800 000 港币,已知该设备的进口税率为 10%,保险费率为 0.3%,汇率为 100 港币＝107 元人民币,试计算海关应征收的进口关税税额是多少?(　　)

  A. 88 247.42 元   B. 85 857.57 元
  C. 83 106.80 元   D. 80 000.00 元

3. 我上海某公司受委托为某手表厂进口瑞士产数控铣床一台,成交价格为 FOBAntwerpSFR200000,运费为 RMB40 000,保险费率为 3‰,填发海关代征税款缴款书之日瑞士法郎对人民币外汇买卖中间价为 SFR100＝RMB380,关税税率为 15%,增值税税率为 17%,该数控铣床应纳增值税税额为(　　)。

  A. RMB156 870.61   B. RMB166 870.61
  C. RMB177 793.31   D. RMB17 793.37

4. 某公司进口一批货物,价格为 FOB 旧金山 USD10 000。已知运费为 100 美元,保险费率为 3‰,进口关税税率为 10%,增值税税率为 17%,汇率为 USD100＝RMB770。该批货物的关税税额及增值税税额是(　　)。

  A. 关税税额 8 232.9 元,增值税税额 15 395.54 元
  B. 关税税额 7 800.40 元,增值税税额 14 586.75 元
  C. 关税税额 8 888.00 元,增值税税额 15 533.94 元
  D. 关税税额 8 306.9 元,增值税税额 14 121.73 元

5. 某贸易公司于 2006 年 1 月 2 日(星期三)进口一批货物,海关于当日开出税款缴款书,交企业纳税。其中关税税额为人民币 48 000 元,增值税税款为人民币 70 200 元,消费税税款为 17 800 元。该公司于 1 月 25 日交回税款缴款书。经核查,实际交款日期为 1 月 22 日。经计算,该公司应交的滞纳金为(　　)。

  A. 168 元   B. 476 元   C. 340 元   D. 748 元

6. 某公司进口一批圆钢,成交价格为 CIF 天津 USD1 000。汇率为 USD100＝RMB770,关税税率为 10%,增值税税率为 17%。海关于 9 月 1 日(星期二)填发税款缴款书,该公司于 9 月 17 日缴款,根据海关对征收滞纳金的有关规定,下列选项中正确的选项是(　　)。

  A. 应征滞纳金 9.76 元
  B. 应征滞纳金 7.32 元
  C. 应征滞纳金 4.88 元(按两天计)
  D. 应征滞纳金 1.10 元(按一天计),故不征收

7. 某进出口公司从香港进口皇冠汽车一辆,成交价格为 CIF 天津 USD25000/辆。进口关税税率为 100%,外汇基准价 USD100＝RMB770,消费税税率为 8%,应征消费税多少?(消费税税额计算至人民币元)(　　)

  A. 217 750.26 元   B. 43 550.78 元
  C. 33 478.26 元   D. 17 420.45 元

8. 某公司从荷兰进口 3 000 箱"喜力"牌啤酒,规格为 24 支×330 mL,成交价为 FOB

Rotterdam HKD50/箱,运费为 HKD20 000,保险费率为 0.3%。经海关审定:进口关税税率为 3.5 元/升,消费税率为 RMB220 元/吨(1 吨＝988 升),增值税税率为 17%,汇率 HKD1＝RMB1.06。该批啤酒的关税、消费税、增值税分别为下列哪一选项（　　）。

  A. 83 160、5 291、42 066.67(元人民币)
  B. 83 160、5 291、45 762.84(元人民币)
  C. 83 160、5 227、44 863.34(元人民币)
  D. 83 160、5 227、30 726.14(元人民币)

9. 某公司进口一批货物,经海关审查后仍未能确定其成交价格,决定用进口货物的类似货物在国内市场的批发价格来计算关税完税价格,已知该货物的国内批发价格为 20 000 元人民币,关税税率为 20%,增值税税率为 17%,则该货物的关税税额和增值税税额是（　　）。

  A. 关税税额为 4 000 元人民币
  B. 关税税额为 2 000 元人民币
  C. 增值税税额为 2 543.64 元人民币
  D. 增值税税额为 4 080 元人民币

10. 某进出口公司进口一批设备,成交价格为 CIF 广州 USD800000（外汇折算率为 1 美元＝7.7 元人民币）。已知该批设备的关税税率为 5%,海关于 2006 年 6 月 8 日（星期四）填发税款缴款书,该公司于 2006 年 6 月 28 日缴纳税款,请问该批设备应交多少滞纳金（　　）。

  A. 656 元　　　　B. 770 元　　　　C. 820 元　　　　D. 800 元

11. 海关于 9 月 10 日（周二）填发税款缴款书,纳税人应当最迟于（　　）到指定银行缴纳关税。

  A. 9 月 23 日　　B. 9 月 24 日　　C. 9 月 25 日　　D. 9 月 26 日

12. 海关于 9 月 6 日（周五）填发税款缴款书,纳税人应当最迟于（　　）到指定银行缴纳关税。

  A. 9 月 20 日　　B. 9 月 21 日　　C. 9 月 22 日　　D. 9 月 23 日

13. 海关于 9 月 30 日（周一）填发税款缴款书,纳税人应当最迟于（　　）到指定的银行缴纳关税。

  A. 10 月 14 日　　B. 10 月 15 日　　C. 10 月 21 日　　D. 10 月 12 日

项目十　商品归类程序及运用

知识目标

1. 熟悉协调制度的含义及基本结构；
2. 熟悉商品归类六大总规则；
3. 掌握商品归类的步骤与技巧。

能力目标

1. 能运用商品归类六大规则，对商品进行正确归类；
2. 能运用商品归类技巧，对商品进行正确归类；
3. 能运用商品归类五步骤法，对一般商品进行快速归类。

项目引入

在生活中我们会常见一些商品，请问这些商品应该如何归类，归类的步骤如何？
1. 一种戴在手腕的装饰品，用樟木制成圆珠状，再用线串成。
2. 按容量计浓度为95%的为改性乙醇（瓶装：500 mL）。
3. 已剪成手套形的针织经编纯棉布。
4. 汽车发动机（点燃式活塞内燃发动机）排气门专用的螺旋弹簧（材料为合金钢）。

1983年6月，海关合作理事会通过《协调制度公约》及其附件《协调制度》（简称HS），目前，世界上200个国家和地区使用。全世界的98%以上贸易商品由"HS"确定其编码。我国于1992年开始使用。最新的一次转换是2006~2007年。我国目前采用的《进出口税则》、《海关进出口统计目录》和《中国海关报关实用手册》完全采用了《协调制度》的结构体系。

任务一　协调制度简介

一、《协调制度》的含义

协调制度又称"HS"（The Harmonized Commodity Description and Coding System 的简称），是在原海关合作理事会商品分类目录和国际贸易标准分类目录的基础上，协调国际上多种商品分类目录而制定的一部多用途的国际贸易分类目录。

二、《协调制度》的基本结构

（1）归类总规则：它是商品分类的总原则。

(2) 类注释、章注释和子目注释:设在类、章之首,是对构成商品编码的税目和子目所做的补充文字说明。

 a. 子目注释:类注、章注下的条文说明。

 b. 章注:章标题下的条文说明。

 c. 类注:大类标题下的条文。

(3) 商品名称及编码表:各类之下各章中所包含的具体的各种商品编码和名称排列表。

三、我国海关进出口商品分类目录的基本结构(掌握)

在世界海关组织制定的协调制度中商品编码的数字只有6位,而我国商品名称与编码表中的商品编码数字是8位,其中第7、第8位是根据我国国情而增设的"本国子目"。

编码的排列是有一定的规律的,以03019210的"鳗鱼苗"为例:

编码:	0	3	0	1	9	2	1	0
位数:	1	2	3	4	5	6	7	8
含义:	章号		顺序号		1级子目	2级子目	3级子目	4级子目

第5位编码它所在税(品)目下所含商品1级子目的顺序号;

第6位编码它所在税(品)目下所含商品2级子目的顺序号;

第7位编码它所在税(品)目下所含商品3级子目的顺序号;

第8位编码它所在税(品)目下所含商品4级子目的顺序号;

若5—8位是出现数字9,则它不一定代表在该级子目的实际顺序号,而是代表未具体列名的商品。

商品编码	商品名称
5402.1120	——聚对苯二甲酰对苯二胺纺制
5402.1190	——其他
	——其他:
5402.1910	———聚酰胺-6(尼龙-6)纺制的
5402.1920	———聚酰胺-6,6(尼龙-6,6)纺制的
5402.1990	———其他
5402.2000	—聚酯高强力纱
	—变表纱线:
	——尼龙或其他聚酰胺纺制,每根单纱细度不超过50特:
	———弹力丝:
5402.3111	————聚酰胺-6(尼龙-6)纺制
5402.3112	————聚酰胺-6,6(尼龙-6,6)纺制
5402.3113	————芳香族聚酰胺纺制

任务二　归类总规则及应用

一、总规则一：类，章，分章的标题，仅为查找方便而设立

类、章及分章的标题，仅为查找方便而设。具有法律效力的归类，应按税（品）目条文和有关类注或章注确定，如税（品）目、类注或章注无其他规定，按以下规则确定。

（一）三层含义

类、章及分章的标题，仅为查找方便而设，无法律效力；

具有法律效力的归类，应按税目条文和有关类注或章注确定；

如税（品）目、类注或章注无其他规定，按总规则其他规则确定。税目、品目、类注、章注规定有以下几种：

明确范围法：

如第十六类的类注规定二。

除本类注释一、第八十四章注释一及第八十五章注释一另有规定的以外，机器零件（不属于税号 84.84、85.44、85.46 或 85.47 所列物品的零件）应按下列规定归类：

（一）凡在第八十四章、第八十五张的税号（税号 84.09、84.31、84.48、84.66、84.73、84.87、85.03、85.22、85.29、85.38 及 85.48 除外）列名的货品，均应归入该两章的相应税号。

（二）专用于或主要用于某一种机器或同一税号的多种机器（包括税号 84.79 或 85.43 的机器）的其他零件，应与该种机器一并归类，或酌情归入税号 84.09、84.31、84.48、84.66、84.73、85.03、85.22、85.29 或 85.38。但能同时主要用于税号 85.17 和 85.25 至 85.28 所列机器的零件，应归入税号 85.17。

标准量化法：即给出量化指标，明确商品范围。

如第七十二章钢铁章注

注释：

一、本章所述有关名词解释如下［本章注释（四）、（五）、（六）适用于本协调制度其他各章］。

（一）生铁

无实用可锻性的铁碳合金，按重量计含碳量在 2% 以上并可含有一种或几种下列含量范围的其他元素：

铬不超过 10%；

锰不超过 6%；

磷不超过 3%；

硅不超过 8%；

其他元素合计不超过 10%。

（二）镜铁

按重量计含锰量在 6% 以上，但不超过 30% 的铁碳合金，其他方面符合上述（一）款所列标准。

枚举法：

第十二章含有子仁及果实；杂项子仁及果实；工业用或药用植物；稻草、秸秆及饲料

注释：

一、税号12.07主要包括油棕果及油棕仁、棉籽、蓖麻子、芝麻、芥子、红花子、罂粟子、牛油树果，但不包括税号08.01或08.02的产品及油橄榄（第七章或第十二章）

排它列举法：

96章章注一，本章不包括95章物品

第十五章贱金属及其制品注释：

一、本类不包括：

（一）以金属粉末为基本成分的调制油漆、油墨或其他产品（税号32.07至32.10、32.12、32.13或32.15）；

（二）铁或其他引火合金（税号36.06）；

（三）税号65.06或65.07的帽类及其零件；

（四）税号66.03的伞骨及其他物品；

（二）归类基本步骤：

1. 第一步：根据类章标题寻找合适位置。
3. 第二步：看清品目、子目、条文及类章注。
3. 第三步：运用总规则一确定商品编码。

例：四川产红辣椒（已经晒干，未磨成粉）。

解析：鲜辣椒属于蔬菜应该归第七章，但根据第七章章注释四"本章不包括辣椒干及辣椒粉（品目09.04）"的注释，所以四川产红辣椒（已经晒干，未磨成粉）。应归入税号：0904.2010。

二、总规则二：不完整品或未制成品的归类

（1）税（品）目所列货品，应视为包括该项货品的不完整品或未制成品，只要在进口或出口时该项不完整品或未制成品具有完整品或制成品的基本特征即可；还应视为包括该项货品的完整品或制成品（或按本款可作为完整品或制成品归类的货品）在进口或出口时的未组装件或拆散件。

（2）税（品）目所列材料或物质，应视为包括该种材料或物质与其他材料或物质混合或组合的物品，税（品）目所列某种材料或物质构成的货品，应视为包括全部或部分由该种材料或物质构成的货品，由一种以上材料或物质构成的货品，应按规则三归类。

规则二(1)的解释：

① 不完整品的归类原则。不完整品是指这个物品还不完整，还缺少一些东西。

例：摩托车少了一个轮胎仍按摩托车归类。

例：缺少键盘的便携式计算机如何归类

缺少键盘的便携式计算机属于不完整的计算机，根据规则二(1)，不完整品如已具备完整品的基本特征应按完整品归类，故上述商品应按便携式计算机归入8471.3000。

② 未制成品的归类。未制成品是指虽具有制成品的形状特征，但还不能直接使用，需经进一步加工才能使用的物品。如：齿轮的毛坯，需要进一步完善方可作为零件使用，但已经具备零件的大致形状，则判断为具有齿轮的基本特征。

例1. 毛坯主轴，材质为合金钢 AISI 1144，是生产雨刮电机的主要零件之一。进口前经过车削等处理，初具传动轴的形状。进口后，经铣蜗杆、磨外圆、冲四筋加工后成为最终成品即传动主轴。如何归类，为什么？

进口状态已具备了传动轴完整品的基本特征，专用性明显，根据归类总规则二（一），应按"其他传动轴"归入税目 8483。

(3) 已具备制成品的基本特征的各种散件；散件必须是因运输、包装等原因而被拆散或未组装，仅经组装、紧固等简单加工就可装配起来的物品。

例：为便于运输而将主机和显示器、键盘等分装于不同包装箱内未组装的电脑，可视为电脑整机。

规则二(2)的解释：规则二(2)的作用是将保持原商品特征的某种材料或物质构成的混合物或组合物品，等同于某单一材料或物质构成的货品，即有条件地将单一材料或物质构成货品的范围扩大到添加辅助材料的混合或组合材料制品。

例：涂蜡的热水瓶软木塞子（已经加入了其他材料物质），因为主要功能仍然是软木塞的功能，仍归 4503。

镶嵌小银花的木制首饰盒，依旧按照木制首饰盒归类。

专业知识链接

运用规则二(2)时应注意，在因混合或组合导致商品失去原有特征的场合，应按规则三办理。

例：加入杀鼠剂的稻谷，就不能够再按照 1006 的"稻谷"归类，因为混合后商品的特征和用途已经发生了变化，变成了毒饵，所以应该归 3808。

只有在规则一无法解决时，方能运用规则二。

例：品目 1503 为"液体猪油，未经混合"，而混合了其他油的液体猪油就不能够运用规则二（二）归入品目 1503。

三、总规则三：可归入两个或两个以上税目

当货品按规则二(2)或由于其他任何原因看起来可归入两个或两个以上税（品）目时，应按规则三具体列名、基本特征、从后归类，优先顺序是具体列名—基本特征—从后归类。具体规则如下：

(1) 列名比较具体的税（品）目，优先于列名一般的税（品）目。但是，如果两个或两个以上税（品）目都仅述及混合或组合货品所含的某部分材料或物质，或零售的成套货品中的某些货品，即使其中某个税（品）目对该货品描述得更为全面、详细，这些货品在有关税（品）目的列名应视为同样具体。

(2) 混合物、不同材料构成或不同部件组成的组合物以及零售的成套货品，如果不能按照规则三(1)归类时，在本款可适用的条件下，应按构成货品基本特征的材料或部件归类。

(3) 货品不能按照规则三(1)或(2)归类时,应按号列顺序归入其可归入的最末一个税(品)目。

规则三(1)的解释:规则三(1)讲的是具体列名原则。指当一种商品似乎在两个或更多的税目中都涉及的情况下,应该比较一下哪一个税目的描述更加详细、具体,更为接近要归类的商品,即列名比较具体的品目,优先于列名一般的品目。可理解为:与类别名称相比,商品的品种名称更具体。

例1:汽车上的汽油发动机。
(1) 可按汽油发动机归8407。
(2) 可按汽车零部件归8708。

分析:列名比较具体的税(品)目,优先于列名一般的税(品)目。把可归入几个品目列出比较,按具体列名的那个商品的品目归类。汽车上的汽油发动机,8407列明比8708更为具体,所以汽油发动机应归于8407。

例2:男式针织汗衫背心。
(1) 可按汗衫背心归6109。
(2) 可按内衣归6107。

分析:由于"背心"比"内衣"具体,应按背心归6109。

例3:外部尺寸为60×90×70 cm家用电动洗碟机应按洗碟机归入8422还是按家用电动器具归入8509?

分析:比较84.22和85.09这两个税目,家用洗碟机比家用电动器具列名更具体。因此,依据归类总规则三(1),家用电动洗碟机应归入税则号列8422.1100。

例4:用于小汽车的簇绒地毯涉及两个税目:8708机动车辆的零件、附件;5703簇绒地毯,应用具体列名的原则,簇绒地毯更加具体所以归入5703。

规则三(2)的解释:规则三(2)是说明混合物、不同材料或不同部件的组合货品以及零售的成套货品,在归类时应按构成材料或部件的基本特征归类。在按照比例混合的物品中,成分比例越大的商品,越能够体现货物的基本特征,即"从大归类"原则或基本特征原则。

1) 混合物:以重量百分比多的那种材料为基本特征,该混合物就按该种材料的商品归类。

例1:一多种材料混纺,按重量最大的那种纺织材料归类。例:梭织男式上衣,棉35%,桑蚕丝65%。由于桑蚕丝占有65%的较大比例,所以按桑蚕丝原材料归类,最后归入6203391090梭织丝制男式上衣。

例2:含40%猪肉,55%牛肉,5%其他配料的肉罐头。因含牛肉比例最大该货物应该按照牛肉罐头归类,归入品目16025010。

2) 组合物:以构成组合物中起主要功能(或用途)的那部分物品为基本特征,该组合物就按该主要功能所列的物品归类。

例:带有录音功能的电话机应如何归类?

分析:该电话机有2个功能,录音功能(8519)及通话功能(8517),因其主要功能是通话,所以应归入8517。

3) 零售成套货品。规则三(2)所称零售的成套货品应该同时满足下列三个条件:
a. 由至少两种看起来可归入不同品目的不同物品构成;

b. 为了迎合某种需要或开展某项专门活动而将几件产品或物品包装在一起；

c. 其包装形式适于直接销售给用户而无须重新包装。

符合以上三个条件的，成套货品以其中最主要功能、用途的商品为基本特征，即以该商品的编码作为成套货品的编码。

例：一套理发工具，内有电推子、剪子、梳子、刷子、围布等。查阅类、章注无此成套货品的具体列名，按照规则三(2)其中最体现主要特征货品是电推子，由于电推子具备这套理发工具最主要的特征，因此该成套理发工具应按电推子归类归入 851020。

动一动脑筋

> 例：包装在一起的女士羊毛裤和男式棉袜。能否按照成套货品归类？

规则三(3)：货品不能按照规则三(1)或(2)归类时，应按号列顺序归入其可归入的最末一个税(品)目，即从后归类。即当混合物中各材料的重量比例相同时，按号列顺序最末一种材料归类；当组合物中各物品的功能(或用途)同样重要时，按号列顺序最末一个所列的那个物品归类。

例1：当物品中几种纺织材料重量相等，按最后一个税目所列纺织材料归类。梭织男式上衣，棉50%，涤纶50%，可归入 6203330099 的梭织化纤制男式上衣。

例2：橡胶底的旅游鞋，鞋面一半是皮革，一半是涤纶，就难以确定其主要特征。似乎可以归入 6403，又可以归入 6404，根据从后归类的原则，确定归入 6404；即用橡胶为底，用纺织材料制鞋面的鞋子。

规则三三个规则的使用优先顺序是：

(1) 当商品貌似可以归入两个或两个以上品目时，列名比较具体的品目优先。

(2) 当商品仍无法用(1)款来确定时，应按构成货品基本特征的材料或部件来归。

(3) 当商品仍无法用(1)，(2)款来确定时，应按号列顺序归入其可归入的最末一个税目。

例如：男式翻领针织T恤衫，50%棉、50%聚氨酯。

按照优先顺序，具体列名是服装，服装以针织和机织分别为61章和62章，先确认前2位是61针织。基本特征是以门襟左压右为男式，右压左为女式，翻领T恤具有衬衫功能，再确认品目为05，不能认定为09。从后归类是成分比例对等，再确认为20，不是10，再按照性质区别儿童装、成人装，最后确定该商品完整的编码是 6105200099

专业知识链接

解释：

规则三(3)描述的是"从后归类"的原则，它只适用于不能按规则三(1)、三(2)归类的货品。

注意：此规定不能在类注、章注有例外规定时使用，注释中的例外规定在操作时总是优先于总规则。

四、总规则四：根据上述规则仍无法归类的商品，应归入与其最相类似的品目

当今科技的发展非常迅速，新产品层出不穷，任何商品目录都会因为形势的发展出现不相适应的情况。因此，在出现按照规则无法归类的商品时，只能用最相类似的货品来替代。

"最相类似"指名称、特征、功能、用途、结构等等因素相似，需要综合考虑才能确定。本规则在实际中一般很少使用。例：手动羊毛剪。该商品在《税则》中没有具体列名，因此，无法直接归入与其相适应的税号。通过对该商品的分析得知，手动羊毛剪是贱金属制的，但它不同于理发用的剪子、裁缝用的剪子及一般家庭用的剪子。其属于农业专用的手工工具，具体是剪羊毛用的剪子。所以，应将其归入 8201.9000（其他农业、园艺、林业用手工工具）。

五、总规则五

除上述规则外，本规则适用于下列货品的归类：

（1）制成特殊形状仅适用于盛装某个或某套物品并适合长期使用的，如照相机套、乐器盒、枪套、绘图仪器盒、项链盒及类似容器，如果与所装物品同时进口或出口，并通常与所装物品一同出售的，应与所装物品一并归类。但本款不适用于本身构成整个货品基本特征的容器。

（2）除规则五（1）规定的以外，与所装货品同时进口或出口的包装材料或包装容器，如果通常是用来包装这类货品的，应与所装货品一并归类。但明显可重复使用的包装材料或包装容器不受本款限制。

规则五（1）解释，包装容器符合以下五个条件，并应与所装物品一并销售，即容器内装有物品后，按物品归类。

① 制成特殊形状仅适用于盛装某个或某套物品；
② 适合长期使用的；
③ 与所装物品同时进口或出口；
④ 通常与所装物品一同出售的；
⑤ 容器本身不构成整个货品基本特征的。

例1：小提琴盒内装了小提琴，和小提琴一起进口销售

分析：规则五（1）的五个条件，该小提琴盒按所装的小提琴归类。

例2：与数字照相机同时进口的相机套，本商品涉及两个货品：数字照相机（8525）和相机套（4202），根据规则五应该归入数字照相机（8525）。

专业知识链接

例外情况：如果容器构成了整个货品的基本特征，则本款规定不适用。

"银制的茶叶罐装入茶叶"，该茶叶罐本身构成了整个货品的基本特征，因而不能与茶叶一并归类，应与茶叶分开归类。

规则五（2）解释：明显可重复使用的包装材料或包装容器，本身具有基本特征，则应按材料或容器归类。即使该容器内装有商品，应分别归类。

例：液化煤气钢瓶（明显可重复使用）装了煤气后，与煤气分别归类。

例:一集装箱的环氧乙烷应如何归类?

虽然环氧乙烷和特种集装箱一并进口,但特种集装箱属于明显可重复使用的包装容器,不受总规则五的限制,应按照具体列名归入品目86.09项。

例:红茶(100 克),放在透明塑料袋中,并包装于一个棕色俄式陶瓷茶壶(高约 19 厘米)中,茶壶印有花形图案,并配有一个可取下的壶盖。应如何归类?

红茶应单独归入子目 0902.30,该茶壶仅起装饰作用,无实用价值,单独归入子目 6913.90。

六、总规则六:子目的归类

货品在某一税(品)目项下各子目的法定归类,应按子目条文或有关的子目注释以及以上各条规则来确定,但子目的比较只能在同一数级上进行。除《协调制度》条文另有规定的以外,有关的类注、章注也适用于本规则。

解释:在确定子目时,一定要先确定一级子目,再二级子目,然后在三级子目,最后四级子目的顺序进行。

在确定子目时,要遵循"同级比较"的原则,即一级子目与一级子目比较,二级子目与二级子目比较,依此类推。

例1:可食用的活野鸭应如何归类?

分析:1. 活动物归第一章;

2. 在第一章的品目中未列名,归 0106;

3. 0106 中分成 4 个(一杠)第五位子目,活野鸭属于鸟类,归其中 0106.3;

4. 0106.3 下分成 3 个(二杠)第六位子目,活野鸭属于其中未列名的"其他"0106.39;

5. 0106.39 下分成 3 个(三杠)第七位子目,可食用的属其中 0106.392;

6. 0106.392 下分成 4 个(四杠)第八位子目,按列名,归 0106.3923。

例2:中华绒螯蟹种苗应如何归类?

	-未冻的
	--蟹
03062410	---种苗
	---其他
03062491	----中华绒螯蟹
03062499	----其他

归类应按以下步骤进行:

(1) 先确定 1 级子目,即将两个 1 级子目"冻的"与"未冻的"进行比较后归入"未冻的"。

(2) 再确定 2 级子目,即将 2 级子目"龙虾"、"大螯虾"、"小虾及对虾"、"蟹"和"其他"进行比较后归入"蟹"。

(3) 然后确定 3 级子目,即将两个 3 级子目"种苗"与"其他"进行比较后归入"种苗"。

所以正确的归类(重点是子目)是 03062410。

专业知识链接

注意,不能将3级子目"种苗"与4级子目"中华绒螯蟹种苗"比较而归入03062491"中华绒螯蟹种苗"。因为二者不是同级子目,不能比较。

七、HS编码查询技巧

有列名要归列名,没有列名归用途,没有用途归成分,没有成分归类别。不同成分比多少,相同成分要从后;丝、毛、棉、麻、长、短涤,人造纤维从后级。

(一) 有列名要归列名

条文或者子目条文中列名具体或比较具体的商品名称:
(1) 已冲洗并已配音的供教学用的35毫米电影胶片(税号3706.1010);
(2) 功率为80瓦的吊扇(税号8414.5110)。

在进出口时具有完整品或制成品的基本特征:
(1) 缺少鞍座的山地自行车(税号8712.0030);
(2) 缺少螺钉的塑料制眼镜架(税号9003.1100)

拆散件及成套散件:
(1) 机动游览船成套部件(税号8901.1010);
(2) 尚未焊接装配的成套心电图记录仪(税号9018.1100)。

某种材料或物质与其他材料或物质混合或组合的物品,但没有改变原来材料或物质构成货品的基本特征:
(1) 加碘的食用盐(税号2501.0011);
(2) 皮革制分指手套、口上镶有兔毛皮装缏条(税号4203.2990)。

例1:纯棉妇女用针织紧身胸衣。

根据"列名优先"的原则,我们查看62.12品目中所包含的子目6212.3090,可以看出,该税号符合所需归类商品的特定意义——棉制(不是其他材料制)束腰胸衣(即紧身胸衣)。因此,"纯棉妇女用针织紧身胸衣"应归入税号6212.3090。

(二) 没有列名归用途

如果某个货物的名称并没有明确对应的编码时,立刻考虑它的用途和功能,按照这个用途去找对应的归类。

例1:格力分体2匹空调,属于机器类的,就到84章去找,然后到8415空气调节器里面找,然后找到84151021.00(制冷量≤4000大卡/时分体式空调)。

例2:第一章:活动物,如我们所归类的商品是马戏团表演用的马,分析商品得知,虽然马戏团的马肯定是活动物,理该归入第一章,但由于第一章所述马的用途仅限定在种用或食用、服役马,而马戏团的马其用途在于表演,因此不能将该种活动物——马戏团的马归入第一章,而应根据其章注归入第九十五章,税号9508.1000。

例3:盥洗用醋(美容盥洗用,带香味)。

查阅品目33.04条文,并没有具体的"盥洗用醋"列名。此时,我们应当按照没有列名归用途的方法进行归类。根据该商品最大的用途特征为:盥洗用,也就是保护皮肤用,将其归入"护肤品",即税号 3304.9900。

（三）没有用途归成分

成分一般是指化合物或组合物中所含有物质（元素或化合物）的种类。"没有用途归成分"的归类方法，是指当某种商品的归类语言无法与《税则》相吻合，既没有具体列名，并且用途特征也不明显时，应顺序按其主要"成分"归类。也就是要按照《归类总规则》二(2)、三(2)所示规则进行归类，并且应当按照"列名"、"用途"、"成分"归类方法的先后次序归类。

例1 一次性纸制厨师帽。

"一次性纸制厨师帽"在以上各章均无具体列名，所以，不能依第一顺序"列名优先"的方法归类。依次按第二顺序"按用途"归类。由于该商品的用途特征仅为"厨师用的帽子"，虽然已经显示出该商品的专用性特征，但其中缺少"成分"内容，所以，并未完全表达出需要归类的商品全部定义，归类语言不完整。再依次按第三顺序"按成分"归类。该商品的成分为纸，这时商品归类语言可以表述为：用纸制成的厨师用的帽子。根据"列名"、"用途"、"成分"的先后顺序，"一次性纸制厨师帽"应该以其成分归类，归入纸制品类。查找品目 48.18，"一次性纸制厨师帽"应归入税号 4818.5000。

例2 混纺毛华达呢（按重量计含精梳羊毛95%、涤纶短纤纤维5%、每平方米重185克）。

采用按"成分"归类的方法，依据对商品的上述分析及初步品目归类的结果，然后，根据该商品的规格特征——每平方米重185克；成分特征——精梳羊毛95%、涤纶短纤纤维5%，查阅品目51.12，根据列名具体优于列名一般的归类原则，应归入子目5112.3000：其他，主要或仅与化学纤维短纤混纺。

（四）不同成分比多少,相同成分要从后

"不同成分比多少"，其意义在于两种以上元素、物质所构成的商品，应按其中的主要成分归类。例如，按重量计羊毛占51%，腈纶占49%的纺织面料，应按羊毛纺织品归类。"相同成分要从后"是指当商品由两种（类）元素、物质所构成时，若两种（类）元素、物质按重量计或按浓度计各种成分所占比例相同时，应按该两种（类）元素、物质在《税则》章目、品目、子目的先后位置，按其位置以后税号归类。例如，按重量计羊毛占50%，腈纶占50%的纺织面料，应按合成纤维从后归类，归入第五十五章：化学纤维短纤相应税号。

例1：染色混纺机织物（按重量计算,含棉40%,人造短纤维30%,合成短纤维30%）。

根据"不同成分比多少，相同成分要从后"的归类方式，该题首先要选择纺织品机织物相关章目，即第五十五章：化学纤维短纤。然后，根据"不同成分比多少"的原则，归入化学纤维制的品目，但第五十五章所包含的品目中并没有"化学纤维短纤"相关条文，而只有品目55.14合成纤维与棉混纺的机织物及品目55.16人造纤维与棉混纺的机织物。根据"相同成分（即本题中人造短纤纤维占30%，合成短纤维占30%）要从后"的规定，该题我们应选择品目55.16（品目55.16在《税则》中的位置比较品目55.14靠后）。再根据该题商品已染色的加工方式，及人造短纤纤维占30%的状态，该题应归入税号5516.42000。

※项目任务操作

对于商品具体归类,我们就是把具体商品归类技巧具体应用的过程,但也要遵循一定的步骤:

1. 一种戴在手腕的装饰品,用樟木制成圆珠状,再用线串成。

第一步:抓住所考商品的中心词:樟木;手腕装饰品。

第二步:查阅类、章标题,找到与乙醇相关的章节:第44章:木制品;第71章:仿首饰。

第三步:查阅相应章中品目条文和注释:第44章注释一:本章不包括7117仿首饰。

第四步:运用归类总规则(有具体注释,无须运用归类规则)。

第五步:按照仿首饰归入711779000。

2. 按容量计浓度为95%的为改性乙醇(瓶装:500 ml)。

第一步:抓住商品的中心词:乙醇。

第二步:查阅类、章标题,找到与乙醇相关的章节:第22章:酒;第29章:有机化学品。

第三步:查阅第29章中注释二:本章不包括乙醇(2207或2208)。

第四步:运用归类总规则(有具体注释,无须运用规则)。

第五步:正确运用子目数级查找编码:根据浓度和为改性的条件归入2207.1000。

3. 已剪成手套形的针织经编纯棉布。

第一步:抓住商品的中心词:手套、棉布。

第二步:查阅类、章标题,找到相关的章节:第61章:针织或钩编的服装及衣着附件;第60章:针织或钩编织物。

第三步:查阅相应章中品目条文和注释:无相关注释。

第四步:运用归类总规则:按规则二(1),未制成品如已具备制成品的基本特征应按制成品归类。

第五步:正确运用子目数级查找编码:按照手套归入6116.9200。

4. 汽车发动机(点燃式活塞内燃发动机)排气门专用的螺旋弹簧(材料为合金钢)。

第一步:抓住商品的中心词:合金钢弹簧、汽车发动机零件。

第二步:查阅类、章标题,找到与乙醇相关的章节:第73章:钢铁制品;第84章:发动机零件。

第三步:查阅相应章中品目条文和注释第15类注释二关于通用零件的范围说明:包括贱金属制弹簧;第十六类注释一不包括通用零件。

第四步:运用归类总规则(无须运用规则)。

第五步:正确运用子目数级查找编码:按照通用零件归入73202090。

※思考与练习

请给下列各种商品归类:
1. 十水硫酸钠(芒硝)。
2. 家用真空吸尘器(功率800瓦;3升集尘袋)。
3. 劈开成条状的毛竹。
4. 汽车制动摩擦片(制动器用,由铁基粉末冶金制成)。
5. 家用片式电热烤面包机。
6. 具复印功能的传真机(可与网络连接;非静电感光式)。
7. 含锰1%,硅2%为主的合金弹簧钢片(汽车用)。
8. 肥皂的切割或模制机器。
9. 有机废液焚烧炉(工业上用的非电热的炉子)。
10. 零售雕牌超能洗衣粉。
11. 10 kg装过磷酸钙(磷肥)。
12. 铜版纸(成卷,不含用机械方法制得的纤维,宽度为420 mm·160 g/m^2),又称涂料纸。
13. 烟胶片(简称R.S.S)烟胶片即用燃烧椰子壳所发生的烟和热对压去水分的天然胶片进行熏烤后所得的胶片。烟熏的目的是为了使胶片干燥并注入防氧化及防腐的甲酚物质。
14. 内燃机用汽油泵(内燃机的输出功率为95马力,别称液体泵)。
15. 卫生纸自动包装机(用于纸巾定型、捆扎、包边、胶贴、封口和整理的设备)。
16. 双氧水化学名称叫过氧化氢。
17. 手动理发推剪。
18. 专用于液晶彩色电视机的无绳红外遥控器(单独进口)。
19. 由表宽为6毫米的塑料扁条编结而成的塑料筐。
20. 专用于手扶拖拉机上的车轮。

知识链接　最新报关申报形式改革

知识目标

1. 熟悉提前申报的概念和程序；
2. 熟悉无纸化通关的概念；
3. 掌握区域通关一体化的概念和程序。

能力目标

1. 能对货物运用提前申报方式报关；
2. 能正确进行无纸化货物的通关办理；
3. 能正确地运用区域通关一体化的便利进行报关。

改革一　提前申报报关

落实中央重大决策部署，促进外贸稳定增长，针对日益严峻的经济形势，进一步提高效率，降低贸易企业成本，提升港区集装箱周转效率，助力航运中心建设，海关启动提前申报形式。

一、进口提前申报

在舱单数据提前传输的前提下，进口货物的收货人、受委托的报关企业提前申报报关单电子数据，海关提前进行审单作业、提前审核书面报关单证及征收税费，待货物实际到港后海关办理查验及放行手续。

满足条件系统自动触发放行：通关作业无纸化改革后，对于审核无误的，完成接单、税费征收操作，符合自动放行条件的报关单系统自动完成放行。

二、进口货物舱单必须提前传输

根据《中华人民共和国海关进出境运输工具舱单管理办法》（海关总署令第172号）第九条，提前申报形式下进口货物舱单必须提前向海关申报。

海运方式下集装箱船，装船的24小时前承运人完成向进口口岸海关的申报；非集装箱船，在船只抵达境内第一目的港的24小时前，由承运人完成向第一目的港口岸海关申报。

航空运输方式，在航程小于4小时情况下，承运人应在起飞前向进境地机场海关申报；在航程大于等于4小时的情况下，承运人在抵达境内第一目的机场的4小时前完成向机场海关申报。

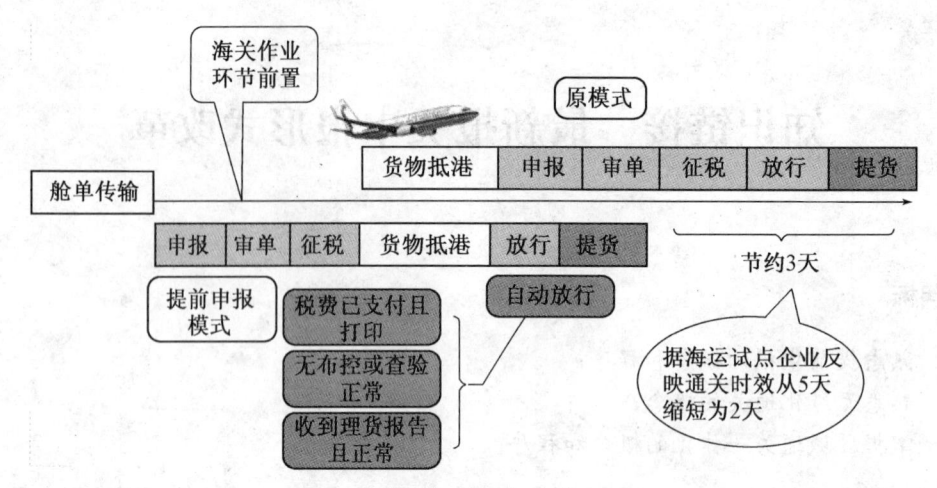

图 1　提前申报与原报关模式区别

三、提前申报流程

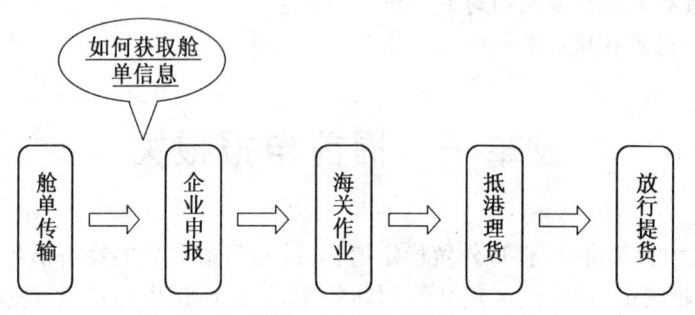

图 2　提前申报流程

（一）舱单传输

舱单一旦审核通过，企业就可以申报。舱单审核信息，可以登录海关总署官网，点击办事服务→信息查询

图 3　中华人民共和国海关总署主页

（二）企业申报——电子申报、税费支付

图4　税款电子支付系统

加注：这里采用 EDI 的申报方式说明，QP 类似，只是操作界面不同。

（三）海关作业

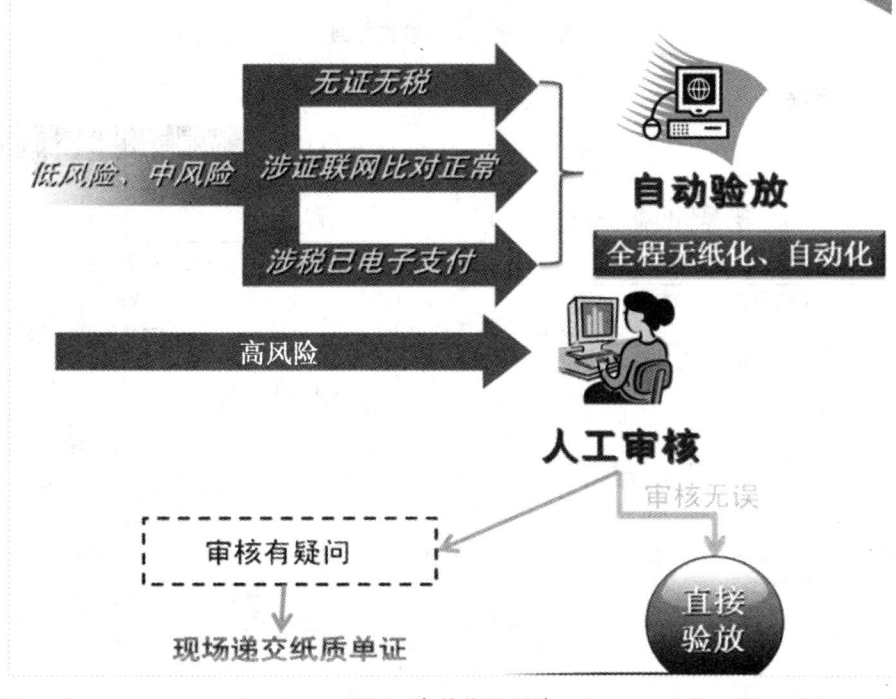

图5　海关作业系统

（四）抵港理货

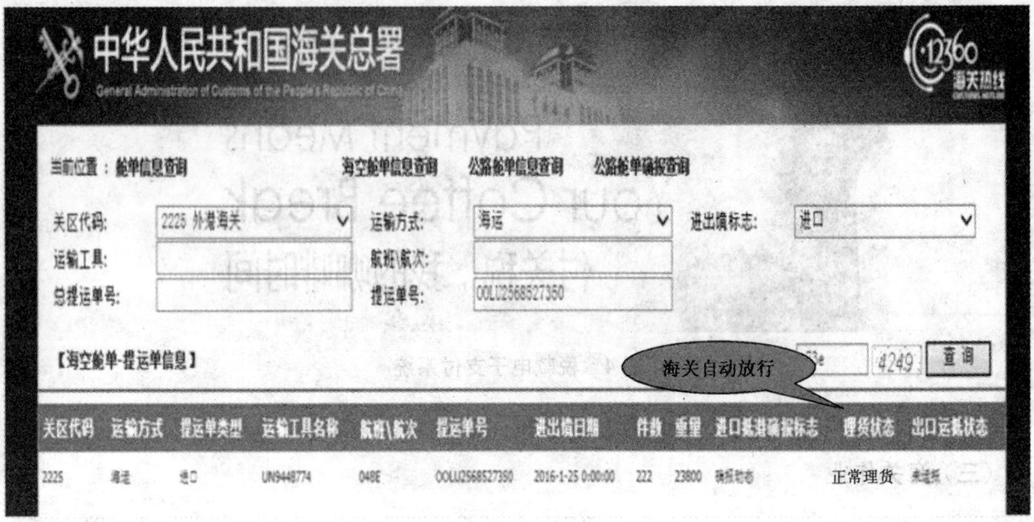

图 6　理货信息查询界面

（五）放行提货

进口查验/放行通知书

*22022 *

申报单位：**（上海）家用电器产品有限公司　　　　海关编号：22022*************

进口口岸　吴淞海关　2202	备案号 E221050*****		进口日期　2010-05-16		申报日期　2010-05-18	
经营单位　**（上海）家用电器产品有限公司 31********（十）	运输方式 水路运输	运输工具名称 TOHO HK/10038		提运单号 THH***** SHA053*04		
发货单位　**（上海）家用电器产品有限公司 31********（十）	贸易方式 进料对口　0615		征免性质 进料加工　503		征税比例 0%	
许可证号	起运国(地区) 香港　110		装货港 香港　110		境内目的地 上海浦东新区　31222	
批准文号	成交方式 CIF	运费 000//		保费 000//	杂费 000//	
合同协议号　2400*******	件数　1	包装种类　托盘		毛重(公斤)　1030	净重(公斤)　1000	
集装箱号　0(0)	随附单据				用途	
备注						
项号	商品名称	数量及单位	原产国(地区)	单价	总价	币制
1	聚甲基丙烯酸甲酯	1 000 千克	美国	4.5	4 500	USD

以上内容与我司向海关申报和实际货物相符。

如有不符，我司愿承担一切法律责任。

经营或申报单位签章　　　　　　　　海关签注

报关专用章

年　　月　　日　　　　　　　　　　年　　月　　日

图 7　进口查验/放行通知书

四、提前申报的注意事项

(1) 应当先取得提(运)单或载货清单(舱单)数据,进境运输工具启运后、运抵海关监管场所前向海关申报。

(2) 应当如实申报,并对申报内容的真实性、准确性、完整性和规范性承担相应法律责任。

(3) 交验有关随附单证、进口货物批准文件及其他需提供的证明文件。

(4) 进口货物许可证件在海关接受申报之日应当有效。适用货物实际进口之日的贸易管制政策。

(5) 应当适用装载该货物的运输工具申报进境之日实施的税率和汇率。

五、提前申报的关企双赢及适用

1. 对于企业

企业在货物抵港前即可办理申报、纳税手续,货到港立即可提货,压缩通关耗时,提高通关效率,降低港口仓储等相关费用。

2. 对于海关

进一步落实中央及总署关于改进口岸工作、提升通关时效的各项要求。

为海关必要的审核(审单、归类、审价、化验等)工作预留时间,缓解通关瓶颈。

3. 适用范围

运输方式为海运(2)和空运(5)的报关单及备案清单

六、可能面临的问题和解决方案

问题1:操作流程改变带来的不适应。

原报关流程:先换提单后报关;现流程:查询到舱单信息后即可报关。

解决方案:请报关企业和货代、货主密切联系,畅通信息渠道。

问题2:进口日期申报差错可能造成不能自动放行。

解决方案:请货主、货代和报关企业间加强信息的沟通和交接,参考电子舱单日期,准确填报。一旦获知变化,申报前,更正进口日期后再申报;申报后,联系申报地海关。(各现场海关均设立专窗受理)

问题3:一直收不到放行信息。

解决方案:确认放行条件都满足:税费已支付打印、查验手续办结、已理货舱单数据有无变化,联系申报地海关,核查原因并进行处置。

问题4:万一舱单错误如何修改舱单。

解决方案:报关单申报前:海运由船公司或代理公司,空运由航空公司或地面代理向海关舱单管理部门(海运:业务三处、空运:机场海关物控部门)申请修改舱单信息。

报关单申报后:由经营单位或其代理公司向申报地海关申请修改报关单(使舱单处于可修改状态),再通知相关公司修改舱单,待舱单更正后再修改报关单。

改革二　通关无纸化报关

一、通关无纸化概念

通关作业无纸化是指海关以企业分类管理和风险分析为基础，按照风险等级对进出口货物实施分类，运用信息化技术改变海关验凭进出口企业递交书面报关单及随附单证办理通关手续的做法，直接对企业联网申报的报关单及随附单证电子数据进行无纸审核，验放处理的通关管理模式。

二、通关无纸化作业签约步骤

要使用通关无纸化报关程序，企业、海关和电子口岸必须签订三方协议。（以电子口岸上海分中心为例）

（1）签订三方协议。登录中国海关官方网站，进入中国电子口岸执法系统，选择"通关无纸化网上签约"。签约是企业、海关和电子口岸，申报单位和经营单位都要和海关和电子口岸签约。企业用户必须适用企业法人卡签约。

（2）企业用户登录中国电子口岸数据中心上海分中心，网上提交"通关无纸化申报系统"申请，如实填写上海海关外网应用系统申请使用登记表（外网申请表）。

（3）企业用户准备好以下加盖企业公章的材料，送交上海分中心：

①《外网申请表》打印页；
②《营业执照》复印件；
③《报关企业注册登记证书》复印件；
④ 通关无纸化签约系统三方协议签约打印页。

（4）上海分中心在企业递交材料20个工作日内向企业提供安装调试服务和技术支持。

三、委托代理报关程序

（1）经海关审核准予适用"通关作业无纸化"通关方式的进出口企业需要委托报关企业代理报关的，应当委托经海关审核准予适用"通关作业无纸化"通关方式的报关企业。同时报关企业与进出口企业通过电子口岸签订代理报关电子委托书。

（2）根据中国报关协会发布的《代理报关委托书/委托报关协议》暂行管理办法，申报单位（报关企业）登录中国海关官方网站，进入《代理报关委托书/委托报关协议》电子系统，在系统中备案登记，录入本企业真实信息，由地方报关协会审核确认并确定有效期。

（3）经营单位和申报单位在《代理报关委托书/委托报关协议》电子系统向对方发起委托申请，一般由委托方发起委托申请并填写相关委托协议，被委托方确认对方发起的委托申请，委托双方一经确认后，报关时在中国电子口岸快速通关系统（Quick Pass，简称 QP）填制报关单证表头及标体后，即可在"随附单据"页面自动派生代理报关电子委托书。其中，发起和确认委托关系需企业法人卡操作，派生委托协议只需企业操作员卡操作。如需延期，需在有效期内发起并确认，延期双方均可发起和确认。

改革三　区域通关一体化报关

一、定义

狭义一体化是区域通关一体化改革的通关模式之一，其判断标志为报关单申报口岸与进出口岸关区代码前2位不一致，且不为属地申报或转关报关单。

狭义一体化仅限于运输方式为2-水路运输、3-铁路运输、4-公路运输、5-航空运输、6-邮件运输的报关单。

二、进口流程

1. 预录入

区域内企业根据报关单填制规范，通过QP客户端录入报关单内容，选择"通关无纸化"填报报关单电子数据和上传随附单证电子数据，口岸地确认舱单理货信息日期为进口日期，填报完整后向海关申报。

随附单据格式：上传格式需为pdf文档，每类电子随附单据只能为1个pdf文件，每个文件为1个报文，每个报文不能超过20M，每页不能超过200k，200dpi，黑白灰度。若随附单据内容为外文（包括英文），尤其是合同，要求将重点内容（如中文品名、毛重、件数、金额等）手写补充或在原始单据中标注，再扫描上传。

2. 电子审单

海关计算机系统对报关单电子数据进行规范性、逻辑性审核。对不能通过规范性审核的电子数据报关单，系统不接受申报。系统根据区域风险参数进行风险分析，并根据区域通道参数条件进行判别。

放行海关对于低风险报关单，凡符合无证无税、涉证联网比对正常、涉税已电子支付的条件的，可实现计算机自动验放。高风险及不符合上述条件的低风险单证，转人工审核通道。企业可通过接收海关电子回执获取货物的通关状态。回执显示"报关单放行"是指海关放行货物，企业可打印《查验/放行通知书》；"接单交单或转现场交单"是指转有纸作业；"通关无纸化查验通知"是指货物需查验，企业可打印《查验通知书》；"准予进港"是指出口货物准予进港。

3. 人工审单

对需由人工专业审核的，转区域审单中心专业审单人员进行审核。专业审单关员根据相关作业规范、系统提示的重点审核内容等，对报关单进行人工审核，并根据审核情况确定报关单后续处置方式：

（1）审核通过的，审结报关单；

（2）审核认为需转至本审单分中心其他岗位或其他审单分中心的，进行"内转"操作；认为需转至申报地海关接单现场的，进行"外转"操作。

（3）审核认为需企业补充资料或沟通协商的，进行"挂起"操作。如系统中已维护专业审单关员工号和电话号码，系统告知企业关员姓氏和联系方式。

(4) 审核认为需查验的,可下达布控指令。

(5) 审核不通过的,选择"退单",并告知企业退单原因。

4. 发送税费指令

涉税报关单审结后,系统向企业发送电子税费缴款通知,企业可采用"电子支付"方式办理税费缴纳手续。

5. 现场接单

审结后的报关单转申报地海关接单现场,按有纸或通关无纸化现有作业规程进行分拣及接单审核处理。

6. 布控查验

申报地海关可在人工审单、现场接单环节下达即决式布控指令,或使用"查验设定"功能下达即决式布控指令,也可以在查验环节下达二级预定式布控指令。报关单被布控查验后,企业可自主选择在口岸地或申报地实施查验。

(1) 口岸地查验。

① 申报地海关告知企业货物需查验。

② 企业至口岸地海关查验部门办理查验手续。

③ 口岸地海关根据企业申请安排查验计划,按现有规定细化查验指令,并实施查验,查验完毕后录入查验结果。

(2) 申报地查验。

① 申报地海关告知企业货物需查验。

② 企业向申报地海关提出转运分流申请。

③ 申报地海关审核同意后,通知口岸地海关办理跨关区转运分流。

④ 口岸地海关同意转运分流的,企业至口岸地海关办理转运分流手续,按转关方式将货物转往申报地海关。

⑤ 转关运抵后,申报地海关按现有规定细化查验指令,并实施查验,查验完毕后录入查验结果。

7. 货物放行

(1) 无查验的,由申报地海关完成放行作业。如口岸地海关已使用新舱单系统,QP系统根据电子理货信息完成报关单自动放行操作。

(2) 有查验的,根据查验结果确定后续处置方式:

① 查验正常的,由查验地海关录入查验处理结果,并完成放行作业。如报关单尚未完成相关通关手续的,由申报地海关办结通关手续,并完成放行作业。

② 查验异常的,由申报地海关进行查验后续处理,并通知口岸地海关录入查验处理结果;如需放行的,由申报地海关完成放行作业。

8. 货物提取

办理货物放行手续时,属海运出口(电子放行,场站收据不盖放行章)的货物,企业收到放行回执即可,港务部门凭海关电子放行信息办理货物出运手续。其他货物,企业收到放行回执后,须打印出(查验/放行通知书)加盖经营单位或申报单位印章,到港区、监管场所(分拨仓库、自管码头等)办理货物提取/出运手续。

此外,港区、监管场所收到或查到海关放行的,可办理装运、交付;港区、监管场所查不到海关放行信息的,企业需办理放行确认手续。

9. 证明联签发

报关单证明联签发作业要求与现有规定相同。

10. 理单

无纸化作业后,申报单位自行留存报关资料及单据等(一般3～5年),如有需要,则由申报单位提供留存资料。查验货物,由查验地海关完成纸质《查验记录单》的理单归档。

附录一

币制代码

币制符号	币制名称	币值代码	币制符号	币制名称	币值代码
HKD	港币	110	SGD	新加坡元	132
IRR	伊朗里亚尔	113	THB	泰国铢	136
JPY	日本元	116	CNY	人民币	142
KWD	科威特第纳尔	118	TWD	台币	143
MOP	澳门元	121	DZD	阿尔及利亚第纳尔	201
MYR	马来西亚林吉特	122	EUR	欧元	300
PKR	巴基斯坦卢比	127	BEF	比利时法郎	301
PHP	菲律宾比索	129	SUR	苏联卢布	332
CAD	加拿大元	501	USD	美元	502
AUD	澳大利亚元	601	NZD	新西兰元	609

附录二

同制代码

国别代码	中文名(简称)	英文名(简称)	国别代码	中文名(简称)	英文名(简称)
100	亚洲	Asia	311	葡萄牙	Portugal
101	阿富汗	Afghanistan	312	西班牙	Spain
102	巴林	Bahrian	313	阿尔巴尼亚	Albania
103	孟加拉国	Bangladesh	314	安道尔	Andorra
104	不丹	Bhutan	315	奥地利	Austria
105	文莱	Brunei	316	保加利亚	Bulgaria
106	缅甸	Myanmar	318	芬兰	Finland
107	柬埔寨	Cambodia	320	直布罗陀	Gibraltar
108	塞浦路斯	Cyprus	321	匈牙利	Hungary
109	朝鲜民主主义人民共和国	Korea,DPR	322	冰岛	Iceland
110	香港	Hong Kong	323	列支敦士登	Liechtenstein
111	印度	India	324	马耳他	Malta
112	印度尼西亚	Indonesia	325	摩纳哥	Monaco
113	伊朗	Iran	326	挪威	Norway
114	伊拉克	Iraq	327	波兰	Poland
115	以色列	Israel	328	罗马尼亚	Romania
116	日本	Japan	329	圣马力诺	San Marino
117	约旦	Jordan	330	瑞典	Sweden
118	科威特	Kuwait	331	瑞士	Switzerland
119	老挝	Laos,PDR	334	爱沙尼亚	Estonia
120	黎巴嫩	Lebanon	335	拉脱维亚	Latvia
121	澳门	Macau	336	立陶宛	Lithuania
122	马来西亚	Malaysia	337	格鲁吉亚	Georgia
123	马尔代夫	Maldives	338	亚美尼亚	Armenia
124	蒙古	Mongolia	339	阿塞拜疆	Azerbaijan
125	尼泊尔	Nepal	340	白俄罗斯	Byelorussia
126	阿曼	Oman	343	摩尔多瓦	Moldavia

(续表)

国别代码	中文名(简称)	英文名(简称)	国别代码	中文名(简称)	英文名(简称)
127	巴基斯坦	Pakistan	344	俄罗斯联邦	Russia
128	巴勒斯坦	Palestine	347	乌克兰	Ukraine
129	菲律宾	Philippines	349	南斯拉夫联盟共和国	Yugoslavia FR
130	卡塔尔	Qatar	350	斯洛文尼亚共和国	Slovenia Rep
131	沙特阿拉伯	Saudi Arabia	351	克罗地亚共和国	Croatia Rep
132	新加坡	Singapore	352	捷克共和国	Czech Rep
133	韩国	Korea Rep.	353	斯洛伐克共和国	Slovak Rep
134	斯里兰卡	Sri Lanka	354	马其顿共和国	Macedonia Rep
135	叙利亚	Syrian	355	波斯尼亚-黑塞哥维那共和	Bosnia & Hercegovina
136	泰国	Thailand	399	欧洲其他国家(地区)	Oth. Eur. nes
137	土耳其	Turkey	400	拉丁美洲	Latin America
138	阿拉伯联合酋长国	United Arab Emirates	401	安提瓜和巴布达	Antigua & Barbuda
139	也门共和国	Republic of Yemen	402	阿根廷	Argentina
141	越南	Vietnam	403	阿鲁偷	Aruba
142	中华人民共和国	China	404	巴哈马	Bahamas
143	台澎金马关税区	Taiwan prov. Of china	405	巴巴多斯	Barbados
144	东帝汶	Timor-Leste	406	伯利兹	Belize
145	哈沙克斯坦	Kazakhstan	408	多民族玻利维亚国	Estadoplurin-acionalde
146	吉尔吉斯斯坦	Kyrgyzstan	409	博内尔	Bonaire
147	塔吉克斯坦	Tadzhikistan	410	巴西	Brazil
148	土库曼斯坦	Tajikistan	411	开曼群岛	Cayman Is
149	乌兹别克斯坦	Uzbekist	412	智利	Chile
199	亚洲其他国家(地区)	Oth. Asia nes	413	哥伦比亚	Colombia
200	非洲	Africa	414	多米尼加	Dominica
201	阿尔及利亚	Algeria	415	哥斯达黎加	Costa Rica
202	安哥拉	Angora	416	古巴	Cuba
203	贝宁	Benin	417	库腊索岛	Curacao
204	博茨瓦那	Botswana	418	多米尼加	Dominican Rep.

(续表)

国别代码	中文名(简称)	英文名(简称)	国别代码	中文名(简称)	英文名(简称)
205	布隆迪	Burundi	419	厄瓜多尔	Ecuador
206	喀麦隆	Cameroon	420	法属圭亚那	French Guyana
207	加那利群岛	Canary Is	421	格林纳达	Grenada
208	佛得角	CapeVrde	422	瓜德罗普	Guadeloupe
209	中非	Central African Rep.	423	危地马拉	Guatemala
210	塞卜泰(休达)	Ceuta	424	圭亚那	Guyana
211	乍得	Chad	425	海地	Haiti
212	科摩罗	Comoros	426	洪都拉斯	Honduras
213	刚果	Congo	427	牙买加	Jamaica
214	吉布提	Djibouti	428	马提尼克	Martinique
215	埃及	Egypt	429	墨西哥	Mexico
216	赤道几内亚	Eq. Guinea	430	蒙特塞拉特	Montserrat
217	埃塞俄比亚	Ethiopia	431	尼加拉瓜	Nicaragua
218	加蓬	Gabon	432	巴拿马	Panama
219	冈比亚	Gambia	433	巴拉圭	Paraguay
220	加纳	Ghana	434	秘鲁	Peru
221	几内亚	Guinea	435	波多黎各	Puerto Rico
222	几内亚(比绍)	Guinea Bissau	436	萨巴	Saba
223	科特迪瓦	Coted'Ivoir	437	圣卢西亚	Saint Lucia
224	肯尼亚	Kenya	438	圣马丁岛	Saint Martin Is
225	利比里亚	Liberia	439	圣文森特和格林纳丁斯	Saint Vincent & Grenadines
226	利比亚	Libyan ArabJm	440	萨尔瓦多	El Salvador
227	马达加斯加	Madagascar	441	苏里南	Suriname
228	马拉维	Malawi	442	特立尼达和多巴哥	Trinidad & Tobago
229	马里	Mali	443	特克斯和凯科斯群岛	Turks & Caicos Is
230	毛里塔尼亚	Mauritania	444	乌拉圭	Uruguay
231	毛里求斯	Mauritius	445	委内瑞拉	Venezuela

(续表)

国别代码	中文名(简称)	英文名(简称)	国别代码	中文名(简称)	英文名(简称)
232	摩洛哥	Morocco	446	英属维尔京群岛	Br. Virgin Is
233	莫桑比克	Mozambique	447	圣其茨-尼维斯	St. Kitts-Nevis
234	纳米比亚	Namibia	448	圣皮埃尔和密克隆	Saint, Pierre and Miquelon
235	尼日尔	Niger	449	荷属安地列斯	Netherlands Antilles
236	尼日利亚	Nigeria	499	拉丁美洲其他国家(地区)	Oth. L. Amer. nes
237	留尼汪	Reunion	501	加拿大	Canada
238	卢旺达	Rwanda	502	美国	United States
239	圣多美和普林西比	Sao Tome & Principe	503	格陵兰	Greenland
240	塞内加尔	Senegal	504	百慕大	Bermuda
241	塞舌尔	Seychelles	599	北美洲其他国家(地区)	Oth. N. Amer. nes
242	塞拉利昂	Sierra Leone	600	大洋洲	Oceania
243	索马里	Somalia	601	澳大利亚	Australia
244	南非(阿扎尼亚)	S. Africa	602	库克群岛	Cook Is
245	西撒哈拉	Western Sahara	603	斐济	Fiji
246	苏丹	Sudan	604	盖比群岛	Gambier Is
247	坦桑尼亚	Tanzania	605	马克萨斯群岛	Marquesas Is
248	多哥	Togo	606	瑙鲁	Nauru
249	突尼斯	Tunisia	607	新喀里多尼亚	New Caledonia
250	乌干达	Uganda	608	瓦努阿图	Vanuatu
251	布基纳法索	Burkina Faso	609	新西兰	New Zealand
252	民主刚果	Congo, DR	610	诺福克岛	Norfolk Is
253	赞比亚	Zambia	611	巴布亚新几内亚	Papua New Guinea
254	津巴布韦	Zimbabwe	612	社会群岛	Society Is
255	莱索托	Lesotho	613	所罗门群岛	Solomon Is
256	梅利利亚	Melilla	614	汤加	Tonga
257	斯威士兰	Swaziland	615	土阿莫土群岛	Tuamotu Is
258	厄立特里亚	Eritrea	616	土布艾群岛	Tubai Is

(续表)

国别代码	中文名(简称)	英文名(简称)	国别代码	中文名(简称)	英文名(简称)
299	非洲其他国家(地区)	Oth. Afr. nes	617	萨摩亚	Samoa
300	欧洲	Europe	618	基里巴斯	Kiribati
301	比利时	Belgium	619	图瓦卢	Tuvalu
302	丹麦	Denmark	620	密克罗尼西亚联邦	Micronesia Fs
303	英国	United Kingdom	621	马绍尔群岛	Marshall Is Rep
304	德意志联邦共和国	Germany	622	帕劳	Palau
305	法国	France	623	法属波利尼西亚	French Polynesia
306	爱尔兰	Ireland	625	瓦利斯和富图纳	Wallis and Futuna
307	意大利	Italy	699	大洋洲其他国家(地区)	Oth. Ocean. nes
308	卢森堡	Luxembourg	701	国(地)别不详的	Countries(reg.) unknown
309	荷兰	Netherlands	702	联合国际及机构和国际组织	UN and otherinternational
310	希腊	Greece	999	中性包装原产国别	Countries of Neutral package

附录三

加工贸易限制类 81 种实转商品目录

96	0207120000	冻的整只鸡	进口	实转
97	0207141100	冻的带骨鸡块	进口	实转
98	0207141900	冻的不带骨鸡块	进口	实转
99	1507100000	初榨的豆油	进口	实转
100	1507900000	精制的豆油及其分离品	进口	实转
101	1508100000	初榨的花生油	进口	实转
102	1508900000	精制的花生油及其分离品	进口	实转
108	1512110000	初榨的葵花油和红花油	进口	实转
109	1512210000	初榨的棉籽油	进口	实转
110	1512290000	精制的棉籽油及其分离品	进口	实转
111	1514110000	初榨的低芥子酸菜籽油	进口	实转
112	1514190000	其他低芥子酸菜籽油	进口	实转
113	1514911000	初榨的非低芥子酸菜籽油	进口	实转
114	1514919000	初榨的芥子油	进口	实转
115	1514990000	精制非低芥子酸菜籽油、芥子油	进口	实转
116	1515210000	初榨的玉米油	进口	实转
117	1515500000	芝麻油及其分离品	进口	实转
126	3901100001	初级形状比重<0.94 的聚乙烯	进口	实转
127	3901100090	初级形状比重<0.94 的聚乙烯	进口	实转
128	3901200001	初级形状比重≥0.94 的聚乙烯	进口	实转
129	3901200090	初级形状比重≥0.94 的聚乙烯	进口	实转
130	3907601100	高黏度聚对苯二甲酸乙二酯切片	进口	实转
131	3907601900	其他聚对苯二甲酸乙二酯切片	进口	实转
132	4001100000	天然胶乳	进口	实转
133	4001210000	天然橡胶烟胶片	进口	实转
134	4001220000	技术分类天然橡胶(TSNR)	进口	实转
135	4001290000	其他初级形状的天然橡胶	进口	实转

(续表)

397	7208511000	厚度＞50 mm 的其他热轧非卷材	进口	实转
398	7208512000	20 mm＜厚≤50 mm 的其他热轧非卷材	进口	实转
399	7208519000	10 mm＜厚≤20 mm 的其他热轧非卷材	进口	实转
400	7210110000	镀(涂)锡的非合金钢厚宽平板轧材	进口	实转
401	7210120000	镀(涂)锡的非合金钢薄宽平板轧材	进口	实转
402	7210200000	镀或涂铅的铁或非合金钢平板轧材	进口	实转
403	7210410000	镀锌的瓦楞形铁或非合金钢宽板材	进口	实转
404	7210490000	镀锌的其他形铁或非合金钢宽板材	进口	实转
405	7210500000	镀或涂氧化铬的铁或非合金钢宽板材	进口	实转
406	7210610000	镀或涂铝锌合金的铁宽平板轧材	进口	实转
407	7210690000	其他镀或涂铝的铁宽平板轧材	进口	实转
408	7210700000	涂漆或涂塑的铁或非合金钢宽板材	进口	实转
409	7210701000	涂漆或涂塑的铁或非合金钢宽板材	进口	实转
410	7210900000	涂镀其他材料铁或非合金钢宽板材	进口	实转
411	7212100000	镀(涂)锡的铁或非合金钢窄板材	进口	实转
412	7212300000	其他镀或涂锌的铁窄板材	进口	实转
413	7212400000	涂漆或涂塑的铁或非合金钢窄板材	进口	实转
414	7212500000	涂镀其他材料铁或非合金钢窄板材	进口	实转
415	7212600000	经包覆的铁或非合金钢窄板材	进口	实转
416	7219110000	厚度＞10 mm 热轧不锈钢卷板	进口	实转
417	7219120000	4.75 mm≤厚≤10 mm 热轧不锈钢卷板	进口	实转
418	7219131200	3 mm≤厚＜4.75 mm 未经酸洗的其他热轧不锈钢卷板	进口	实转
419	7219131900	3 mm≤厚＜4.75 mm 未经酸洗的其他热轧不锈钢卷板	进口	实转
420	7219132200	3 mm≤厚＜4.75 mm 经酸洗的热轧不锈钢卷板	进口	实转
421	7219132900	3 mm≤厚＜4.75 mm 经酸洗的其他热轧不锈钢卷板	进口	实转
422	7219141200	厚度＜3 mm 未经酸洗的热轧不锈钢卷板	进口	实转
423	7219141900	厚度＜3 mm 未经酸洗的其他热轧不锈钢卷板	进口	实转
424	7219142200	厚度＜3 mm 经酸洗的热轧不锈钢卷板	进口	实转
425	7219142900	厚度＜3 mm 经酸洗的其他热轧不锈钢卷板	进口	实转
426	7219210000	厚度＞10 mm 热轧不锈钢平板	进口	实转
427	7219220000	4.75 mm≤厚≤10 mm 热轧不锈钢平板	进口	实转

(续表)

428	7219230000	3 mm≤厚<4.75 mm 热轧不锈钢平板	进口	实转
429	7219241000	1 mm<厚度<3 mm 热轧不锈钢平板	进口	实转
430	7219242000	0.5 mm≤厚≤1 mm 热轧不锈钢平板	进口	实转
431	7219243000	厚度<0.5 mm 热轧不锈钢平板	进口	实转
432	7219310000	厚度≥4.75 mm 冷轧不锈钢板	进口	实转
433	7219320000	3 mm≤厚<4.75 mm 冷轧不锈钢板材	进口	实转
434	7219330000	1 mm<厚<3 mm 冷轧不锈钢板材	进口	实转
435	7219331000	1 mm<厚<3 mm 冷轧不锈钢板材	进口	实转
436	7219339000	1 mm<厚<3 mm 冷轧不锈钢板材	进口	实转
437	7219340000	0.5 mm≤厚≤1 mm 冷轧不锈钢板材	进口	实转
438	7219350000	厚度<0.5 mm 冷轧不锈钢板材	进口	实转
439	7219900000	其他不锈钢冷轧板材	进口	实转
440	7220110000	热轧不锈钢带材厚度≥4.75 mm	进口	实转
441	7220120000	热轧不锈钢带材厚度<4.75 mm	进口	实转
442	7220201000	宽度小于 300 mm 冷轧不锈钢带材	进口	实转
443	7220202000	"除冷轧外未经进一步加工,宽度<600 mm"	进口	实转
444	7220203000	不锈钢带材	进口	实转
445	7220204000	"除冷轧外未经进一步加工,宽度<600 mm"	进口	实转
446	7220209000	300 mm≤宽<600 mm 冷轧不锈钢带材	进口	实转
447	7220900000	其他不锈钢带材	进口	实转
449	9504100000	电视电子游戏机(指与电视接收机配套使用的)	进口	实转
450	9504301000	用特定支付方式使其工作的电子游戏机(用硬币、钞票、银行卡、代币或其他支付方式使其工作的)	进口	实转
451	9504901000	其他电子游戏机	进口	实转

附录四

报关差错项目表

编号	报关差错项目
一、因以下原因被电子审单退回的,记为报关差错。	
1001	进出口标志错误
1002	进出口岸错误
1003	装货港或目的港错误
1004	运输工具及代码错
1005	进口舱单核注异常
1006	运输方式错误
1007	企业性质错误
1008	经营单位错误
1009	收发货人地区错误
1010	申报单位错误
1011	起/抵运地错误
1012	监管方式错误
1013	毛重、净重或折合标箱数错误
1014	统计逻辑检查错误
1015	征税逻辑检查错误
1016	征免性质错误
1017	成交方式错误
1018	结汇方式错误
1019	运费错误
1020	杂费错误
1021	保险费错误
1022	件数错误
1023	监管证件错误
1024	加工贸易手册、账册比对错误
1025	征免税证明比对错误

(续表)

编号	报关差错项目
1026	进出口日期错误
1027	申报日期错误
1028	商品项数错误
1029	加工贸易结转申请表比对异常
1030	商品序号错误
1031	商品编码错误
1032	商品名称、规格型号错误
1033	原产地与消费地错误
1034	商品项目序号错误
1035	数量错误
1036	计量单位错误
1037	价格错误
1038	币制错误
1039	用途代码错误
1040	征免方式错误
1041	不具备进行征税处理的条件
1042	该项为空，暂无报关差错项目
1043	运抵报告比对异常
1044	不符合集中申报要求
1045	内销征税联系单比对错误
1046	减免税后续管理证明比对异常

二、因以下原因被人工审单退回的，记为报关差错。

2001	不符合商品规范申报要求
2002	价格要素申报错误
2003	具体列名商品归类错误
2004	企业申请退单
2005	以公告形式公布的商品归类决定所述商品归类错误
2006	拒不解释、说明或补充材料，导致退单

三、因以下原因修改报关单的，记为报关差错。

3001	经营单位名称错误
3002	经营单位编码错误

(续表)

编号	报关差错项目
3003	申报单位名称错误
3004	申报单位编码错误
3005	货主单位名称错误
3006	货主单位地区代码错误
3007	贸易国别(起/抵运地)错误
3008	进出口岸代码错误
3009	指运港(抵运港)错误
3010	监管方式错误
3011	进出口日期错误
3012	征免性质分类错误
3013	许可证编号错误
3014	产销国错误
3015	用途错误
3016	申报数量错误
3017	件数错误
3018	毛重错误
3019	净重错误
3020	第一(法定)数量错误
3021	第二数量错误
3022	申报计量单位错误
3023	第一(法定)计量单位错误
3024	第二计量单位错误
3025	申报单价错误
3026	申报总价错误
3027	运费币制错误
3028	运费标记错误收
3029	运费/率错误
3030	保险费币制错误
3031	保险费标记错误
3032	保险费/率错误
3033	杂费币制错误

(续表)

编号	报关差错项目
3034	杂费标记错误
3035	杂费/率错误
3036	成交方式错误
3037	结汇方式错误
3038	包装种类错误
3039	合同号错误
3040	合同商品项序号错误
3041	集装箱标准箱数错误
3042	运输方式代码错误
3043	保税仓库或者监管仓库编号错误
3044	加工成品版本号错误
3045	关联备案号错误
3046	关联编号字段(转出的手册、转入、转出的报关单)错误
3047	随附单证错误
3048	备注错误
3049	提运单号码错误
3050	运输工具名称错误
3051	运输工具航次(班)号错误
3052	商品编号错误
3053	商品规格、型号错误
3054	商品名称错误
3055	成交币制错误

四、因以下原因撤销报关单的,记为报关差错。

编号	报关差错项目
4001	经查验货物与申报不符
4002	不符合商品规范申报要求
4003	许可证栏目错误
4004	备案号栏目错误
4005	自接到海关"现场交单"或"放行交单"通知之日起超过规定期限,不递交书面单证并办理相关海关手续

五、因以下原因导致加工贸易手册设立、变更、核销被退回的,未按时办理手册、账册延期、核销的,记为报关差错。

编号	报关差错项目
5001	单证无效、不齐全,或与电子数据不符